集人文社科之思　刊专业学术之声

集 刊 名：汉语语言学

主办单位：中山大学中国语言文学系

编辑部地址：广东省广州市海珠区新港西路 135 号中山大学中国语言文学系
邮编：510275
编辑部邮箱：clsysu@mail.sysu.edu.cn

汉语语言学（第五辑）

集刊序列号：PIJ-2019-404
中国集刊网：www.jikan.com.cn/ 汉语语言学
集刊投约稿平台：www.iedol.cn

漢語語言学

中山大学中国语言文学系《汉语语言学》编委会 编

第五辑

目 录

CONTENTS

晚清民国词语管窥

——《现代汉语大词典》编纂札记

江蓝生

（中国社会科学院语言研究所）

提　要　《现代汉语大词典》以五四时期为现代汉语的起始时间上限，收录晚清民国时期的词语。文章从新范畴、新规范，词形，词义，外来词等四个方面介绍这一时期词汇的概况，分析比较它们跟古代汉语词义的继承和发展关系以及与当代汉语词义之间的异同，从侧面反映出汉语的书面语由文言文向现代新白话文过渡阶段的若干特点。

关键词　《现代汉语大词典》　现代汉语　晚清民国

0. 引言

以现代汉语为描写对象的大型语文词典首先应该科学界定“现代汉语”的起始时间上限。作为汉语史的一个阶段，学界关于其上限大致有两种观点：一种认为可以18世纪《红楼梦》的诞生为标志和起点；另一种定为1919年前后的五四时期。前一种看法基于古代汉语、近代汉语、现代汉语三分的大语言史观，后一种划分则基于汉语书面语由文言向白话转型。五四时期掀起的白话文运动，促使汉语书面语摆脱文言文和旧白话的套子，向新白话文改进，加上当时大量外来词语的借入和西方语法的影响，形成了在新的白话文基础上的现代汉语书面语，所以，编纂《现代汉语大词典》（以下简称《大现汉》）即以五四时期为时间上限。“现代汉语”虽然是一个共时语言史概念，但其时间跨度超过一百年，在共时中又具有历时性，因此，观察和描写现代汉语词汇系统的发展变化，眼光仅停留在当代几十年是不够的，还应当把民国以及晚清时期包括在内，将共时与历时结合起来。基于这一认识，我们确定了“守正、纳新、存故、多元”的收词原则。所谓“存故”，就是要尽可能使这一百多年中已退居幕后或销声匿迹的词语留下旧时的面貌，以体现共时中的历时变化，这一点跟突出规范性的《现代汉语词典》（以下简称《现汉》）是不同的。为了收录民国时期的词语，我们使用了中国社会科学院院内和院外的有关语料库，还手工勾乙了上百种民国时期的小说、散文等文学作品，勾乙了这一时期具代表性的刊物、回忆录和档案资料，也从已出版的有关辞书如《汉语大词典》《国语辞典》中拣选有关词目，虽然资料未能穷尽，但大致也能反映晚清民国时期词语的主要特点。基于“存故”原则而收录晚清民国旧时词语是《大现汉》的一大特色，对于词汇史研究具有重要参考价值。下面试从四个方面介绍这类词语的主要特点。

1. 新范畴、新规范

晚清民国时期西风东渐，大量来自西方和日本的词语涌入我国。在将西文翻译成中文时，西方语言的语法也对汉语产生了影响。

1.1 第三人称代词的性别区分

汉语的第三人称代词“他”指人没有男女之别，指事、指物也都用这一个“他”字，在书面语上往往指示不明，不知道“他”指谁或指什么。为了避免混淆，汉语或重复使用所指名词，或尽可能少用“他”字。五四时期前后，在西方语言（主要是英语）的影响下，汉语书面语中第三人称代词有了性别的区分，即用原来的“他”表示男性，新造了一个“她”字表示女性，用“它”表示中性（一度也用“牠”）。这种区别限于书面上，口语中都读第一声［t‘a］。这种书面上的区分首倡于20世纪20年代前期，中后期在文化人的著作中普遍使用，由于它提高了汉语第三身代词指示的明晰度，因而得到社会的认同，沿用至今。

1.2　第二、三人称代词敬称

汉语中第二、三人称代词本无敬称，晚清民国时期始见。第二人称代词敬称最初写作“儜”，见于清末刘鹗的《老残游记》（1906年），例如：“今日总算‘他乡遇故知’，儜也该做首诗，我们拜读拜读。”

刘鹗是今江苏镇江人，-n、-ŋ不分，或许因没有读［nin］音的汉字，所以选择了“儜”字。20世纪初，北京话文献中已用“您”字表敬称，如清末教科书《燕京妇语》、社会小说《小额》等，民国时期敬称“您”已在全国通用开来。“您”在金元白话作品中本是“你们”的合音，表示第二人称复数（也作“恁”），但在晚清民国时期则用作第二人称敬称，并且固定了下来。

晚清文献中有一个跟“您”平行的第三身代词敬称“怹”［t‘an］（阴平调），《燕京妇语》中通用，同时期的社会小说《小额》中虽然用“他”，但后面括注“音贪”，还注明是“北京称尊长之声”。1930年《国音常用字表》中著录了“怹”字，使这个字获得了第三身代词敬称的正式身份。

1.3　结构助词“底、的”的分工

五四时期以后，有人主张从定语标记“的”中分化出一个“底”，“的”用作非领属性的描写性定语，“底”用作领属性定语。这种书面上的区分实行于20世纪20~40年代，例如（引自贺阳，2008：171）：

（1）试想一句文章底真义，都要到著者底脑里，或他底上下文里去苦寻，看阅时多少不便？（陈望道《“的”字底新用法》，《浙江省立第一师范学校校友会十日刊》1920年第11号）

（2）用真正的马克思主义底方法，来研究它。（鲁迅《〈艺术论〉译本序》，《萌芽月刊》1930 年第 1 卷第 6 期）

（3）财产和叛逆造成了他底顺利的境遇。（路翎《财主底儿女们·第一部》1943 年）

这种对标印欧语的区分对于汉语来说并不必要，难以被社会普遍掌握和接受，因此只实行了 30 多年就终止了。

1.4 读音规范

20 世纪初，在白话文运动稍后几年发生了“国语统一运动”。清末以北京话为标准，民国初期南北官话兼顾（称“老国音”），20 年代以后又规定以北京音为标准。1932 年教育部公布《国音常用字汇》（称“新国音”），以北京音为标准的读音规范算是得以确定。当时的语音规范体现在《国语辞典》中，现在有些规定大陆地区已经不用，但仍保留在台湾地区。例如，“垃圾”在《国语辞典》中音 lèsè，释为“吴语，秽物与尘土相混积之称”，但吴语保留入声，读［ləʔ səʔ］，并不读 lèsè。老北京话一般不说“垃圾”，只说“脏土”。江蓝生（2012）考证，“垃圾”读 lèsè 一音实为老北京旗人的口语音，现在台湾地区仍读此音，大陆地区则读作 lājī，差别较大。

台湾地区跟连词、介词“和”相当的词读 hàn，这个音是地道的北京音，曾在 20 世纪三四十年代作为规范读音见于《国语辞典》：

和 han（北平语音）。连词，用同及、与。

台湾光复后开展了国语运动，“和”（hàn）音在台湾地区作为标准音保存至今。侯精一（2010）调查了北京南城地区，发现“和”（hàn）音还不同程度地在老年人话语中遗存。俞敏（1988）、江蓝生（2012）考证，“和”（hàn）的本字为“唤”，北方不少地区的方言中仍保留连-介词“唤”huàn 及其变读音 hàn、hài、huàng 等。

2. 词形

2.1 同词异素

在民国时期的文献中，有不少词语跟今天的词义和结构相同，只是其中某个构词成分选择了跟今天同义的另一个语素，可称为同词异素现象。尤其是1915年9月创刊、1926年7月终刊的《新青年》杂志，比较突出地反映了民国早期词汇使用的面貌，例如：

白兵战（白刃战）　　赤十字会（红十字会）
避妊、怀妊（避孕、怀孕）　　德智力（德智体）
定命论（宿命论）　　工银、劳银（工资）
公同（共同）　　供献（贡献）
激厉、急烈（激烈）　　绞取（榨取）
老幼废疾（老幼残疾）　　赏金（奖金）
无量、无量数（无数）　　皙人、皙种（白人、白种人）
职任（职责）　　智识（知识）

总体来看，民国时期所用的词形偏于书面语色彩，后来通行的词形则偏于口语化，表义也更为准确明晰。

2.2 同物异名

晚清民国时期从西方语言和日语中引进了大量自然科学和社会科学术语，其中很多都跟今天的不同，属于同物异名现象，尤其是关于学科门类的称呼几乎都跟今天不同，例如：

“格致学”指物理学，也泛指物理学、化学等自然科学。“计学”

指经济学，也叫资生学、富国学。“理则学”指逻辑学，“群学”指社会学，“算学”指数学，“智学”指哲学，等等。

一些同物异名的名物词并存并用，处在竞争或分工的状态中。如“指南针”在民国时期又叫“罗盘针”，简称“罗针”，这三个名称并用，而今天“罗针”已经不用，“罗盘针”较少使用，“指南针”通用，其简称“指南”则多用于比喻义。再如，晚清民国时期“报纸”又叫“新闻纸”，二词并用，吴趼人（1866~1910）《二十年目睹之怪现状》第八回用“报纸”，第十四回用“新闻纸”。竞争的结果是双音节的“报纸”取胜。又如，晚清民国时期“军舰、兵轮、兵舰”三词同指并用，“兵轮”较早被淘汰，“兵舰”次之，现在通用“军舰”。新事物出现之初往往没有统一的定名，经过一段时间的使用或规范，才渐趋归一。

2.3 异序同义并列复合词数量众多

晚清民国时期出现了不少并列式复合词，复合词的组成成分语义相近或相同，但组成成分的位置尚不固定，文献中这类异序同义并列复合词数量众多，以下是摘自《新青年》杂志中的部分例词（按右侧复合词音序排列）：

慰安—安慰　炸爆—爆炸　斥驳—驳斥　激刺—刺激
配分—分配　给供—供给　荐举—举荐　备具—具备
难苦—苦难　运命—命运　误谬—谬误　逆叛—叛逆
均平—平均　切迫—迫切　习熟—熟习　统系—系统
制限—限制　恶凶—凶恶　汗血—血汗　志意—意志
刷印—印刷　酬应—应酬　猛勇—勇猛　斗战—战斗
操贞—贞操　裁制—制裁　慧智—智慧　恶罪—罪恶

书面语中大量异序同义复合词的并存并用说明构词成分黏着度和抽象性还不够高，多少保留着各自原有的词义，没有凝合为一个语素次序固定的词形，作者可各依习惯自由选用。随着时间推移，位于右侧的词形概括性增强，逐渐取代了其异序词形。以今天的眼光来看，左侧的词为逆序词。

有的同义复合词古代跟现代语素次序一致，如“迫切”（“急迫”义），《汉书·赵广汉传》：“广汉知事迫切”，《新唐书·张廷珪传》：“而州县督输，星火迫切”，词形均作“迫切”，但晚清民国时期出现了逆序的同义词，例如：

（4）此事似起于长兄友爱之情，诸弟切迫之求。（杨昌济译《结婚论》，《新青年》1918 年第 5 卷第 3 号/中 109）（注：斜线后为《新青年》精选本的卷本和页数，下同）

（5）不过默默的躺着，有时还发生更切迫的思想。（鲁迅《且介亭杂文末编·死》）

有的作者在同一篇文章中或用正序词，或用逆序词，如胡适在《实验主义》一文中分别使用了“意志”和“志意”这一对异序词。上述现象说明彼时同义并列复合词语序灵活，在使用上有相当的自由度。

有的异序并列复合词至今仍然并用，但或使用频率不同，或词义功能有所分化。如“健康”与“康健”，今天以“健康”为正序，“康健”为逆序，而民国时期则相反，多用“康健”，“健康”普遍使用要晚于“康健”。现在“康健”虽仍使用，但多用于书面语，搭配对象为身体，而“健康”还可以用于心理、感情（心理健康、不健康的感情）等方面。“罗网”与“网罗”二词在古代既为名词（捕捉鸟兽的工具），又都可以作动词（以网捕物，搜罗），民国时期跟古代用法基本相同，“网罗”仍常作名词，如《汉语大词典》（以下简称《汉大》）所举二例：

（6）这种骗术，直是妖魔鬼怪都逃不出他的网罗。（《二十年目睹之怪现状》第六回）

（7）……使她即使怎样羡慕着自由，也难以逃出自己的环境的网

罗。(曹禺《日出》第一幕)

而今天已大体形成“罗网”作名词、“网罗”作动词的分工。

3. 词义

晚清民国时期处于由文言和旧白话向新白话过渡的时期，总的观感是很多词语沿用或保留了古代以及明清以后的词义和用法，但也有不少词的词义和用法有所变化，有的增加了新的义项，有的词性或感情色彩有了变动。跟现在相比，彼时的复合词大多比较接近字面义，是构词语素义的相加。以下从五方面举例介绍。

3.1 复合词词义为构词语素义之和，接近字面义

爱情

晚清民国时期“爱情”词义如字面所示，指“爱的感情”，不仅用于指男女之情，还可用于家族、父母、朋友以及其他人之间，《大现汉》据有关语料解释为：

【爱情】名❶男女相爱的感情……。❷旧时泛指爱的感情：家族之本在~，宗教之本在信仰丨父母和子女间的~本于天性丨所以能写出如此伟大的作品，是因为作家对现实生活、对人民大众充满~。

现在的词义专指男女之情，其他关于爱的感情则分别用亲情、友情、恩情，或加限定语表示（如“对祖国、对人民的爱”)，表义更加详细。相对于现在来说，旧时“爱情”一词的外延大、内涵小。

伟大

晚清民国时期的“伟大”如其字面义，可形容魁伟和巨大。伟大用于

形容体格魁伟，古已有之；用于指数字大或事物的影响力巨大等则见于民国时期，例如：

(8) 中国的生殖率虽尽极发达，而同时死亡率也异常伟大。(陶孟和《贫穷与人口问题》,《新青年》1920年第7卷第4号/中378)

(9) 中国民族受孔子的影响何等伟大，印度民族受释迦牟尼的影响何等伟大，欧洲民族受耶稣的影响又何等伟大。(陈独秀《新教育是什么》,《新青年》1921年第8卷第6号/下73)

“伟大”在今天是个褒义词，形容人品格崇高、才识卓越，也形容气势雄伟、规模宏大(见《现汉》)，其外延比旧时有所缩小。

严重

民国时期“严重”的义项比现在多，《大现汉》根据有关语料将其释义归纳为：

【严重】形❶程度深；影响大(多指消极的)：~的问题|……。❷(情势)危急：事态~|……。❸力度大；强烈(多见于民国时期，下❹❺同)：受帝国主义和军阀的~监督|引起民众很~的反对。❹重大；重要：这是~的任务|五一纪念日在我们中国今日的劳动界尤其有~的意义。❺严肃郑重；严格：我们曾经很~地提出了这个问题。|这次会议的手续是很~的。

其中❶❷两个义项跟《现汉》相同，❸❹❺三个义项是民国时期出现的，可以看出，新增词义都跟构词语素“严”和“重”的字面义相关联。一个形容词充当如此之多的词义，适应性广就容易影响表义的明确性，何况其中一些词义已由现成的形容词承担，因此其❸❹❺三个义项最终被淘汰。

3.2 承上启下，存古出新

民国时期的词语大多还承袭古代的词义，但不少词语在承袭中有变化和发展。

阶级

“阶级”一词本指一级一级的台阶，后引申指尊卑上下的等级、官位的品级，宋时引申指事物的阶段。民国时期“阶级”仍沿用“阶段”义，例如：

（10）比较的民族学是举各民族物质上行为上各种形态而比较他们的异同。异的，要考究他们所以不同的缘故……是否因进化阶级上所占的时期不同。（蔡元培《说民族学》，写于 1926 年）

（11）到了一定的阶级，即经济组织完全社会主义化时，货币便自然会消灭的。（林语堂、梁漱溟、胡适等《1933，聆听民国》103 页张宝星文）

此义现已不用，为体现“存故”原则，《大现汉》将“阶段”义置于义项❸：

【阶级】［名］……❸阶段：此本过渡时代必经之~，原不足怪丨各民族在进化~上所处时期不同。……

“阶级”在民国时期产生了一个新的词义，指人们在一定的社会生产体系中，由于所处的地位不同和与生产资料关系的不同而划分成的不同集团，如工人阶级、资产阶级等。这个词义的迅速崛起跟马克思主义的传入和当时的国情密切相关。

保守

“保守”在古代与近代皆为动词，词义为构词语素的字面义相加：保卫守护；保护保藏；保住守住，使不失去。其所接宾语，古代多为城堡、宝物等一些具体事物名词，到了民国时期，扩展到抽象事物名词，例如：

(12) 社会少一人，即保守矩范开展文明少一分之力。(刘延陵《婚制之过去现在未来》，《新青年》1917 年第 3 卷第 6 号/上 286)

(13) 他们拿着两个标准来修正中国语言，……把几千年的古文家糊里糊涂的保守下来和马建忠认为“历千古而无或少变”的文法，都痛痛快快的改变了。(胡适《国语文法的研究法》，《新青年》1921 年第 9 卷第 3 号、第 4 号/下 145)

《汉大》又举“保守秘密”（老舍《四世同堂》三七）、“保守平静”（丁玲《自杀日记》）等例，皆为抽象名词。

现在“保守”的动词用法已减少，搭配面很窄（多为“保守秘密”），后来产生的形容词词义“维持现状，不求改进，思想跟不上形势的发展”成了现在的主要用法，且搭配面广，如：思想保守、行动保守、计划保守、风格保守等。这说明“保守”的两个构词语素黏着度较前增加，抽象出字面义以外的形容词引申义。

激动

“激动”在古代为动词“鼓动，触动”义，民国时期沿用此义，例如：

(14) 一切依赖军力维持的政府……乃不得不想如何能用别的软和方法来抑消民众对于政府的不平，而激动民众向别一个对象去注意。俄国政府激动人民仇视犹太人，即其例证。(任弼时译列宁《中国战争》，《新青年》1924 年第 10 卷第 4 号》/下 323)

鼓动、挑动他人的目的和结果是使人感情冲动，做出不理智的举动，所以晚清民国时期，“激动”分别引申出动词“使感情冲动”和形容词“（感情）冲动”两个义项。《汉大》使动词的书证引自清道光至光绪年间的白话小说《儿女英雄传》，形容词书证引自巴金《家》（创作于1933年）和茅盾《腐蚀》（创作于1941年）。现在，“激动”一词的“鼓动、触动、挑动”义已经消失，“使感情冲动”义搭配有限（如：激动人心），倒是形容词“激动”（如：很激动、别激动、容易激动、激动极了、激动得说不出话）使用频率高，搭配多样，成了主要用法。

决定

“决定”一词，在古代主要有如下义：

❶对事情做出主张。此义沿用至今未变。

❷判断；断定。《汉大》最早书证出自《史记》。此义现已不用，民国时期仍然沿用，例如：

（15）我敢决定他们不愿意加入协作社。（周佛海《实行社会主义与发展实业》，《新青年》1921年第8卷第6号/下68）

（16）须是演员预先决定那人物应当有的动作、姿态、音调、口气、状貌、服装等。（洪深《电影戏剧表演术》第六章一，写于1935年）

❸确定。《汉大》所举书证为宋·陆游“此事决定君何疑”，金·王若虚“决定之论”以及毛主席的《实践论》（1937年）。此义现已淡出，基本不用。

❹必然；一定。从唐宋沿用至民国时期，例如：

（17）中国的老年，中了旧习惯旧思想的毒太深了，决定悟不过来。（鲁迅《坟·我们现在怎样做父亲》）

此义现已不用。

对比《现汉》，民国时期❷❸❹三个义项已经消亡，民国之后有两个新义兴起：其一，由动词“对事情做出主张”（如“决定事项”）转指名词

“决定的事项”（如“宣布两项决定”）；其二，引申为“某事物成为另一事物的先决条件；起主导作用”的动词义（如“存在决定意识”）。新义项的产生符合词义引申规律。

恐怖

“恐怖”在古代用为动词，有“害怕、畏惧”或“威胁、恐吓”义，后可带宾语，民国时期仍沿用。例如：

（18）也有积极赞成资本主义的，也有恐怖伪劳农主义的，我觉得这种地方，却也应该详细研究分别讨论。（李达《讨论社会主义并质梁任公》，《新青年》1921 年第 9 卷第 1 号/下 98，此为“害怕”义）

（19）这一世界中人，会轻蔑，憎恶，压迫，恐怖，杀戮别一世界中人。（鲁迅《且介亭杂文二集·叶紫作〈丰收〉序》，此为“恐吓”义）

现在“恐怖”的动词义已经消退，词性转为形容词，意思为“令人畏惧，可怕”（“白色恐怖”的“恐怖”指称化，转指恐怖行径、事件、社会氛围等）。

3.3 词语感情色彩不同

有些词，虽然晚清民国时期和现在都用，但词义和感情色彩却有所变化，下面略举数例。

拉拢

“拉拢”在今天是个贬义词，《现汉》释为：“为对自己有利，用手段使别人靠拢到自己方面来”，如“拉拢人、拉拢感情”都含有贬义。

民国时期“拉拢”有纯表字面义的用法：用手拉使两物合拢，关闭。如（以下除《新青年》例，其余引自《汉大》）：

（20）车子开着，查过了票，茶房张罗过去了，家树拉拢房门，一

人正自出神。(张恨水《啼笑因缘》第九回)

(21) 他拉拢窗帷，慢慢地走回到书桌前面。(巴金《罗伯斯庇尔的秘密》)

还有用作“贴靠、靠拢”义的：

(22) 那是一个诗最发达的时期，也是诗与生活拉拢得最紧的一个时期。(闻一多《文学的历史动向》)

此外，“拉拢”更多用于人的行为，表示设法使别人站到自己一边来。“拉拢”的目的可以为私利，也可以为公义，并非专用作贬义。如：

(23) 那都是门客们借着这个事讨老爷的喜欢，往后好拉拢的意思。(《红楼梦》第九回，指为私利拉拢感情，贴近关系)

(24) 对其亲日的方面，是加以打击和孤立的政策，对其动摇的方面，是加以拉拢和争取的政策。(毛泽东《论政策》，指为民族大义而把一切可以争取的力量拉到自己一边)

民国时期，“拉拢”还可以用于事物间，更显出它只是个中性词：

(25) 詹姆士却常说一个新的观念就是一个媒婆，他的用处就在能把本来有的旧思想和新发见的事实拉拢来做夫妻。(胡适《实验主义》，《新青年》1919年第6卷第4号/中207)

当“拉拢”用于谋私的场合占据多数时，这个词便含有手段或目的不正当的意味，变成了一个贬义词。

以为和认为

动词“以为”，辞书中一般都释为“认为”，即对人或事物持有某种看法或做出某种判断，词义不牵涉对这种看法或判断的主观评价。古代的例子如：

(26) 及齐，齐桓公妻之，有马二十乘，公子安之。从者以为不可，将行，谋于桑下。(《左传·僖公二十三年》)

民国时期的例子如：

(27) 我以为谈政治的人当分为三种：一种是做官的……一种是官场以外他种职业的人……一种是修学时代之青年……(陈独秀《今日中国之政治》，《新青年》1918年第5卷第1号/中72)

有时看法或判断跟事实不符，如：

(28) 生而眇者不识日，问之有目者。或告之曰："日之状如铜盘。"扣盘而得其声。他日闻钟，以为日也。(宋·苏轼《日喻》)

"以为日也"，意为"自以为是太阳"，含有"误以为"义。这种用法多了，就会促使"以为"发生主观化倾向，即"以为"往往表示看法、判断与实际或预期不符。这种主观化词义的成熟是在当代。我们检索了本词典例句中含有"以为"的例句，发现几乎所有"以为"都含有反预期义（如：迷信者以为是狐鬼捉弄人｜别以为你有几个臭钱就可以在人们面前耀武扬威｜本以为事情能一帆风顺，没想到中间还生出这么多麻烦｜一开始我还以为他在开玩笑，后来才知道他是认真的｜我哭了，因为我以为她抢救不回来了｜请你不要以己度人，以为别人都会去干这种非法的勾当），而"认为"只有少数用例含贬义。也就是说，现在"以为"和"认为"词义相同，但感情色彩和搭配范围有异，不宜简单地用"认为"解释"以为"。本词典已加括注，并稍加辨析。

理想

民国早期，“理想”指对事物的设想、想法，并没有褒义。例如：

（29）若试验者不注意反应，全凭主观的理想妄下方法，不但徒劳无功，而且在化学的试验上还要发生危险。（陈独秀《新教育是什么》，《新青年》1921年第8卷第6号/下77）

（30）这种变化，是一种事实，不是理想。（陈启修《马克思研究》，《新青年》1919年第6卷第5号/232）

（31）社会组织应该怎样，是因时而异，因地而殊的，决不能由一人的理想，建筑于空想之上。［周佛海《马克思之〈资本论〉（读书录）》，《新青年》1923年第10卷第2号/下275］

（32）翁氏一想：“……我宁可失了贞节，先顾全孝道。等婆母百年之后，我再一死以明心迹……”这又是翁氏的理想。（《新鲜滋味》卷一，《苦鸳鸯》182）

例（32）最明显，“理想”就指“想法”。

从以上几例可以看出，“理想”是一个中性词，指对事物的设想、想法，仔细体味，有的用例稍含贬义：主观的、跟事实有距离的，所以当时“理想国、理想乡”二词也都含有玄想、空想的意思。

（33）所以这一类的玄想派中所说的理想国，往往同画师画鬼一样，想怎样画便怎样画，可以画到极精细的地方。他们的理想乡也是这样。（高一涵《共产主义历史上的变迁》，《新青年》1921年第9卷第2号/下137）

后来，“理想”多用于指“对未来事物的合理的设想或希望”，演变为一个褒义名词（如：有理想｜怀抱远大的理想｜实现美好的理想），并进而抽象

为“如所希望的，使人满意的”，增加了形容词的功能（如：理想的工作 | 这个方案还不够理想 | 在这山清水秀的地方养老，简直理想极了）。

无微不至

“无微不至”，《现汉》释义为“没有一个细微的地方没有考虑到，形容待人非常细心周到”。从《现汉》的释义可知“无微不至”是一个褒义词。在清代和民国时期，它却是一个中性词，既可以表示褒义，又可以表示贬义。用作褒义的如［除例（35）外，余皆引自《汉大》］：

（34）张姬爱儿如己出；姬病，儿侍奉汤药，无微不至。（清·孙道乾《小螺庵病榻忆语》）

（35）近日欧美人节省时间与精力之法，日新月异，无微不至。（陈独秀《当代二大科学家之思想》，《新青年》1916 年第 2 卷第 3 号/精选本上 113）

（36）书中描写主人公失恋的地方，真是无微不至。（郁达夫《海上通信》）

陈独秀和郁达夫的用例虽然用作褒义，但搭配面比现在宽泛，超出了对人的照料、关心的范围。

用作贬义的如：

（37）（倪某）住旅寓有时矣，迫切钻营，无微不至。（清·宣鼎《夜雨秋灯录三集·补骗子》）

（38）他们必会用极精密的计划与方法，无微不至的去抢劫。（老舍《四世同堂》五一）

纯表中性义的如：

（39）他就放声骂社会制度的不良，骂经济分配的不均，骂军阀、

骂官僚，末了他尤其攻击北方农民阶级的愚昧，无微不至。（郁达夫《微雪的早晨》）

现在“无微不至”的词义大为缩小，不用于事物，仅用于对人的关心照料。原来的负面义多用“挖空心思、用尽心机、无所不至、无所不用其极”等词语表示。

打成一片

“打成一片”这个成语在今天是个褒义词，《现汉》释为：“合为一个整体（多指思想感情融洽）”，举例为“干部跟群众打成一片”。晚清民国时期的词义跟今天大不相同，如（前三例引自《汉大》）：

（40）只要常自提撕，分寸积累将去，久之自然接续，打成一片耳。（《朱子全书》卷二）

（41）明道《识仁》一书，知行打成一片。（明·吕坤《答孙立亭论格物第三书》）

（42）可是他看看四周……打锣鼓唱戏，骂街吵架，种种奇特的声音打成了一片。（巴金《寒夜》二七）

（43）（该记者）显然以民国成立而定期出版物日多为之因，以某日报某杂志之言论荒谬为之果。二者打成一片，未尝分别其词。（陈独秀《再质问〈东方杂志〉记者》，《新青年》1919年第6卷第2号/中177）

这四例表明“打成一片”本是个中性词，表示不同的东西融合或混在一起，既可以用于形容好的事物，如《朱子全书》例（指知识连成一体）和吕坤例（指知行合一），又可以用于形容负面的事物，如巴金例（指嘈杂的声音连成一片）和陈独秀例（指将不相干的事情混为一谈）。在语用中，当多用于好的事物时，中性词就会向褒义偏移；当多用于负面事物时，中性词就容易向贬义偏移。在晚清民国的京味小说《新鲜滋味》中，“打成一片”都用于人际关系，其义为“合伙（做坏事），胡混在一起”，例如：

（44）他们娘儿俩一定是打成一片，安心要把阿林害死，所为的是这个世袭。（卷二《鬼吹灯》58）丨自打贺世赖父子归到这里，父子、翁婿、爷舅三人，见天打成一片的吃喝嫖赌。（卷三《回头岸》124）丨如今他会跟这些个人打成一片，实在是一件怪事。（卷三《方圆头》153）

“打成一片”由用于事物的中性词发展到民国时期用于人际关系的贬义词，而现今又用为褒义词（指思想感情融合为一个整体，如干群、军民、官兵、知识分子与工人农民等），这跟中国共产党自成立以来一贯倡导和践行群众路线有关，观念、话语的重复最终会导致思维的定型。

民国时期还有许多词的感情色彩跟今天不同，如“纠合”不限于用于坏人之间，也可以说“纠合同志”；“教训”是教育训导义，不含批评训斥的色彩（整天教训人丨被上司教训了一顿）；等等。只是后来在语用中词义主观化，才增加了贬义色彩。

3.4 量词

稘（jī）

晚清和民国前期使用“稘”表示“世纪，一百年”。“稘”本为“周年”义，后此义被“期”（jī）字替代。西方以一百年为一世纪，汉语没有相对应的概念，于是借用表示“期年”的“稘”字来表示这一量词。《汉大》书证为：

（45）当十七稘中叶，英国国论最淯，教宗演事上无犯之旨。（严复《斯密亚丹传》）

（46）以坟冢窟藏之物眩惑吾二十稘国民之耳目，如古董论者之所为。（李大钊《民彝与政治》）

“祺”也作“棋”，如：

（47）自十八棋来，神权契约两说，风靡全欧……逮十九棋初叶，英美二邦，亦风尚其说。（高一涵《乐利主义与人生》，《新青年》1916年第2卷第1号/上98）

“祺”字未能流行，使用时间很短，不久就被“世纪”替代了，如：

（48）我三次荣幸地和亲爱的小读者通讯之间，半个多世纪过去了。（冰心《寄小读者》，写于1923~1926年）

句、钟

旧时，我国用十二地支计时，在明清时期西方的时钟和西式计时法传入我国后，晚清民国一段时期内用“句”作量词，表示钟点。如（以下各例引自《汉大》）：

（49）大家约定一句钟在子由家里聚会同去。（《文明小史》第四十回，成书于1905年）

（50）命令八月十八日下午五句时发于小朝街八十五号机关部。（咏簪《武昌两日记》二，注：咏簪即龚霞初，1885~1927）

（51）恰好这一天晚上八句钟的时候，下了大雪，天气非常之冷。（蒋光慈《鸭绿江上》，注：蒋光慈，1901~1931）

例中“一句钟、下午五句时、晚上八句钟”均表示时点。计时量词“句”使用时间不长，民国时期已改用“点”表示小时，如：

（52）完了会已到下午四点钟，我就回家去了。（冰心《去国·两个家庭》）

民国时期“钟”可以直接用在数词后面表示时点或时段，表示时点如：午前8钟迄午后2钟止；表示时段如：为时有3钟余。稍后，“钟”泛指时间：

（53）专等船靠了码头，就进来报告，顶多再等五分钟，五分钟。（茅盾《子夜》一）

宗

表示人或事物种类、类别的量词古今多用“种”，但在清末民初京味小说中多用“宗”，可用于人和事物（以下各例引自京味小说《新鲜滋味》卷一所收各短篇）。

A）“这/那+宗+名”多指人的秉性、品行等方面的特点，几乎都含有贬义（括号内是篇名和页数）：

（54）这宗脾气（《姑作婆》3）｜这宗德行（《苦哥哥》26）｜这宗奴下奴的口吻（《库缎眼》125）｜那宗假惺惺的人（《刘军门》143）｜这宗人只可扑不可教（《刘军门》143）｜这宗腥架子（《张二奎》223）

B）用于事物时，一般是中性的，例如：

（55）老娘惦记着他，所以作这宗梦（《苦鸳鸯》183）｜你不用感谢我，我也没这宗力量（《苦鸳鸯》183）

文章中的例子如：

（56）这宗全群的生活｜这宗植物的花（周建人《生存竞争与互助》，《新青年》1920年第8卷第2号/下23）

京味小说中仍以含贬义者居多：

（57）这宗穷武官——作着也没有意思（《麻花刘》97）｜这宗缺德的事情不必说他不肯干，他也不会。（《刘军门》138）｜别闹这宗新名辞了（《苦鸳鸯》170）｜受这宗罪（《苦鸳鸯》171）｜受这宗苦（《苦鸳鸯》181）｜说这宗无德的话（《苦鸳鸯》181）｜往后你少打这宗哈哈（《苦鸳鸯》181）｜家里遭这宗逆事（《张二奎》224）

还有个别“这宗+动词”的例子：

（58）这宗骂我也挨不了。（《姑作婆》8）

现在，量词“宗”只用于修饰事或物（案件、事情、买卖、货物、款项等），已不再用于人了。

打（dá）

民国时期，从英语引进的量词 dozen 起初音译为“打臣”，后简化为“打”（12 个为一打），为与动词“打”别义而读阳平 dá。英语量词 dozen 主要用于修饰物，较少用于人，民国时期量词“打”偶尔也用于人，例如：

（59）希望有一二打的人，真正以公众利益为心，而又有专门的训练的，去担当国事。（《1933，聆听中国》上篇二辑《大胆说梦，吾辈努力》郑晓仓文，47）

3.5 虚词

晚清民国时期，有一些虚词的用法和词形跟今天有明显不同，以下略举数例。

介词“为了”

民国时期介词“为了”兼表目的和原因，功能混一，《大现汉》释为：

> 【为了】❶ 介 引入目的……。❷ 连 用在复句的第一个分句前边，表示目的：~孩子上学方便，他们租了一套离学校较近的房子……。❸ 介 引入原因，相当于“因为”（多见于民国时期）：是不是~我批评那首诗，你表姐跟我生气？| 你受批评，正是~这个原因。提示 引入原因，现在一般用“因为”，不用“为了”。

现在表目的用“为了”，表原因用“因为”，分工明确，语言表达精准化了。

连词“既然”

“既然”现在用作连词，用在上半句话里，表示先提出前提，而后加以推论。民国时期“既然”可用作副词，相当于“已经”，例如：

> （60）时候既然是深冬，我急急赶回故乡。（鲁迅《故乡》）

“既”自古至今都有“已经”义，故“既然”就相当于“已然、已经”。现在，“既然”专用在上半句话里作连词，“已经”专作副词，分工明确，经济而明晰。

副词“必定”

《现汉》“必定”列有两个义项：❶表示判断或推论的确凿或必然。❷表示意志的坚决。民国时期“必定”常跟“才”呼应表示必要条件，相当于“必须”。例如：

> （61）我们中国要想政象清宁，当首先排斥武力政治。……必定这一层办得到，然后才配开口说到什么政治问题。（陈独秀

《今日中国之政治问题》，《新青年》1918 年第 5 卷第 1 号/中 72）

（62）必定要叫治国护国两个阶级离开物欲的生活，才可以免去自私自利的弊害。（高一涵《共产主义历史上的变迁》，《新青年》1921 年第 9 卷第 2 号/下 133）

连词“而并且”

晚清民国时期有一个三音节连词“而并且”，其义就相当于“而且、并且”，例如：

（63）虽经朕屡次降旨整饬，而并且有随时几谏之事，但圣意坚定，终恐无济于事。（罗惇曧《宾退随笔》，注：罗惇曧，1872～1924；朕：宣统皇帝自称；圣意：指皇太后的主意）

（64）俄皇政府现在不仅奴役本国人民，而并且对于反对奴隶生活的被压迫民族，还要派人去加上他们一种压迫。（任弼时译列宁《中国战争》，《新青年》1924 年第 10 卷第 4 号/下 323）

（65）俄政府不仅帮资本家去压迫工人……而并且派送军队为少数富人贵族的利益，去掠夺别的民众。（任弼时译列宁《中国战争》，《新青年》1924 年第 10 卷第 4 号/下 323）

（66）再进化到厚黑教主，不求甚解，而并且不好读书。（李宗吾《厚黑学》，注：李宗吾，1879～1943）

“而并且”应是“而且”与“并且”的叠加式，即：而且+并且=而并且，犹如眼下+目下=眼目下。汉语词库里已有双音节的“而且”和“并且”，三字连词“而并且”就显得不那么必要，民国时期以后就不再使用了。但近年来这个三字连词在报刊偶见，如：“中国不但接受了联合国会费上涨的要求，而并且在 2007 年上涨比例居世界之首。”这算是语词使用的“返祖”现象了。

样态词后缀“们”

晚清民国时期文献中的“这们、那们、多们”词义用法全同样态词“这么、那么、多么”，后缀“-么”与“-们”并用，“-么”更通用，但“-们”使用也很广泛。据考察，样态词后缀“们”最迟自明代就已见诸白话小说，例如：

(67) 李逵道：“这们睡，闷死我也！”(《水浒传》第74回)

(68) 猪八戒见了就哭道：“可怜啊，那们个师父进去，弄做这们个师父出来也！”(《西游记》第86回)

明末清初的用例如：

(69) 有这们个闺女，我怕没人要么？(《醒世姻缘传》第72回》)

晚清民国时期京味小说中“这们、那们、多们”更为普遍，刊行于1908年的社会小说《小额》中样态词后缀只用“-们”，不用“-么”：

(70) 大哥，这话可不是这们说(39) | 额大奶奶说：“就是那们着啦，您多分心吧！”(74) | 那们，就打发人请去吧(92) | 你瞧老仙爷有多们灵。(97)

《新鲜滋味》中也随处可见（以下引自该书卷一）：

(71) 所以他得这们一个美号(《姑作婆》3) | 以阎文介那们烈害，都会办不下去啦(《苦哥哥》39) | 闹的够多们欢。(《理学周》67)

京味小说口语性很强，后缀“们”应反映实际读音。

清末民初韩国的汉语教材《京语会话》（成书于 1910~1920 年）中，“这么、那么、多么”也都写作“这们、那们、多们”（参看张美兰，2011）。不仅小说和会话书，政论文章中也有其例，如：

（72）由此可见共产制度在希腊古代已经有这们多的种类，已经有许多国家实行，并不算是什么一件稀奇的事体了。（高一涵《共产主义历史上的变迁》，《新青年》1921 年第 9 卷第 2 号/下 133）

后缀“们”也见于四川方言，如：

（73）【那们】namən＝【那么】指示性质、状态、方式、程度等。（《成都方言词典》98）｜【嘞们】nemən 这么：有~好的事情嘛？我才不可信。（《成都方言词典》146）

（74）城里那们多的精壮小伙子，为啥不弄去当兵，偏偏要向我们做田的穷人家来拉？（川籍作家李劼人《天魔舞》第三章）

“这/那么”和“这/那们”后面的“么”和“们”还保留着一些实义，相当于“样”（“多么/们”后的“么/们”词义弱化，“多么好/多们好”可以说“多好”），它们跟复数词尾“们”有一个共同的语源“物”，“物”有等、类、色、样义，具有演变为复数词尾（等、类）和样态词后缀（样）的语义相宜性。“么”和“们”是“物”的不同音变，因而有表示样态的相同的语法功能（参看江蓝生，1995；2018）。

4. 外来词

明末清初以利玛窦为代表的西洋传教士来华，特别是从鸦片战争到五四运动前后，西方语言中大量词语涌入中国。19 世纪末，大量知识界人士赴日本留学，日语中科技、哲社类汉字词（借形词）急速传入。20 世纪前半叶，随着共产国际和苏俄对中国国内政治的影响逐渐加深，俄语也渗透进汉语。

4.1 西语外来词

晚清民国时期西风东渐，大量西方语言词语涌入中国，产生了许多源自西方的外来词，尤其以五四时期为盛。词汇内容涉及科学技术、社会制度、思想观念、文化教育以及日常生活的许多方面，当时的汉语词汇面貌得以极大丰富和改观，增加了许多现代元素。本词典从大量有关资料中加以爬梳，收录旧时（主要为晚清民国时期）使用过而现在已经不用或词形有变化的词语近千条。

早期外来词的特点之一是以音译词为主［也有少数直接使用英语词的，如李大钊 1918 年的《BOLSHEVISM 的胜利》一文直接把英语词 BOLSHEVISM（布尔什维主义）用在题目中］，使用本国的语音系统，跟外语的读音大致相同。音译造词法产生了大量多音节单纯词，如：德莫克拉西（民主，英 democracy）、赛因斯（科学，英 science）、德律风（电话，英 telephone）、烟士披里纯（灵感，英 inspiration）、狄克推多（独裁，英 dictator）、巴律门（国会，英 parliament）、康八度（买办，葡 comprador）、奥伏赫变（扬弃，德 aufheben）、苦跌打（政变，法 coupd'Etat）。

有的音译外来词是经日语中转传到汉语中来的，比如“曹打”（soda，苏打）本是日语的英语音译词，“瓦斯”（gas，气体，特指煤气等可燃气体）本是日语的荷兰语音译词，汉语是从日语借用过来的。

有些外来词略似音译加意译的音义附会词，如“水门汀（水泥，英 cement）、梵阿铃（小提琴，英 violin）、爱力尔基（能量，英 energy）、薄海民（波西米亚人，借指小资产阶级的流浪知识青年，英 Bohemian）、壁里砌（俄式壁炉，俄 печь）。“霍乱”既有音译词“虎列拉”（Cholera），也有音译加意译词“虎疫、虎疫症”。

纯意译词极为少见，且大多未能通行。如陈独秀将 violin（小提琴）译作“胡弓”（《当代二大科学家之思想》，1916 年），没能通行开来。

特点之二是所译之词，词无定形，如李大钊把马克思（Marx）译作“马客士”（《BOLSHEVISM 的胜利》，1918 年），把恩格斯译作昂格思（《平民政治与工人政治》，1922 年）。瞿秋白将“黑格尔”译作“黑智儿”（《自由世界与必然世界》，1923 年）。有些外来词词形有两种或两种以上，多的竟至七八种。如“钢琴”一词，有资料可查的被译作“披亚诺、披霞那、批阿娜、披亚娜”等；英美制谷物计量单位 bushel 既有音译“蒲式耳、婆式、婆式尔、布歇尔、布希尔、巴歇尔、蒲塞尔”等，又有意译“英斗、外国斗”。对于这些词形繁多的外来词，本词典采用以简驭繁的体例做了处理。

特点之三是有些音译词反映了上海话或粤方言的语音，这跟上海（特别是上海的租界）、广州和香港是中西文化交流密切的地方有关。

反映上海话语音的外来词如“水门汀”（英 cement）首字译作“水”，上海话“水”读［sɿ］。老虎窗（屋顶斜面上凸出的天窗。“老虎”［英 roof］屋顶）上海话“虎”读［fu］。反映粤语语音的外来词如“花臣”（时髦［英 fashion］），粤语“花”声母读［f-］。“焗”（局）（烹调方法，利用蒸汽使密闭容器中的食物变熟［英 cook］），粤语“局”为［-k］尾入声字。

随着 19 世纪末大量知识界人士赴日本留学，日语中科技、哲社类汉字词（借形词）急速传入。早期借自日语汉字词的借形词数量很多（如：手续、引渡、见习），被视为准外来词。随着时代推移，国人已感觉不到它们跟日语的联系，本词典对这类词语一般不加语源标注。

4.2 西文字母词

19 世纪中叶以前，汉语借用的外来词无论是音译、意译、音译兼意译还是借形，书写形式都使用单一的汉字符号体系，不与西文字母相混。晚清时期，阿拉伯数字和西文字母开始被引入汉语书写形式之中，出现了少数汉字与西文字母搭配的字母词。如“阿 Q”一词是鲁迅先生在白话小说《阿 Q 正传》（创作于 1921 年 12 月）中创造的字母词。早期的字母词及时体现在当时的辞书中，如 1898 年德国科学家伦琴发明了 X 射线，1903 年汉语辞书《新尔雅》收录了“X线”一词，首次在汉语词典里出现了以西文字母开头的词。1931年《辞源》的续编收入“三K党”，1934年《自然科学词典》在正文后面收录了α线、β线、γ线等7个外来词。1936年，蔡丏因《辞林》补编附录缩写名词专项里收录了23个西文缩写名词。1951年，黎锦熙主编的《学习辞典》(天下出版社) 在正编部分的最后，设了西文词头部分，收了“AB团、CC系”等5条。江蓝生(2012) 用“外来词汉化级谱”说明汉语中外来词的动态发展和汉化过程(例词有变动)：

①英语单词(Bolshevism、internet、e-mail)——

② 英文缩略词(TNT、DNA、GDP)——

③ 西中意译词(X光、γ线、AB团、CC系、B超、T恤衫)——

④ 中西音译词(卡拉OK)——

⑤ 中西意译词(阿Q、三K党)

⑥ 汉字音译词(沙发、伊妹儿)——

⑦ 汉字音译兼意译词(因特网、基因)——

⑧ 汉字意译词(互联网、电邮)

在这个级谱中，①②两级是外语词；③~⑧级，汉化程度依次加深，⑥~⑧级三类纯用汉字的外来词已经完全汉化。在当今全球化、信息化时代，外来词包括西文字母开头或阿拉伯数字开头的字母词、西文字母缩略词的广泛应用已成大势所趋。

5. 结语

从以上各节对晚清民国时期的词汇现象所进行的有限的考察和分析可以看出，彼时词语的形式、意义和用法都有不少异于古往也异于现今的特点，归纳起来主要有以下五点。

(一) 新词的形式尚不固定，同词异素、同物异名、同义异序等现象非常普遍，处在动态的选择过程中。现在淘汰了很多晚清民国时期使用的旧词（如“避妊、赤十字会、新闻纸”）、旧名称（如“格致学、理则学”），淘汰了一部分逆序词（如“慧智、刷印、慰安、志意”），同义并列复合词的语素次序基本固定下来，少数并用的异序词在词义和搭配上有了分别（如“网罗/罗网”、“健康/康健”）。

（二）旧时不少复合词的词义大多接近字面义，为构词语素的相加，词汇化程度不够高。现在，其中的一些复合词结合度增强，引申出字面义以外的抽象义，词汇化程度得到提升（如“保守、激动”）。

（三）旧时不少常用词词义外延比现在大（如“爱情、伟大、严重”），适用范围广。现在这类词的外延缩小，只用在某个方面，使词义表达更为明确和精细了。

（四）晚清民国时期的一些中性词跟今天相比，感情色彩发生了变化。或者由中性义变为褒义（如“理想、无微不至、打成一片”），或者由中性义变为带有贬义色彩（如“拉拢、以为”），这是词义主观化的表现，而主观化是词汇化程度提升的体现。

（五）晚清民国时期中外文化的深度接触交流，使西方语言和日本语在词汇和语法上对当时的汉语产生了较大影响，对汉语的现代化转型和汉语书面语向新白话过渡起到了一定的推动作用。

引用书目

《小额》，松龄著，（日）太田辰夫、竹内诚编，汲古书院（东京），1992。

《新青年》，陈独秀主编（1915 年 9 月～1926 年 7 月）；《新青年》（精选本）上中下三册，中国书店，2012。

《新鲜滋味》卷一、二、三，损公（蔡友梅）著，刘云校注，北京大学出版社，2018。

《燕京妇语》（影印本），（日）北边白血抄・总译，鳟泽彰夫编著，好文出版社（东京），2013。

《1933，聆听民国》，林语堂、梁漱溟、胡适等著，中信出版社，2014。

《中国战时首都档案文献·战时社会》，重庆市档案馆、重庆师范大学编，重庆出版社，2014。

参考文献

刁晏斌：《现代汉语史》，福建人民出版社，2006。

何九盈：《中国现代语言学史》（修订本），商务印书馆，2008。

高名凯、刘正埮：《现代汉语外来词研究》，文字改革出版社，1958。

贺阳：《现代汉语欧化语法现象研究》，商务印书馆，2008。

江蓝生：《说“麽”与“们”同源》，《中国语文》1995 年第 3 期。

江蓝生：《台湾地区词（四则）音义考》，载《历史语言学研究》第五辑，商务印书馆，2012。

江蓝生：《汉语词语书写形式的革新——谈谈字母词的身份与规范》，《中国社会语言学》2012 年第 2 期。

江蓝生：《再论“们”的语源是“物”》，《中国语文》2018 年第 3 期。

吕叔湘：《近代汉语指代词》，江蓝生补，学林出版社，1985。

史有为：《汉语外来词》，商务印书馆，2013。

孙德金：《现代书面汉语中的文言语法成分研究》，商务印书馆，2012。

叶世荪、叶佳宁：《上海话外来语二百例》，上海大学出版社，2015。

俞敏：《北京话本字札记》，《方言》1988 年第 2 期。

张美兰：《明清域外官话文献语言研究》，东北师范大学出版社，2011。

辞书类

《成都方言词典》，梁德曼、黄尚军编，江苏教育出版社，1998。

《汉语外来语词典》，岑麒祥编，商务印书馆，1990。

《国语辞典》，中国大辞典编纂处编，商务印书馆，1937～1943。

《汉语大词典》，汉语大词典编纂委员会编，汉语大词典出版社，1990。

《全球华语大词典》，李宇明主编，商务印书馆，2016。

《汉语字母词词典》，刘涌泉编著，外语教学与研究出版社，2009。

《新华外来词词典》，史有为主编，商务印书馆，2019。

《现代汉语词典》（第 7 版），中国社会科学院语言研究所词典编辑室编，商务印书馆，2016。

《学习辞典》，黎锦熙主编，天下出版社，1951。

A Glimpse of the Words in the Late Qing Dynasty and the Republican Era

—Notes on the Codification of the *Xiandai Hanyu Da Cidian*

JIANG Lansheng

Abstract: The *Xiandai Hanyu Da Cidian* takes the period around the May 4th movement as the upper limit of modern Chinese and collects words from the late Qing and Republican Era. The present article introduces the words of this period from four aspects: new categories, new norms, word forms, word meanings, and loan words, compares them with the Classical Chinese, analyzes their inheritance and development relationship with the meanings of the words in Classical Chinese as well as their similarities and differences with the meanings of words in Contemporary Chinese. It also reflects some characteristics of the transition of the written Chinese language from the literary language to the modern vernacular language.

Keywords: *Xiandai Hanyu Da Cidian*, Xiandai Hanyu, the Late Qing Dynasty and the Republican Era

《金瓶梅词话》时间副词解证*

杨　琳

（南开大学文学院）

提　要　本文对《金瓶梅词话》中理解时有疑难的时间副词做了辨析解证。文章从是否包含时间先后义素的角度将时间副词分为时序副词与时段副词，时序指过去、现在、未来三种时间状态，时段指时间的长短及某一特定的时点，共计讨论时序副词11个，时段副词30个。时序副词如“一面”，本文指出有即时、便的意思，前人多误解为表示两种以上的动作或活动同时进行的连词。时段副词如“忽刺八”，很多人认为是蒙古语的音译词，本文指出该词与蒙古语无关，“刺八”是汉语官话中的词缀。

关键词　时间副词　时序副词　时段副词　《金瓶梅词话》

时间副词可以有不同的分类，不少学者分出的小类多达十几种。本文只是考释《金瓶梅词话》（下文简称《词话》）中理解时有疑难的时间副词，而非全面研究《词话》中的时间副词，所以从是否包含时间先后义素的角度将时间副词分为时序副词与时段副词两大类。时序指过去、现在、未来三种时间状态，时段指时间的长短及某一特定的时点。因时间名词可以作状语，功能与时间副词相同，所以个别时间名词附带予以讨论。

* 基金项目：国家社科基金重点项目“金瓶梅语言考释词典”（23FYYA003）。

1. 时序副词

比来

> 嫂子说那里话，比来比来相交朋友做甚么？我已定苦心谏哥，嫂子放心。(13[①])

田宗尧（1985：198）："比来，从来。"王利器（1988：42）："比来，如果、象这样。"白维国（2005：22）："比来，表示理所当然；本来。"诸解未确。"比来"有往昔义。王锳（2005：8～9）："'比'又可作'比来'，'比'指过去，'来'为'时'义。但从时间历程看，有远指和近指的区别，远指相当于'从前''往昔'，近指则相当于'近来'。""来"参看下文"后日来"一词。《词话》中是当初的意思。两个"比来"，其一应衍。第十六回："比来相交朋友做甚么？哥若有使令俺们处，兄弟情愿火里火去，水里水去。"此例"比来"也是当初之义。

已却

> 李瓶儿道："奴在三娘手里吃了好少酒儿，已却勾了。"(14)

崇祯本改"却"为"都"，未得其义。却有已经义。钟兆华（2015：498）："却，表示已然。"举例有明·罗贯中《三遂平妖传》第三回："过三五日，雪却消了，天晴得好。"《京本通俗小说·西山一窟鬼》："天色却晚，吴教授要起身。""已却"为同义连文。宋·欧阳修《文忠集》卷一〇〇《论京西贼事札子》："患到目前，方始仓忙而失措。事才过后，已却弛慢而因循。"《文忠集》卷一一八《乞置弓弩都作院》："见今诸州军弓弩，

① 数字指《词话》回数，后文同。

造作之时既皆草草，造成不久寻复损坏，又须从头修换，一番修换未了，一番已却损坏。”宋·李焘《续资治通鉴长编》卷二六五《神宗》：“今年萧琳雅来时，札子上已却认了也，学士必应知之。”清·徐倬《全唐诗录》卷八〇许浑《寄房千里博士》引《云溪友议》（文渊阁《四库全书》本）：“有进士韦滂者，自南海邀赵氏来，为房妾。房赴京调选，与赵别，约中秋为期，赵极怅恋。房至襄州，逢浑赴弘农公番禺之命，乃以情意相托，许诺焉。比到府邸，遣人访之，则赵已却从韦矣。”“已却”一词未见词典收录。

已久

> 四包银子已久交到后边去了。(75)

梅节（2004：377）：“‘久’字崇本无，当是‘交’之讹衍。”李申（1992：180）：“‘久’在方言中又用为时间副词，意为‘早已’‘早就’。今徐州一带仍说。例如：‘这人久死了。’‘他久不干了。’‘久已退下来了。’‘已久不在了。’”徐复岭（2018：836）：“已就，表示已成定局或已达到某种程度。已经，已然。”认为“已久”是“已就”的异形词。应以李申说为是。“已久”同义连文，犹言“早已”。明·陈玉秀《古今律条公案》卷一：“我表弟已久来你家收布，我在城中，如何久不发货来？”清·烟霞散人《凤凰池》第七回：“夫人这倒不消虑得，此子已久作下官幕中之客了。”“已久”与“已就”虽然词义上有交叉，但理据不同，并非同词异形。

头上

> 丁相公儿子丁二官人，号丁双桥，贩了千两银子绸绢，在客店里安下，瞒着他父亲来院中敲嫖。头上拿十两银子、两套杭州重绢衣服，请李桂姐，一连歇了两夜。(20)

白维国（2005：396）：“头上，开始；起初。”“头上”确有开始、起初义。如第六十七回："头上只小雪，后来下大雪来了。""起初"是与"后来"相对而言的。丁双桥嫖宿李桂姐之事并没有"后来"，所以这里的"头上"理解为起初并不妥帖，应该是先前、此前的意思，即指西门庆来妓院之前。

却

> 放翻身体，却待要睡，但见青天忽然起一阵狂风。(1)

梅节（2004：11）："'却'应为'恰'，本书二字音近通假。第二回：'王婆却才点上灯来。'第五回：'听那更鼓时，却好正打三更。'第九回：'那土兵齁齁的，却是（似）死人般挺在那里。''却'均为'恰'。"此解非是。却自有正、恰义。《汉语大词典》："却，副词。正；恰。"举例有唐·杜甫《水宿遣兴奉呈群公》："归路非关北，行舟却向西。"《西游记》第三回："我这两日正思量要上天走走，却就有天使来请。"清·魏秀仁《花月痕》第九回："〔小岑〕又怕秋痕冲撞了人，却好窗外一条青龙，一条白龙，轰天震地的抢标，便扯着秋痕道：'我和你看是那一条抢去标。'"《西游记》例中的"却"是便、就的意思，其他两例可靠。

《词话》第十四回："功业如将智力求，当年盗跖却封侯。"诗句为假设，非陈述事实，此处"却"不可理解为表示转折的副词。《水浒传》第二十八回作："功业如将智力求，当年盗跖合封侯。""合"，当，该。其意为功业如果仅凭智慧就可以求取，当年盗跖就应该封侯了。所以"却"应理解为便、就。

一面

> 西门庆听见，一面令王婆快打发衬钱与他。长老道："请斋主娘子谢谢。"妇人道（向）王婆说："免了罢。"(8)

这里的"一面"无法理解为表示两种以上的动作或活动同时进行的连词，因为前后说的都不是西门庆的活动，亦即没有另"一面"。"一面"有即时、便的意思。第四回："（潘金莲）分付迎儿：'好生看家，我往你王奶家坐一坐就来。若是你爹来时，就报我知道。若不听我说，打下你这个小贱人下截来。'迎儿应诺不题。妇人一面走过王婆茶坊里来和西门庆做一处。"第六回："西门庆呼酒保来：'记了帐目，明日来我铺子内支钱。'两个下楼，一面出了店门。"第四十二回："不一时，韩道国到了，作了揖坐下，一面收拾放卓儿，厨下拿春盘案酒来。""收拾放卓儿"的并非韩道国，"一面"义为便、于是。第六十五回："伯爵道：'你不是韩金钏儿？'一面韩毕跪下，说：'金钏儿玉钏儿都是小的妹子。'"崇祯本改"面"为"家"，连接上句读为"你不是韩金钏儿一家？"，学人多从。"家"无由误"面"，且文意也未畅。"韩金钏儿"之"儿"应为"兄"之形误，"一面"义为随即，如此文从字顺。第七十九回："吊孝毕，到衙门里，一面行文开缺，申报东京本卫去了。"第九十一回："他娘张氏便向玳安说：'哥哥，你到家顶上你大娘，你家姐儿们岂可希罕这个使女看守？既是与了大姐房里好一向，你姐夫已是收用过他了，你大娘只顾留怎的？'玳安一面到家把此话对月娘说了。"第九十五回："薛嫂道：'奶奶这两副钿儿好不费手。昨日晚夕我才打翠花铺子里讨将来，今日要送来，不想奶奶又使了牢子去。'一面取出来与春梅过目。"上例中"一面"都是随即、便的意思。

见

> 原来西门庆每日从衙门中来，只见外边厅上就脱了衣服，教书童叠了，安在书房中。(31)

"见"崇祯本改作"到"。张鸿魁（1999：859）："见，当作'到'，草写形近讹。"未得其义。"见"即现，义为当即、随即。第五十四回："玳安道：'无钱课不灵，定求收了。'太医只得收了，见药金盛了，就进去簇起煎剂。"此谓当即将药钱盛放了。明《老乞大谚解》卷下："这价钱一定也，我只要上等官银，见要银子，不赊。"《红楼梦》第二十八回："我没法儿，只得把两枝珠子花儿现拆了给他。"

这回/这会

> 大拳打了，这回拿手摸挲。(26)

此语又见于第五十二回："你大拳打了人，这回拿手来摸挲。"李布青(1988：18)："比喻伤害了别人，却又去安慰，充当好人。"白维国、卜键(1995：726)："用拳头打了人再用手去抚摸伤处，比喻打击伤害了别人又假意抚慰。"岳国钧（1998：165)："喻狠狠惩罚后作小小的安抚。"各家释义略同，但"这回"都无着落。今谓"这回"不是这一回、这一次，而是"这会"，义为现在。第二十一回："小淫妇儿，会乔张致的，这回就疼汉子。看撒了爹身上酒，叫的爹那甜。"第七十五回："我这回好头疼。"也说"这回子"，第二十五回："你老人家到且急性，也等我慢慢儿的打发将来。这（衹）相这回子，这里叫那里叫，把儿子痨病都使出来了也没些气力使。"《汉语大词典》未收录"这回"。白维国主编《近代汉语词典》收录了"这回"，但最早举例出自《红楼梦》，时间偏晚。

见将今

> 相李大姐有实（宿）疾，到明日生贵子，他见将今怀着身孕，这个也罢了。(29)

"将"字崇祯本删除，学人多从。"将"有跟从义。《汉书·礼乐志》："招摇灵旗，九夷宾将。"颜师古注："将，犹从也。"引申为走向、即就。"将就"同义连文，谓迁就。成语"日就月将"释者纷如，当以就、将同义对文为妥。故"将今"犹"即今"。《汉语大词典》："即今，今天；现在。"唐·高适《送桂阳孝廉》："即今江海一归客，他日云霄万里人。"明·冯梦龙《警世通言》卷三十二："事已如此，料留你不住了，只是你要去时，即今就去。"即与将同义，故既可说"即今"，也可说"将今"。唐·皮日休《相解》："噫！立形于天地，分性于万物，其贵者不过人焉，有真人形而贫贱，类禽兽而富贵哉？将今之人，言其貌类禽兽则喜，真人形则怒，言其行类禽兽则怒，真人心则喜。”明·方孝孺《逊志斋集》卷六《策问十二首》：“将今之学者不若古之人欤？夫古人亦人尔，谓今人举不能及，可不可也？”“见将今”犹言“现如今”。

后日来

相春梅后日来也生贵子。(29)

梅节（2004：140）：“‘来’字疑校入崇本异文。崇本作‘后来’，词话原本应作‘后日’。”此解非是。“后日”有今后、后来的意思。第七十三回：“你若依我，后日抬举你。”来是词缀，常加在时间名词后面，如“夜来、晚来、晓来、日来、小来”等。

来时/来的

月娘道：“你来时儿，他爹到明日往院里，去寻他寻试试？倒没的丢人家汉子当粉头拉了去，看你那两个眼儿里？”(46)

梅节（2004：220）：“‘儿’应为‘见’之误。原在‘来’上作‘你见来’，‘时’为‘待’之误，属下句。‘丢’崇本作‘教’。原应为‘交’，误‘丢’。”“来时儿”不误，“来时”犹言“来日”。金·马钰《洞玄金玉集》卷八《寄四舍弟马运甫》：“要病除，须拂袖。物外持修，亘初清秀。更有般、真个长安，待来时成就。”元·顾瑛《尧文文学过访赋别兼简鹤斋薛真人》：“黄公垆畔三株树，留待来时醉挂巾。”“来时儿”与“到明日”表义重复，这是口语的实录。丢字不误，义为扔给。

第五十九回：“明知我不久也命丧在黄泉来的，咱娘儿两个鬼门关上一处儿眠。”“你再不来相靠着我胸膛儿来的，生抱（把）这热笑笑（突突）心肝割上一刀。”两例中“的”，白维国、卜键校注本和梅节校订本等改为“呵”，非是。此《山坡羊》曲，第一例“泉”“眠”押韵，“呵”不入韵。

"的"应为简体"时"之形误，"来时"义为未来，属下读。

2. 时段副词

都是

> 不想这段姻缘却在他身上，都是在帘下眼巴巴的看，不见那人方才收了帘子，关上大门，归房去了。(2)

一般将"都是在帘下眼巴巴的看不见那人"连读。"都"崇祯本改作"却"，白维国、卜键校注本也改作"却"，文意未安。"都"一般表示总括的事物范围，这里表示总括的时间范围，义为总是、一直。空间和时间互相转喻引申是词义演变的常见现象。宋·吴文英《风入松·为友人放琴客赋》："曲屏先暖鸳衾惯，夜寒深，都是思量。"宋·柴望《摸鱼儿·景定庚申会使君陈碧栖》："想旧日桃花，而今人面，都是梦儿里。"金·佚名《刘知远诸宫调》第一《商调迴戈乐》："闷向闲窗检文典，曾披揽，把一十七代看，自古及今都惣（总）有罹乱。"雷文治（2002：376）："都总，表示不变的时间副词，意为'总是'。"《词话》中该词意为潘金莲眼睛一直盯着看望。

长连/常连

> 我只道蜜罐儿长连拿的牢牢的，如何今日也打了？(21)

梅节（2004：104~105）："'长连'崇本作'长年'，意改。'连'应为'远'之形误。'长（常）远'本书熟语。"白维国（2005：44）："长连，长时间地持续不断。"白解是。古有"长连"一词。宋·元照《四分律行事钞资持记下》卷一《释僧像篇》："《伽论》'地敷'，义是长连不可动者。"宋·守坚《云门匡真禅师广录》卷上："长连床上饱吃饭了脱空妄语。"《词话》第五十九回："如意儿实承望孩子搐过一阵好了，谁想只顾常连一阵不了，一阵搐起来。""常连"即"长连"。全句意为我只是以为蜜罐一直拿得牢牢的，怎么现在也打破了？

见见

这贼小淫妇儿学的油嘴滑舌，见见就说下道儿去了。(88)

白维国（2005：189、214）："见见，同'看看'。""看看，渐渐。"陈诏、黄霖（2020：1507）："见见，同'看看'，湛湛，渐渐。"均未中肯。见有每义。许宝华、宫田一郎（1999：718、719）："见见，天天。北京官话。""见月，每月。西南官话。""见回，每次。冀鲁官话。山东宁津。""见但，但凡。闽语。福建厦门。""见若，凡是；每每；大凡。闽语。福建厦门。"清·佚名《小五义》第五十二回："你们常买鱼，我见天在鱼市上掌秤，难道说还不认的我么？"《词话》"见见"义为每每、总是。

常串/常川

小僧忝在本寺长老，廊下管百十众僧，后边禅堂中还有许多云游僧行常串座禅，与四方檀越答报功德。(89)

白维国、卜键校注本改"常"为"客"，将"客串"连读。明代未见有"客串"一词，《汉语大词典》"客串"条举例都是现代文献。我们找到的用例见于清末，且仅限于演艺界。清·花月痴人《红楼幻梦》卷十九(1843年刊行)："特表宝玉连日看湘莲并林府几位清客串戏，大有趣味。""清客/串戏"还不是"客串"。清末徐珂《清稗类钞·戏剧类·串客》："凡非优伶而演戏者，即以串客称之，亦谓之曰清客串，曰顽儿票，曰票班，曰票友，日本之所谓素人者是也。""清客串"算是与"客串"近似。故白、卜校改缺乏依据。梅节（2004：446）："常串座禅，崇本作'常时坐禅'，意改。'串'代'川'，'座'同'坐'。'常川'谓经常，连续不断。"

此校将“常串”与“常川”加以沟通，可以信从。“常川”一词元代以后常见。元·脱脱等《金史·金国语解》：“习矢，犹人云常川也。”用“常川”解释女真语的“习矢”，可知“常川”是当时流行的口语词。也写作“长川”。《西游记》第四十四回：“把我们画了影身图，四下里长川张挂。”也说“川常”。许宝华、宫田一郎（1999：370）：“川常，经常。西南官话。云南昆明、文山、临沧。”清·钱大昕《恒言录》卷四《仕宦类》：“常川，今章奏公文多用之。予见明《永乐实录》有‘常川操练’之语。”“常川”义为经常，川取义不明。《国语辞典》（1948：2870、2865）：“常川，继续不断，本《中庸》‘川流不息’语意。”“长川，连续不断之意，如言长川供给、长川往来。”顾学颉、王学奇（1983：233）：“常川，谓常常、连续不断，取意于《中庸》‘川流不息’句。”《礼记·中庸》只作“川流”：“小德川流，大德敦化，此天地之所以为大也。”“川流不息”见于南朝梁·周兴嗣《千字文》：“川流不息，渊澄取映。”“川流不息”之“川”是名词，而“常川”是副词，二者难以贯通。

串有惯习义。《荀子·大略》：“国法禁拾遗，恶民之串以无分得也。”唐·杨倞注：“串，习也。”《南史·宗悫传》：“宗军人串啖粗食。”清·李海观《歧路灯》第六回：“杯酌交错，有说展布经纶有日哩，有说京都门路熟串的。”惯习义之串本读古患切。五代·可洪《新集藏经音义随函录》第十六册《根本毗奈耶杂事》第六卷：“串习，上古患反。”“常串”即“常惯”，为“惯常”之异序词。由惯习引申为经常。明·万表《万氏济世良方》卷五：“芎归补中汤，治妇人急性常惯小产。”清·吴趼人《恨海》第五回：“这是常惯的事，小姐只管放心。”从典籍中多作“常川”的情形来看，世俗读串如川。串的这种读法早在晋代就已出现。唐·玄应《一切经音义》卷十二《修行道地经》第三卷：“铁弗，《字苑》：‘初眼反，谓以签贯肉炙之者也。’”又卷十六《萨婆多毗尼毗婆沙》第五卷：“一弗，初眼反。《字苑》：‘今之炙肉弗也。’”《字苑》为东晋葛洪所撰。这里的“弗”即今“羊肉串”之串，“弗”是串的异体。《新集藏经音义随函录》第十一册《瑜伽师地论》第四卷：“铁串，初眼反。正作弗。”敦煌 S.617《俗务要名林》："弗，策之别名，物（初）产反。"策当是茦（刺）的俗字，或是刺的音借，是刺穿的意思。宋·毛晃、毛居正《增修互注礼部韵略》卷四《线韵》："穿，贯也。亦作串。又仙韵。"音枢绢切，今应读 chuàn。唐·贯休《上冯使君水晶数珠》："泠泠瀑滴清，贯串有规程。""贯串"一词表明，唐代以后"串"已多读枢绢切，若读古患切则"贯串"难以成词。元·周德清《中原音韵·先天韵·去声》"钏穿串"为一同音字组，而在《桓欢韵·去声》"贯冠观灌裸瓘鹳"同音字组中未收串字，可知强势的枢绢切读音已将古患切给吞并了。章太炎《新方言·释宫第五》"尔雅植谓之传"条："今惠潮嘉应之客籍谓门之横关为串，音如穿。串本音贯，而今多读为穿。"这就是"常串"一般写作"常川"的原因。许宝华、宫田一郎（1999：2687）："串，老是；每每。闽语。福建厦门［ts'uan^{21}］：串食串应效（老是吃老是见效）丨 串讲无好话。"这是惯常义的"串"在方言中读［ts'uan^{21}］，可为佐证。

枢绢切之串与川声调不同，何以大都写作川？这应该是"据音义猜字"的结果，正如今天解释的人将"常川"之川猜测为川流不息之义一样，书写者大概也是这样联想的。

白日/白白

> 却表王六儿自从得了苗青干事的那一百两银子，四套衣服，夜间与他汉子韩道国就白日不闲，一夜没的睡，计较着要打头面，治簪环。（48）

"夜间"与"白日"矛盾。崇祯本删除"夜间"。梅节（2004：227）："'夜间'应为'衣服'二字之讹衍。词话原本亦作'四套衣服'，'衣'误'夜'，又改'服'作'间'。后有人校入崇本'衣服'二字。"颇为牵强。白作副词，有一直的意思。第十一回："也要往宅里看看姑娘，白不得个闲。"第十八回："月娘道：'姐夫每日管工辛苦，要请姐夫进来坐坐，白不得个闲。'"第四十回："常时小产了几胎，白不存，也是吃了薛师父符药，如今生了。”“白日”当作“白白”。“白白不闲”谓一直不闲。

一项/一向

(韩道国)因问:“姑夫今还在那边西门老爷家里?”经济把头一项说了一遍。(98)

项为向的音借,“一项”即“一向”,义为一直。宋·黎靖德《朱子语类》卷一二〇:“今人读书,多是从头一向看到尾。”《词话》第九十七回:“一向使人找寻贤弟不着,不期今日相会,实乃三生有缘。”“把头一项说了一遍”谓从头一直说了一遍。

冷眼

良久,王婆只在茶局里,比时冷眼张见他在门前楚过。(2)

《汉语大词典》“冷眼”条有两个义项:❶冷静、客观的眼光。❷冷漠的眼光;轻蔑的眼光。这两个义项在这里都不适用。此“冷眼”义为眼睛不经意地,眼睛突然地。清·李百川《绿野仙踪》第四十五回:“萧麻子冷眼看见郑婆子穿着一双毛青梭新鞋。”冷的不经意、突然义是从冷清义引申出来的。热闹处引人关注,冷清则无人关注、无人在意,故有不经意之义,由不经意引申为意外、突然。北京话中的“冷古丁”也写作“冷孤丁”,孤是孤单,丁是零丁,“冷孤丁”同义连文。东北官话中有“冷独丁”的说法,与“冷孤丁”构词相同,义为孤单,这表明孤单零落义与意外义有关联。至于“冷不丁”,应该是“冷孤丁”的讹变,讹变产生的诱因是语言中有中缀“不”的存在,如“黑不溜秋”“空不落落”等。

忽剌八

预备下熬的粥儿又不吃,忽剌八新梁兴出来,要烙饼做汤。(11)

《汉语大词典》："忽剌八，亦作'忽喇叭'。亦作'忽剌巴儿'。突然；无端。……明沈榜《宛署杂记·民风二》：'仓促曰忽喇叭。'"很多人认为"忽剌八"是蒙古语的音译词。顾学颉、王学奇（1984：47～48）："忽剌八，蒙古语，意谓突然、凭空。又作忽剌巴、忽喇叭。《华夷译语》译作'忽儿八'。"白维国（2005：164）："忽剌八，突然，蒙古语译词。《华夷译语》：'翻，忽儿八。'"徐征等（1998：6094）："忽剌八：蒙古语音译，忽然间、平白无故地。"李漪云（2014：320）："忽剌八，蒙古语，突然、凭空意。"此说不可信。明·火源洁《华夷译语·人事门》："扯，塔塔。翻，忽儿八。"明·郭造卿《卢龙塞略》卷十九《蒙古译语》："扫曰扢兀儿，翻曰忽儿八。"清会同四夷馆《华夷译语·人事门》（乾隆抄本）对应的蒙古文为ᠬᠤᠷᠪᠠ（hurba）。现代蒙古语中 hurba 的词首辅音 h 已经脱落。保朝鲁（2002：159）《汉译简编穆卡迪玛特蒙古语词典》："urba-，转身，转；翻转。"显而易见，蒙古语的"忽儿八"没有突然的意思，跟汉语的"忽剌八"无关。"剌八"也写作"剌巴、喇叭、拉巴"等，是汉语官话中的词缀，可作后缀和中缀。如山东淄博话、青海西宁话中称口吃为"结拉巴"、江苏东台话中称裸体为"光拉巴"、河北廊坊话中称麻雀为"家拉巴"，其他如"傻啦吧唧"（北方官话）、"恶拉巴心"（北方官话）、"胡拉巴涂"（糊涂，东北官话）、"树拉巴杈"（树杈，江苏赣榆话），其中的"拉巴"都是词缀。"忽剌八"在东北话、北京话、烟台话等很多方言中至今还在使用，多写作"虎拉巴儿"。

忽儿

金莲才教春梅罩了灯上床睡下，忽儿西门庆推开门进来。(61)

王夕河（2012：372）："'儿'字崇本径改作'见'，戴鸿森本、陶慕宁本、梅节本皆从崇本改，恐非。……此'儿'字当是'拉'的借音字，义也同'拉'。'忽儿'即同'忽拉'，乃是指猛然、突然的意思。"诸解非是。"忽儿"即"忽而"，义为忽然。明·冯梦龙《情史类略》卷十二《情媒类·勤自励》："自励去家八九里，属暮雨天晦，进退不可。忽而电明，见道左大树有旁孔，自励避雨孔中。"清·孔尚任《桃花扇传奇》第二十出："忽而作反，忽而投诚，把个作反投诚当做儿戏，岂不可恨!"

一旦

那吴巡检旧日是咱那里伙计，有爹在日，照顾他的官，今日一旦反面无恩。(95)

我过世丈夫不曾把你轻待，如何一旦出此犬马之言？(100)

《汉语大词典》"一旦"条有"一天之间""有朝一日"两个义项。这里的"一旦"是一下、忽然的意思，未见辞书收录。

容易

此正是十月间天气，日短夜长，容易得晚。(1)

容易，很快。《汉语大词典》："容易，谓某种事物发展变化的进程快。"宋·司马光《又寄聂之美》："心目悠悠逐去鸿，别来容易四秋风。"宋·陆游《宴西楼》："万里因循成久客，一年容易又秋风。""容易得晚"谓很快就到了晚上，"得"是到的意思。

好

西门庆道："教我只顾等着你，咱吃了粥，好去了。"(22)

好，赶快。第二十六回："你成日间只哄着我，今日也说放出来，明日也说放出来，只当端的好出来。""好出来"谓很快放出来。第五十二回："大姐道：'爹又使他今日往门外徐家催银子去了，也待好来也。'不一时陈经济来到。"此谓也要很快回来了。"好"有容易义。《汉语大词典》："好，容易。"明·凌濛初《二刻拍案惊奇》卷三："且是直性子，好相与。"很快义由容易义引申而来，正如快也有容易义。白维国（2005：1125）：“快，容易发生某种行为或呈现某种现象。”元·李直夫《虎头牌》第三折：“那婶子抱着你睡，你从小里快尿，常是浇他一肚子。”《词话》第三十四回：“小的不敢吃，吃了快脸红，只怕爹来看见。”可见快速义与容易义可以互相引申。

快儹/趱快

他便扬声叫：“来安儿，画童儿，娘上边要热酒，快儹酒上来。”(24)

梅节（2004：115）：“‘儹’崇本作‘趱’，应为‘爨’。今粤语谓冷热对冲为‘爨’。将烧红的铁块放入水中淬火为‘爨水’，热锅翻炒酱料，先倒入少许水，亦谓‘爨水’。将酒在热水上或将酒壶坐在火炭上烫热，谓之‘盪酒’。烧热铜铁容器倒下酒使之快热谓之‘爨酒’。”白维国（2005：486)：“儹，快速递送。”爨字罕见，既为粤语，用来解释《词话》未为妥帖。且下文说“只见画童盪酒上去”，分明不是爨酒。“快速递送”是随文释义，缺乏依据。儹有赶快义。第三十七回：“上紧儹做去正好。”此谓赶快去做。第八十八回：“这经济一闻其言，两程做一程，路上儹行。”此谓快速行走。“快儹”同义连文，谓赶快，或作“快趱”。明·谢谠《四喜记》第三十八出：“地洞掘穿了，快趱进去。”明·王玉峰《焚香记》第三十一出：“军士们，快趱行前去。”也说“趱快”。明·朱鼎《玉镜台记》第十出：“都督作急点起军兵去夺御驾，趱快！趱快！”明·徐渭《女状元》第二出：“我那得这许多功夫听你闲话，趱快些！”“快儹酒上来”谓赶快上酒来。甘肃临夏话中赶快义之趱很常用，如“趱吃”（赶紧吃）、“趱来”（赶快来），趱有 tsan^{55}、tɕian^{55}（上声）两种异读。《集韵·缓韵》：“趱，逼使走也。”音子罕切。“逼使走”谓催促走，与赶快义相通。清·沈乘麐《韵学骊珠》卷上《干寒·阴上声》：“趱，急走也。又逼使走也。”临夏话的 tsan^{55} 与子罕切相吻合，tɕian^{55} 的读音应该是增生 i 韵头的结果。

一阵

当下一阵走出街上，大喽喝说："谁家女婿要娶丈母？还来老娘屋里放屁。"(86)

王夕河（2012：653）："'阵'字崇本径改作'直'，不妥；梅节本认为'阵'下脱去'风'字，也不从。'一阵'乃是山东方言口语，当是'猛地''一下子'或'不顾一切'的意思。"王说近是。阵表示短时，如阵风、阵雨，故"一阵"有迅速、很快义。许宝华、宫田一郎（1999：6）："一阵，快点儿。晋语。山西岚县。陕西北部：一阵走，大家等你着哩。"李荣（2002：33）："一阵点，崇明。快点；快快儿地。"《词话》中是迅速、快步的意思。

极/亟

昨日刘学官送了十圆广东牛黄清心蜡丸，那药酒儿吃下极好。(75)

"极好"理解为很好，文意未谐。极当为亟之音借，义为急速、很快。明·袁宏道《小修》："有玉兰作师矣，可无弟子宋褘乎？传语柱下尊极图之。"《汉语大词典》："极，急速。""那药酒儿吃下极好"谓那药用酒吃下，病就很快好了。

头天明

头天明，恐怕丫头起身，依旧越墙而过，往前边厢房中去了。(82)

一般将头字属上，文意难通。王夕河（2012：624）："'头'字断于前句显然非是。'头天明'乃典型的山东方言口语，即指将要天亮的意思。"此解是。第八回："道人头五更就挑了经担来铺陈道场，悬挂佛像。""头五更"即临近五更、到五更。临近义之头本字为投。唐·道世《法苑珠林》

卷七十八《引证部第二·感应缘》："陈庾季孙性甚好杀。……投明呕血，数日而终。"宋·秦观《德清道中还寄子瞻》："投晓理竿枻，溪行耳目醒。"《南史·何思澄传》："每宿昔作名一束，晓便命驾，朝贤无不悉狎……投晚还家，所赍名必尽。"

即午

即午院中吴银家叙。(13)

即午，到中午，中午。明·李日华《味水轩日记》卷六："九日，谒王岵云宪长，乞一牌护行。即午登舟，行四十里，泊余杭水次。"明·李濂《嵩渚文集》卷四十九《张甬川书》："少间当萃小卷请教，即午忽闻赴杭之期甚迫。"各词典未见收录。

卓午

槐阴满地日卓午，时听新蝉噪一声。(29)

《汉语大词典》："卓午，正午。"各家释义相同，理据不明。今谓卓有竖直义。唐·张祜《答僧赠柱杖》："画空疑未决，卓地计初成。"《汉语大词典》："卓地，直立于地。"唐·齐己《折杨柳词四首》之三："多谢将军绕营种，翠中闲卓战旗红。"此谓竖立。竖直即正直，故"卓午"即正午。

夜子

那时正值七月二十头天气，夜子有些余热，这潘金莲怎生睡得着。(18)

梅节(2004：89)："'子'崇本作'间'，馆朱改'里'。"子字不误。"夜子"即夜晚，子是词尾，正如有些地方说"夜儿"。许宝华、宫田一郎(1999：168、2012、4298)："三十夜子，(农历)除夕。①江淮官话。江苏南通。②湘语。湖南长沙。”“先夜子，前天。吴语。江苏江阴。”“食夜子边，吃晚饭前后。客话。福建永定、下洋。”

夜晚些

> 夜晚些等老身慢慢皮着脸对他说。(37)

夜晚些，晚上。清·刘省三《跻春台·巧姻缘》：“夜晚些不歇店怕的盘问，扯不来瞒天谎费力淘神。”曹小云（2004：202）：“些，语气词，用于时间词后。《大词典》‘些’字无此义项。”“些”是构词成分，应看作词缀。

隔夜

> 一面叫将陈经济来，隔夜修了回书。(36)
>
> 却表那日周守备府里也上坟。先是春梅隔夜和守备睡，假推做梦，睡梦中哭醒了。(89)

隔夜，连夜，当夜。“隔夜”本义为隔一夜。唐·韩愈《感春五首》之三：“音容不接只隔夜，凶讣讵可相寻来。”宋·文彦博《潞公文集》卷十七《奏王安论亲事官张贵事》：“实有锯刀，称在角楼下埋藏，为日晚，欲就来早监取。又恐隔夜，人惧罪藏隐，如何?”今有“隔夜茶”之说。因隔一夜常指刚过去的夜，所以“隔夜”引申为昨夜。明·道忞《布水台集》卷一《春前五日寄怀唯一道兄》：“驿使怕传春信后，计程隔夜到君庐。”“间隔”若从被隔事物分别来看，是分隔；若从两个事物整体来看，间隔又是连接。“隔壁”义为邻居，就是从接邻的角度来理解“隔”的。山东长岛话中有“隔你的话”的说法，义为接住话题。四川仁寿话中称每天为“隔天”，此义来自连日义。东北话中称通宵为“成宿隔夜”，“隔夜”是连夜的意思（许宝华、宫田一郎，1999：6359、6354、1787）。《词话》中的“隔夜”之隔即取连接义。此义早见于宋代。宋·妙源《虚堂和尚语录》卷五

《赵州访茱萸》："世路风波只自知，见人多是不扬眉。呼灯隔夜书名纸，未审朱门复见谁。"

英语的 between 一般表示两者之间的区分，义为 separating one place from another，但也有将两者按整体来看的用法，是一起、共同的意思。例如：We ought to be able to manage it between us.（我们齐心协力应该能把这事办妥。）这跟汉语隔的词义演变类似。

两日媒/两日头

> 家中一窝子人口要吃穿盘搅，自这两日媒巴劫的魂也没了。(67)

崇祯本将"盘搅自这两日媒"删除。学人多将"媒巴劫"连读。王夕河（2012：419）："'媒'字戴鸿森本据文意酌改为'忙'，梅节本也作'忙'……'媒'字此处当是'忙'的借音字。"忙、媒音不近似，音借难以成立。应该"两日媒"连读，媒为头之形误。头义为时候、期间，多缀于时间词语之后。"这两日头"义为这几天里。第八回："俺爹怕不的也只在这两日头他生日待来也。""巴劫"即"巴急"，义为奔波忙碌。清·史梦兰《燕说》卷一："奔波曰巴急。"

行

> 行一个尿不出来的毛奴才，平空把我篡一篇舌头。(12)

"行"崇祯本改作"恁"，学者大都采信。行、恁形音相远，无由致误。行字不误。行有刚才义。第七十五回："单管两头和番（舌），曲心矫肚，人面兽心，行说的话儿就不承认了。"《汉语大词典》："行说，方言。刚说。"第九十四回："下房孙二娘来问道：'大奶奶行好好的，怎的来就不好起来？'"崇祯本改行作才，无须改字。北宋·王安石《寄曾子固》："清醪足消忧，玉鲫行可脍。"此谓鲫鱼长到刚好可以烹食。"行一个尿不出来的毛奴才"是说琴童才是一个未成年的小奴才。

就

> 就在头上，就是爹赏的这银子，小媳妇也不敢领去，宁可领了爹言语对太太说就是了。(69)

王夕河（2012：434）：“句中的‘就’字，戴鸿森本、陶慕宁本、梅节本径改作‘说’，恐非。……‘就在头上’即同‘就在头晌’，也就是在前些时候的意思。”校改均非。就有仅、只义。《红楼梦》第六十回：“芳官笑道：‘就剩了这些，连瓶子给你罢。’”“就在头上”谓才在开头，事还没办。

正么刚

> 正么刚遂进他门去，正走着，砣齐的把那两条腿搓折了。(43)

梅节（2004：203）：“正么刚遂，四字崇本无，以费解删去。‘正’应为‘这’之讹。‘遂’疑为‘逩’之误。潘金莲下文对月娘复述此事作‘一直奔命往屋里去了’。金莲背地里骂的话大概更恶毒，‘刚’或为‘丧’音近之误，又与‘奔’互倒。张鸿魁谓‘刚遂’为‘刚迈’之误。”白维国（2005：502）：“正么刚遂，恰恰；刚好。今口语说‘正么刚儿’。”梅解臆改过甚，白解近是。“进他门去”说的是潘金莲，而非西门庆。正、刚都可表示事情即将发生。如《水浒传》第十一回：“洒家正要捉你这厮们，倒来拔虎须。”《红楼梦》第二十四回：“刚欲上马，只见贾琏请安回来，正下马。”么是口语中的衬字，如“好么秧儿、悄么声儿地、甜么梭儿的”等，所以应以“正么刚”为一词，义为正要，这有现代方言的印证。“遂”为“迈”之形误说可从，手书迈作迈（明・祝允明），遂作遂（晋・王羲之），二者近似。“正么刚迈进他门去”意为正要走进门去。

未曾

> 书童儿晚夕只在床脚踏板书（边）搭着铺睡，未曾西门庆出来，

就收拾头脑，打扫书房干净，伺候答应。(31)

张惠英（1992：316~317）："未曾，用作副词，表示刚刚……就……今崇明话，'未曾'也有这种副词用法。"徐复岭（2018：745）："未曾，未及；等不到。其后常有'就'搭配使用，'未曾……就'表示动作发生得快或迫不及待。"张惠英之解是。第十四回："李瓶儿打听是潘金莲生日，未曾过子虚五七，就买礼坐轿子，穿白绫袄儿，蓝织金裙，白苎布鬏髻，珠子箍儿，来与金莲做生日。"下文李瓶儿说："奴心里也要来，一来热孝在身，二者拙夫死了，家下没人。昨日才过了他五七，不是怕五娘怪，还不敢来。""昨日才过了他五七"与"未曾过子虚五七"相应。第五十八回："平安进来禀报：'守备府周爷来了。'西门庆冠带迎接，未曾相见，就先令宽盛服。"只能是见了面才能给客人宽盛服。其他方言中"未曾"也有刚刚义。李荣（2002：774）："未曾，厦门，表示事情才开始或刚开头。""未曾A就B"表面上是说未发生A就先发生了B，但其中隐含的逻辑顺序是应该先发生A，后发生B，因此在有些语境中人们就按逻辑顺序重新理解为"刚刚A就B"，"未曾"便有了刚刚义。

还

那经济说道："一向不知姐姐嫁在这里，没曾看得。"还说得这句，不想门子来请衙内，外边有客来了，这衙内分付玉楼管待二舅，就出去待客去了。(92)

梅节（2004：457）："'还'崇本作'才'，意改。'还'为'正'之误。'还'本书简写与'正''止''不'多混讹。"还字不误，还作副词，表示行为的持续，有仍然、正在之义。

一回

我拿甚么骨秃肉儿拌的他一回？那泼皮赖肉的，气的我身子软瘫

儿热化。(75)

王夕河（2012：542）："崇本在'他'后径加'过'字，'一回'作'专会'，戴鸿森本、梅节本从崇本，非；陶慕宁本则将'一回'作上句，也不从。'一回'指'一霎"，或'一下子'，应作下句。"崇祯本臆改过甚，王说文意未谐。句子应断如上。"骨秃肉儿"比喻本领、能耐。文意谓我拿什么能耐跟她拌一下嘴？言下之意是不敢跟潘金莲拌嘴。"一回"即一会儿，用时间的短暂表示动作的轻微。

一番/一会

落后守备退厅进来，见他倘在床上叫，一番也慌了。(94)

梅节（2004：464）："'一番'崇本作'唤'。'番'当为'唤'之音近之误。后人以'番'不通又加'一'字。"王夕河（2013：699）："'番'字因与'发'同声音近，此处可作'发'的借音字。"诸解未妥。番当为"會"之形误。白维国（2005：2450）："一会，一时之间；当下。"举例有元·白朴《唐明皇秋夜梧桐雨》第四折："一会身子困乏，下这亭子去闲行一会咱。"明·凌濛初《二刻拍案惊奇》卷十三："一会子闹动了剡溪里，险些儿踹平了鹿胎庵。""一会也慌了"谓一时也慌了。

半合儿

一霎时九重殿如银砌，半合儿万里乾坤似玉妆。(71)

王锳（2005：6～7）："半合儿，表示时间极为短暂的副词，相当于'一霎间''刹那间''转眼间'。……'半合儿'之表示时间短暂，大约来源于古代战斗中的所谓'回合'，'半合儿'即不到一个回合。《楚昭公》剧二：'可元来半合儿不够，早一个先纳了输筹。''纳输筹'指败阵，'半合儿'在这里用的便是本义。"此解近是。古代战斗中双方将领交锋一次谓之“一合”，“一合”的时间很短。金·董解元《西厢记诸宫调》卷二（明嘉靖刻本）：“睁察大小，皆孩儿曹：‘取我教着，只助（助）我一声喊，只一合活把髡徒捉。’”元·佚名《小尉迟》第一折：“则一合活拿将敬德回来，才见的好汉。”明·罗贯中《三国演义》卷十五：“（黄）忠上马提刀出迎，与夏侯尚交马，只一合生擒夏侯尚归寨。”“一合”时间很短，“半合”则强调更为短暂。语言中有“一时半刻”“一时半晌”的说法，指很短的时间，半是相对于一而言的，表示比一更短的时间。明·罗懋登《三宝太监西洋记通俗演义》第四十二回：“（国师）也收起那丹鼎之中一股真气，微开佛口吹了一吹，只见那一天的火不过半会儿都不见了。”“半会儿”是相对于“一天”而言。明·汤显祖《紫箫记》第十二出：“樱桃过处有人觑，苦跟着郡主不得游戏。今才在御道走哩，这粉梅花黄莺儿都是娇滴滴的，空便偷闲要半会。”这是“半会”单用表示短时。

“半×”虽然相对于“一×”要短，但对某些动作行为而言，“半×”有可能是一个较长的时间。清·西周生《醒世姻缘传》第十八回：“晁大舍看了庚帖，半会子没有做声。”《红楼梦》第三十二回：“黛玉听了，怔了半天。”对“做声”“怔”（发愣）这样的行为而言，“半会子”“半天”是一个不短的时间，所以这里都强调好久。《西游记》第二十三回：“八戒道：‘好大人家！’磕磕撞撞，转湾抹角，又走了半会，才是内堂房屋。”“又走了半会”是在已经“磕磕撞撞，转湾抹角”地走了好久的基础上说的，“半会”也是强调时间长。《汉语大词典》：“半会，不太长的时间。”举例有《西游记》第六十九回：“八戒闻言，真个去到马边，那马斜伏地下睡哩，呆子一顿脚踢起，衬在肚下，等了半会，全不见撒尿。”权宽浮《牧场雪莲花》：“我楞着望了半会，不知道怎么说才好。”这两例中的“半会”都是强调时间长，《大词典》释义失当。

参考文献

白维国编《金瓶梅词典》修订本，线装书局，2005。

白维国、卜键校注《金瓶梅词话校注》，岳麓书社，1995。

保朝鲁:《汉译简编穆卡迪玛特蒙古语词典》，内蒙古大学出版社，2002。

曹小云:《〈踏春台〉词语研究》，安徽大学出版社，2004。

陈诏、黄霖注释，梅节校订《金瓶梅词话》，台北：里仁书局，2020。

顾学颉、王学奇:《元曲释词》第1册，中国社会科学出版社，1983。

顾学颉、王学奇:《元曲释词》第2册，中国社会科学出版社，1984。

雷文治主编《近代汉语虚词词典》，河北教育出版社，2002。

李布青:《金瓶梅俚语俗谚》，宝文堂书店，1988。

李荣主编《现代汉语方言大词典》综合本，江苏教育出版社，2002。

李申:《金瓶梅方言俗语汇释》，北京师范学院出版社，1992。

李漪云:《行者笔记》，内蒙古大学出版社，2014。

梅节校勘《金瓶梅词话校读记》，北京图书馆出版社，2004。

田宗尧编著《中国古典小说用语辞典》，台北：联经出版事业公司，1985。

王利器主编《金瓶梅词典》，吉林文史出版社，1988。

王夕河:《金瓶梅原版文字揭秘》，漓江出版社，2012。

王锳:《诗词曲语辞例释》第2次增订本，中华书局，2005。

徐复岭编著《〈金瓶梅词话〉〈醒世姻缘传〉〈聊斋俚曲集〉语言词典》，上海辞书出版社，2018。

徐征等主编《全元曲》第8卷，河北教育出版社，1998。

许宝华、〔日本〕宫田一郎主编《汉语方言大词典》，中华书局，1999。

岳国钧主编《元明清文学方言俗语辞典》，贵州人民出版社，1998。

张鸿魁编著《金瓶梅字典》，警官教育出版社，1999。

张惠英:《金瓶梅俚俗难词解》，社会科学文献出版社，1992。

中国大辞典编纂处编《国语辞典》重印本，商务印书馆，1948。

钟兆华编著《近代汉语虚词词典》，商务印书馆，2015。

Textual Research on the Time Adverbs in the *Jin Ping Mei Cihua*

YANG Lin

Abstract: The present article analyzes and deciphers the abstruse adverbs of time in the *Jin Ping Mei Cihua*. The article categorizes adverbs of time into *sequential adverbs* and *interval adverbs* from the perspective of whether the adverbs contain time-sequential elements or not. *Sequential* refers to the three states of time: past, present, and future, while *interval* refers to the length of time and a particular point in time. A total of 11 *sequential adverbs* and 30 *interval adverbs* are discussed. The *sequential adverb "yi mian* 一面", which means "instantly", "on the spot", or "once", is often misunderstood as a conjunction linking two or more actions or activities that are taking place at the same time. The *interval adverb "hu la ba* 忽剌八" has been regarded as a Mongolian transliteration. This paper argues that this word is unrelated to Mongolian, and "*la ba* 剌八" is a Mandarin suffix.

Keywords: time adverb, time sequence adverb, time period adverb, the *Jin Ping Mei Cihua*

先秦汉语中两种强调主观选择的“与其”句式*

匡鹏飞[1]　邓　雅[2]
（1. 华中师范大学语言与语言教育研究中心
2. 湖北大学文学院）

提　要　先秦汉语中“与其”作为前分句关联词语时，可形成两种强调主观选择的复句句式——“与其p，不如q”和“与其p，宁q”，二者在表义机制上代表不同情况下的主观态度。“与其p，不如q”侧重于“择优性”，可以是“优中选优”，也可以是“趋利避害”；“与其p，宁q”则比较复杂，有时侧重于在不同事物的选择中表达言者的主观偏好，强调对不同事物的肯定和否定态度，此时其与“与其p，不如q”有着相似的强调功能，可与之互换，而有时却弱化了事物之间的选择性，侧重于强调“决绝性”，可与“宁q，无p”句式相互转换。

关键词　先秦汉语　“与其p，不如q”　“与其p，宁q”

0. 引言

先秦汉语中，“与其”作为前分句关联词语所形成的复句句式“与其p，

* 本文得到教育部人文社科重点研究基地重大项目“汉语副词的多重结合研究”（22JJD740026）和湖北省教育厅哲学社会科学研究青年项目“乡村振兴战略背景下推普话语体系重构研究”（23Q023）的资助。

不如 q”和“与其 p，宁 q”，都能在对事物的权衡比较中强调言者的主观选择态度，但二者同中有异，代表了不同情况下的主观选择。杨伯峻、何乐士（2001：936）认为它们表示同一句式，归为“舍前取后式”取舍式选择复句。

目前学界对同类句式在逻辑语义基础以及“弃项”和“择项”之间的语义类型上进行了多角度的有益探讨，如邢福义（2001）、邵敬敏和周有斌（2003）、王灿龙（2003）、张宝胜（2007）、李会荣和陈昌来（2009）、宋晖（2009，2012）、王天佑（2015）、王瑞烽（2016）等，这些研究大多是基于对现代汉语语言事实的考察，然而从古代汉语甚至先秦汉语层面开展相关语义研究的成果则不多见（如庄小保，2013；陈敏，2020 等），因此我们有必要基于先秦汉语事实对这两类句式的不同表义机制进行探讨，以期与现代汉语中的相关表达规律形成互证。

1. 择优型句式：“与其 p，不如 q”

“与其 p，不如 q”句式表示在言者的主观认识中 p 不如 q，因此将择 q 舍 p。邢福义（2001：135）认为该句式是一种“择优推断句式”。可见，该句式具有在对不同事物的考量对比中强调言者个人主观选择的特点。先秦汉语中这种句式较为常见。

作为可供选择的不同选项，事物 p 与 q 之间一般来说具有可比性，但是，关于事物好坏优劣的认识，有时存在一个常态的社会标准，有时则取决于个人的主观经验和认识，因人而异。不论是依据社会标准还是个人标准，若想鲜明地体现出对于不同事物的主观态度和选择，即可采用“与其 p，不如 q”句式。就整个句式而言，前分句“与其 p”作为否定项，为下文的优选作铺垫，句子的语义重点在于后分句的“不如 q”，在对比衬托中强调言者择定 q 为优选项的主观态度，或“优中选优”，或“趋利避害”。例如：

（1）且夫宋，中国膏腴之地，邻民之所处也，**与其**得百里于燕，**不如**得十里于宋。伐之，名则义，实则利，王何为弗为？（《战国策·燕策二》）

（2）力不敌众，智不尽物。**与其**用一人，**不如**用一国，故智力敌而群物胜。（《韩非子·八经》）

多数情况下，“与其 p，不如 q”句式的前后语境中，都会出现言者进行选择的背景、依据或缘由等，其前可在意念上添加“既然、由于”之类表示推断依据的词语，如例（1）（2）中画虚线的内容。从更大语域来看，“与其 p，不如 q”常与其前的句子组成一个推断复句或句群，“与其 p，不如 q”属于其中的结论部分。以例（1）为例，该句首先指明伐宋的理由，即“中国膏腴之地，邻民之所处也”，以此为据，得出言者的结论“与其得百里于燕，不如得十里于宋”，在比较中充分强调言者对“得十里于宋”这一选择的主观倾向。

从句法层面来说，该句式中前后分句通常可以互换，如例（2）“与其用一人，不如用一国”，也可以说成“与其用一国，不如用一人”，但前后语境一般也应发生相应改变。互换后，优选项发生了变化。可见，对于不同情况的偏好和选择，主要取决于言者的主观认知。

该句式在具体运用中还存在多种变体形式，其中“与其”的变体有“与”等，“不如”的变体有“不若、岂若”等，各变体之间在语义和用法上差异不大。例如：

（3）简子曰：“**与**吾得革车千乘，**不如**闻行人烛过之一言也。”（《韩非子·难二》）

（4）子路曰：“吾闻诸夫子：丧礼，**与其**哀不足而礼有余也，**不若**礼不足而哀有余也；祭礼，**与其**敬不足而礼有余也，**不若**礼不足而敬有余也。”（《礼记·檀弓上》）

（5）汤三使往聘之，既而（伊尹）幡然改曰：“**与**我处畎亩之中，由是以乐尧舜之道，吾岂若使是君为尧舜之君哉？吾岂若使是民为尧舜之民哉？吾岂若于吾身亲见之哉？天之生此民也，使先知觉后知，使先觉觉后觉也。予，天民之先觉者也；予将以斯道觉斯民也。非予觉之而谁也？”（《孟子·万章章句上》）

后分句关联词语“岂若”引领的“岂若 q”句式，以反问形式呈现，使言者的主观偏好态度更加凸显。特别是例（5）中，三个“岂若”句连续反问，表现出经过对“处畎亩之中，乐尧舜之道”与“使是君为尧舜之君，使是民为尧舜之民，吾身亲见之”这两大选择的权衡之后，伊尹更认可后者。

还有的情况下，该句式中前后分句倒置使用，“形成倒文”（何乐士，2004：406），即：将后分句“不如”句前置，构成“不如 q，与其 p”句式。原句式“与其 p，不如 q”就是表达主观偏好的强调句式，其强调机制为：在对 p 与 q 的考虑和对比中衬托言者对 q 的主观偏好。对比之下，倒置后的句式“不如 q，与其 p”仍是进行态度强调的表达形式，但其强调机制却发生了细微变化：直接强调言者对优选项 q 的肯定和认可，随后再补充说明其他次选项 p，尽管句中还存在言者对两种不同选择的对比，但实际上这种对比机制已发生弱化，取而代之的是言者对处于取舍关系中“取项 q”的特殊偏好进行突出强调，后面的次选项 p 则更侧重于发挥补充说明的作用。杨伯峻（1981：259）也曾指出这是一种“因补充而倒说”形成的句式。例如：

（6）驷赤谓侯犯曰：“众言异矣。子不如易于齐，与其死也。犹是郈也，而得纾焉，何必此？齐人欲以此逼鲁，必倍与子地。”（《左传·定公十年》）

（7）不如逃之，无使罪至。为吴大伯，不亦可乎？犹有令名，与其及也。（《左传·闵公元年》）

以上二例均为“不如”句前置的非正常语序。例（6）原本应是“子与其死也，不如易于齐”，前后分句倒置后，表面来看仍存在两种选择之间的对比，但言者却直接把优选项置于句首以示立场，而后才补充说明次选项，这样就使对比衬托的强调意味减弱，而直接强调的语用目的则变强了。例（7）“顺言之，‘与其及也’一句，当在‘不如逃之’之上”（杨树达，1956：221），可见该例是非正常语序，若按照常规用法，应该是“与其及也，不如逃之，……”该例将“不如”句置于句首，直接强调言者对“逃之”这一选择的主观偏好态度，后文的“与其”句则更侧重于补充。

这一倒置强调用法在“不如”一词被省略的句式中则显得更为突出。例如：

（8）孝而安民，子其图之，**与其**危身以速罪也。（《左传·闵公二年》）

此例在无任何强调标记的情况下，开头直接点明言者态度是让听者“孝而安民”，然后进一步补充“危身以速罪”才是最不利的对策，该句中，只有后面的补充分句用了关联词语“与其”，前分句则直接表达言者对优选项的强调态度。现代汉语中，“与其 p，不如 q”倒置使用的情况较为罕见。

关于“与其 p，不如 q”句式的主观性问题，王天佑（2015）认为，该句式从古至今，在表达上经历了由客观描写到主观认识的渐变过程，转变的主要原因在于言者视角的转换。具体来说，古汉语中的“与其 p，不如 q”句式是基于“当事人视角”，属于客观性的表达模式，因此几乎与主观性无关；现代汉语中的相应句式，“由于直接表达说话人的立场、观点和态度等主观认识，因此具有较强的主观性特征”。王文判断的依据是，古代汉语中该句式的使用情况主要是：当事人+言说动词/主观认识动词+“与其 p，不如 q”，例如王文中的两个古今例句：

（9）管仲曰：“不可。百姓病，公先与百姓，而藏其兵。**与其**厚于兵，**不如**厚于人。齐国之社稷未定，公未始于人而始于兵，

外不亲于诸侯，内不亲于民。”（《管子·大匡》）

（10）我**与其**跟他去那个没有人烟的地方，还**不如**到大城市去拼搏去求生……（CCL 语料库）

王文解释道，例（9）“管仲”是所在句子的“当事人”，因此表达当事人的言语行为，属于客观表达，与主观性无关；例（10）中，句中第一人称“我”指说话人自己，句子的表达主体是说话人，所以是基于“说话人视角”直接表达说话人的主观认识，主观性较强。

王文从表达视角来考察“与其 p，不如 q”句式的主观化问题，具有一定的启发性，不过我们认为其结论似有可商榷之处。关键在于以下几个问题需要明确。第一，直接引语到底算什么表达视角？王文所据王灿龙（2008）指出，“基于言者的一种表达视角”为“言者视角”（speaker-oriented），也就是王文所说的“说话人视角”，而当事人视角（agent-oriented）指“完全从句子所关涉的当事人（行为主体）这方面来观照动作或状态的发生情况”。可见，这两种视角的分野主要在于其是基于言者还是句子所关涉的行为主体。直接引语具有一定特殊性，虽然整体上具有客观引述的特点，但其中的被引语仍然是基于言者视角，即引导语中出现的“说话人”视角。例（9），被引语为管仲所说，站在管仲的表达视角，“与其 p，不如 q”反映了其主观偏好态度，因此，此例反映的仍然是言者视角，只不过，此“言者”并非一般意义上全知全能的叙事者，而是说话人“管仲”。第二，古汉语中“与其 p，不如 q”句式也存在典型的、直接反映叙事者“言者视角”的用例。如前引例（2），反映的就是叙事者的言者视角，在句中可添加“言者主语”。第三，古汉语中“与其 p，不如 q”句式也可以反映“当事人视角”。例如：

（11）夫是故民皆勉为善。**与其**为善于乡也，**不如**为善于里；**与其**为善于里也，**不如**为善于家。（《国语·齐语》）

此例中，当事人为“民”，这是句子所关涉的行为主体，两个连续使用的“与其 p，不如 q”复句，均反映的是“当事人视角”。

应该承认，仅就“与其 p，不如 q”句式的各种表达视角的用法而言，从主观性高低来说，存在如下序列等级：叙事者的言者视角>直接引语中说话人的言者视角>当事人视角，但三种视角均具有主观性，只是有强弱之分。而且，古今汉语中都存在这三种视角的用法。此外，还需要指出的是，不能只根据句子主语是第一人称就认定其为“言者视角”，即使是第一人称主语，也有可能反映“当事人视角”，详见王灿龙（2008）的有关讨论。

2. 择优型兼决绝型句式：“与其 p，宁 q”

“与其 p，宁 q”句式的表义特点，从整体上来说，也是在对不同事物的比较权衡中强调言者个人的主观选择，但可细分为两种不同情况。

第一种情况是，句式表义为：p 不如 q，择 q 舍 p。其中，q 为优选项，p 为落选项，二者相比之下，q 是言者主观上更希望或愿意做的事，该句式在比较中强调对 q 的认可和肯定，同时表达对 p 的否定，只不过这种否定是一种有条件的否定，即必须在与 q 的比较之下来否定 p。例如：

（12）**与其**杀是人也，**宁**其得此国也，其孰利乎？（《国语·越语上》）

（13）礼，**与其**奢也，**宁**俭；丧，**与其**易也，**宁**戚。（《论语·八佾》）

例（12）将“杀掉越国所有人”和“不花力气得到越国”进行比较，从而强调对后者的肯定态度。同理，例（13）分别将“奢侈”与“节俭”、“形式上周全”与“内心悲伤”相比较，否定了前者，肯定了后者。

这种情况下，该句式仍是择优型选择句式，因此可与“与其 p，不如 q”互换，意义基本相同。例（12）（13）可分别转换为：

（12′）**与其**杀是人也，**不如**得此国也。

(13′) 礼，与其奢也，不如俭；丧，与其易也，不如戚。

相比之下，“与其 p，不如 q”句式的后分句“不如 q”虽然表达肯定性意义，但本身却是否定形式，不仅表义略显迂回，语气也较舒缓，带有商量、建议意味；“宁”则使强调语气更强烈，更能凸显对 q 的肯定态度。

第二种情况是，句式表义为：决不择 p。这时，“与其 p，宁 q”侧重于强调不选 p 的态度坚决性。邢福义（2001：471～472）在讨论“宁可……，也不……”之类句式时认为“宁可”有忍让之意，表明在别无选择的情况下对不乐意而为之的事情不得不有所忍让，以便实现某种决心，有时甚至在语气上带有夸张性意味。邢先生的这一观点同样适用于先秦汉语中与之类似的“与其 p，宁 q”句式。尽管句式从表面上来看是“择 q 舍 p”，但实际上其中并无“肯定 q”之义，q 与 p 一样，也是不乐意而为之事，q 往往代表的是一种必须付出的代价。“宁 q”并非表达与 p 相比之下更愿意选择 q，而是表达为了能实现不选 p 的目的，即使被迫选 q 也愿意，以强调无论在什么情况下 p 都不会成为被选择的对象。为达到强调意图，言者有时还会刻意夸大 q 的程度，甚至假设一些极端不利的情况，以表达不惜付出 q 的代价也坚决不做 p 的决心。由此可见，这种情况下该句式弱化了选择性，强化了决绝性，对 p 的否定是一种无条件否定，即无论什么情况都不会选择 p。该句式也不再是择优型句式，而是决绝型句式。例如：

(14) 与其杀不辜，宁失不经。(《尚书·大禹谟》)

(15) 子曰：“奢则不孙，俭则固。与其不孙也，宁固。”(《论语·述而》)

例（14）看似是在作比较，实际上其选择性被大大弱化了，“杀害无辜”是刑官皋陶无论如何都不会做的事情，为强调这一坚决态度，不得已用后文“不依法规办事”来与之对举。

再如：

（16）与其害于民，宁我独死，请以我说。（《左传·定公十三年》）

该句式本身并不存在如何选择的问题，也就是说最初并没有提供两个选项供其选择，而是在面对是否要“害于民”时，表达者为了强调对此事的坚决否定态度，被迫用虚拟夸张的极端不利情况“我独死”来衬托这种决心。

先秦汉语中，还存在语义上与之相近的另一句式“宁 q，无 p”，只不过该句式中“宁 q”位于前分句。一般来说，在复句中，前分句是背景，后分句是前景，因此，在“宁 q，无 p”句式中，表义重心在后分句的“无 p”，强调对 p 的否定态度。例如：

（17）孙叔曰：“进之！宁我薄人，无人薄我。”（《左传·宣公十二年》）

（18）若不幸而过，宁僭，无乱。（《左传·襄公二十六年》）

例（17）中“我逼近敌人”和“敌人逼近我”都非我所愿，但相比较来说，后者更无法被接受，因而只能被迫选择前者，“无人薄我”作为句子表义重心被突出强调。

当“宁 q，无 p”在表义上前后分句颠倒后，便相当于“与其 p，宁 q”句式，二者意义基本一致，因此可以相互转换。例如：

（19）衰，与其不当物也，宁无衰。（《礼记·檀弓上》）

该例可转换为：

（19′）宁无衰，无不当物也。

例（19）和例（19′）均强调表达者对于不依法度规矩制作丧服的坚决否定态度。可见这两种句式均表达对 p 的坚决否定，但表达机制有所不同：“与其 p，宁 q”主要通过 p、q 均为不如意事件且 q 具有代价沉重性或极端性的语义特征，来反衬对 p 的强烈否定；“宁 q，无 p”则在此基础上，将后分句作为表义重心，进一步体现出对否定 p 的强调。

与“与其 p，不如 q”一样，在“与其 p，宁 q”之前，也可以出现得出这一结论的依据。例如：

（20）子曰：“口惠而实不至，怨菑及其身。是故君子与其有诺责也，宁有已怨。”（《礼记·表记》）

该例不仅出现了推断依据“口惠而实不至，怨菑及其身”，还直接使用了表原因的连词“是故”。

有时，“与其 p，宁 q”也有变体形式，如“与其 p，宁其 q”“与其 p，无宁/毋宁 q”等，其中，“无”和“毋”为语气词，无实义，相当于“宁可”“宁肯”“宁愿”等（楚永安，1986：361；王引之，1984：231）。例如：

（21）善为国者，赏不僭而刑不滥。赏僭，则惧及淫人；刑滥，则惧及善人。若不幸而过，宁僭，无滥；与其失善，宁其利淫。无善人，则国从之。（《左传·襄公二十六年》）

（22）且予与其死于臣之手也，无宁死于二三子之手乎！（《论语·子罕》）

例（21）中，前文有“宁僭，无滥”，与后文“与其失善，宁其利淫”对照，前后呼应表义，便是此二种句式表义一致、可相互转换的有力证据。

综上所述，我们将“与其 p，宁 q”句式表达强调功能时的两种不同情况总结为表 1。

表 1 “与其 p，宁 q”句式的强调功能

	表义重点	对 q 的态度	对 p 的态度	可转换的句式
情况一	择 q 舍 p （否定 p，肯定 q）	本乐意为之	有条件否定	与其 p，不如 q
情况二	决不选 p （坚决否定 p）	本不乐意为之	无条件否定	宁 q，无 p

现代汉语中，“与其 p，宁 q”的继承形式是“与其 p，宁可（宁愿/宁肯）q”，但该句式的用例并不多见。CCL 现代汉语语料库中，“与其 p，宁可 q”仅检索到 11 用例，“与其 p，宁愿 q”22 例，“与其 p，宁肯 q”3 例，以至于有学者怀疑该句式的合理性，但大多数学者承认其在现代汉语中的存在性和合理性，比如何宛屏（2001）、李会荣和陈昌来（2009）、宋晖（2009）等，并且在当今一些主流媒体（如人民网、光明网、央视网等）的文本使用中也能看到其身影。在先秦汉语中，其使用频率虽不算太高，但具有一定的能产性，并且有特定的表达价值。无论是从语言事实还是从存在理据来看，该句式都是不容忽视的。

3. 结语

本文在已有研究的基础上，考察了先秦汉语中“与其”作为前分句关联词语的两种复句句式：“与其 p，不如 q”和“与其 p，宁 q”。二者均能在对事物的权衡比较中强调言者的主观选择，却又代表不同情况的主观态度。

“与其 p，不如 q”句式侧重于“择优性”，p 和 q 中总有一个是相对较好的选择，所选择的 q 要么是“优中选优”，要么是“趋利避害”，“不如 q”虽然表达肯定性意义，但本身却是否定形式，这就使整个句式不仅表义略显迂回，语气也较舒缓，带有商量、建议意味。“与其 p，宁 q”句式在表达强调语义功能时分两种情况，一种情况是强调对 q 的肯定和对 p 有条件

的否定，这时该句式可与“与其 p，不如 q”相互转换，只是“与其 p，宁 q”在表达肯定语气上显得更强烈；另一种情况则侧重于“决选性”，强调了主观态度的决绝性，而弱化了事物之间的选择性，可与“宁 q，无 p”相互转换，但两者由于语序的差异在表达机制上略有不同。这两种句式在现代汉语中都有相应的继承形式，本文对其表义机制和表达功能的考察，有利于贯通选择类复句句式在古今汉语中特定的表达价值，形成古今互证。

参考文献

陈敏：《古汉语“与其 p，孰若 q”的构式研究》，《汉字文化》2020 年第 16 期。

楚永安：《文言复式虚词》，中国人民大学出版社，1986。

何乐士：《〈左传〉虚词研究（第二版）》，商务印书馆，2004。

何宛屏：《说“宁可”》，《中国语文》2001 年第 1 期。

李会荣、陈昌来：《“与其 p，宁可 q”格式的逻辑基础及语义内涵》，《暨南大学华文学院学报》2009 年第 3 期。

李会荣：《“宁可”构式的逻辑归属及语义机制》，《嘉兴学院学报》2011 年第 4 期。

邵敬敏、周有斌：《“宁可”格式研究及其方法论意义》，《语言教学与研究》2003 年第 5 期。

宋晖：《现代汉语中的“与其 p，宁可 q”复句格式刍议》，《语言与翻译》2009 年第 1 期。

宋晖：《“宁可”类复句关系归属解》，《语言研究》2012 年第 2 期。

王灿龙：《“非 VP 不可”句式中“不可”的隐现——兼谈“非”的虚化》，《中国语文》2008 年第 2 期。

王灿龙：《“宁可”的语用分析及其他》，《中国语文》2003 年第 3 期。

王瑞烽：《从梯级的角度阐释“宁可”句式及其教学建议》，《华文教学与研究》2016 年第 3 期。

王天佑：《“与其 p，不如 q”句式的主观化》，《语文研究》2015 年第 1 期。

（清）王引之：《经传释词》，岳麓书社，1984。

邢福义：《汉语复句研究》，商务印书馆，2001。

杨伯峻、何乐士：《古汉语语法及其发展（修订本）》，语文出版社，2001。

杨伯峻：《春秋左传注》，中华书局，1981。

杨树达：《古书疑义举例续补》，中华书局，1956。

张宝胜：《“宁可”复句的语义特征》，《语言研究》2007 年第 1 期。

周有斌：《可转换成“宁可 B，也不 A”的“与其 A，不如 B”的类型及其他》，《语言研究》2004 年第 4 期。

庄小保：《“与其 p，宁 q”句式的语义分析》，《语文天地》2013 年第 5 期。

Two Sentence Forms of *Yuqi*（与其）That Emphasize Subjective Choice in Pre-Qin Chinese

KUANG Pengfei　DENG Ya

Abstract: In pre-Qin Chinese, there are two compound sentence forms that emphasize subjective choice: *"Yuqi*（与其）*p, Buru*（不如）*q"* and *"Yuqi*（与其）*p, Ning*（宁）*q"*, in which *"Yuqi*（与其）" is used as a related word in the preceding clause. They represent subjective attitudes respectively in different situations in terms of expression mechanism. The sentence of *"Yuqi*（与其）*p, Buru*（不如）*q"* focuses on merit-based selection, which means choosing the best of the best or seeking benefits and avoiding harm. The sentence of *"Yuqi*（与其）*p, Ning*（宁）*q"* is more complex, sometimes focusing on expressing the subjective preference of the speaker in the choices of different things, emphasizing the affirmative and negative attitude towards them. At this time it has a similar emphasis function to the sentence of *"Yuqi*（与其）*p, Buru*（不如）*q"*, which can be converted to each other. And sometimes it weakens the selectivity between different things, focusing on emphasizing the resoluteness, and can be converted to another sentence of *"Ning*（宁）*q, Wu*（无）*p"*.

Keywords: Pre-Qin Chinese, *"Yuqi*（与其）*p, Buru*（不如）*q"*, *"Yuqi*（与其）*p, Ning*（宁）*q"*

第一人称代词“吾”的消亡与残留问题

李繁贵
（中国人民大学文学院/西藏民族大学）

提　要　本文使用计量历史语言学方法，证明第一人称代词“吾”并未在东汉时期完全消亡，并初步推测它在汉语共同语口语中消亡的时代是唐宋以后。第一人称代词“吾”的消亡，主要是汉语类型转变的结果，即汉语通语逐渐用迂回式替代原有的屈折式领属表达。“吾”消亡的宏观动因，是汉语从综合型到分析型的历史演变；其消亡的机制，是代词化和形态参数的变化。

关键词　第一人称代词　代词化　语法化　计量历史语言学

1. 第一人称代词“吾”消亡时代的讨论

本文拟讨论第一人称代词“吾”何时、如何以及为何消亡。截至目前，学界对“吾”在中古汉语通语中是否消亡以及其消亡时代的看法尚有分歧。潘允中（1982：76）、太田辰夫（1991：13）、柳士镇（1992：148）、志村良治（1995：31）、萧红（2010）等认为魏晋南北朝时期“吾”还在使用。关于“吾”的消亡时代，有吕叔湘（1985：2）秦汉以后说，孙锡信（1992：22）唐宋以后说，向熹（2010：355-356）东晋以后说，吴福祥（1996：4）最迟唐五代说，魏培泉（2004：341）东汉以后说，以及朱庆之（2012）东汉说[①]。朱庆之（2012）通过语料库统计，并对比中土文献和翻译佛典，从而确定“吾组”第一人称代词最晚在东汉时期已经消亡。朱先生文中“吾组”第一人称代词，包括吾、余（予）、朕、卬、台，它们分属 ŋ 系和 d 系，本文暂只讨论“吾”。

1.1 不能根据翻译佛典来判断第一人称代词“吾”的消亡时代

从逻辑角度来检验朱先生的论证思路，假定东汉 A 型汉译佛经[②]为集合 F，东汉汉语通语口语为集合 K。逻辑上讲，F 与 K 有五种可能的关系。第一，F 真包含于K；第二，F 与 K 相交；第三，F 与 K 相离；第四，F 与 K 相等；第五，K 真包含于 F。在客观世界中，只有第二种关系成立，而在这种关系中，从 F 没有“吾”，推不出 K 没有“吾”。

翻译佛典与中土文献第一人称代词使用的差异，不尽然是口语、书面语语体不同的反映。佛教混合汉语是西域语言与中土汉语间接接触的产物，它不可避免地带有洋泾浜语和克里奥尔语的某些特征。洋泾浜语和克里奥尔语常常简化原来的语言结构，因而丧失一些源语言格标记。比如洋泾浜语和克里奥尔语的一个共有特征，是倾向于采用迂回式表达（Hopper & Traugott，2003：215~217）。龙国富（2008：220）经过梵、汉对勘发现，“梵文第一人称代词的属格复数译为‘我等’，做定语”。将梵文第一人称代词的属格复数译为“我等”，便是采用迂回式表达，但是这样的领属表达，在中土文献中非常罕见。Heine 和 Kuteva（2005：114）指出：“在一种重构情形下，复制语显示出两种（或更多）结构选项（比如，A 和 B）来表达一种相同语法功能。当模式语只有一种结构（A）对应那种功能，重构便可能产生这样的效果：复制语说话人将这些选项缩小到 A，因而建立起与模式语一对一的对应关系。”东汉汉语至少有两种第一人称代词选项（“我”和

① 此外还有苏联学者古列维奇在《第三—五世纪汉语语法概论》（1974 年苏联科学出版社）中提出的汉唐之间说，该书的基本材料也是汉译佛经。

② 朱庆之（2012）根据“我”“吾”两组使用比例将文献分为三类：A 型，只用“我”，不用“吾组”；B 型，只用“吾组”，不用“我”；A+B 型，“我”和“吾组”混用。

“吾”）来表达一种相同的语法功能，比如主语、定语、宾语。梵语表达一种相同的语法功能，只用一种具体第一人称代词格位，而这些格位实则是 mad（“我”）的不同变体。因此，早期译者倾向于只用汉语的“我”（或包含“我”的迂回式）对译梵语“我”的种种变体，以期建立与模式语梵语的对应关系。这就是 Heine 和 Kuteva（2005：61）所说的语法复制中的缩窄（narrowing）类型。

1.2 东汉以后文献中“吾”不尽然是模仿

如果东汉以后文献中“吾”纯粹是模仿，那么从魏晋南北朝到唐五代时期文献中的“吾”“我”比例应当是相对平衡、稳定的。但是，萧红（2010）经统计发现，北魏通语中“我”的比例远超过“吾”，而南朝语料中“吾”仍有许多用例（只考虑“吾”与“我”，南朝通语“吾”的比例为 20%，北朝通语“吾”的比例为 12%）①。孙锡信（1992：21）、吴福祥（1996：3-4）经统计分析发现，从魏晋南北朝到唐五代时期，“吾”的使用频率呈现急剧下降趋势，而且“吾”的用法越来越受局限。这就初步证明，东汉之后文献中的“吾”并非纯粹都是模仿。

表 1 战国至南宋“吾”“我”频次及所占比例

文献/时代	吾	我
《左传》（5c. BC）	597（0.4734）	664（0.5266）
《战国纵横家书》（3c. BC）	12（0.5000）	12（0.5000）
《史记》（1c. BC）	387（0.6028）	255（0.3972）
《论衡》（1c. AD）	142（0.5917）	98（0.4083）
《三国志》（3c. AD）	852（0.5609）	667（0.4391）
《搜神记》（4c. AD）	92（0.3833）	148（0.6167）
《世说新语》（5c. AD）	57（0.2579）	164（0.7421）

① 若坚持模仿说，对此解释自然是南北文风不同所致，然而语言是文学的载体，相比较北方方言而言，近现代较多的南方方言保留了“吾”，这就能够印证萧红（2010）的统计发现。

续表

文献/时代	吾	我
《王梵志诗集》(7c. AD)	31 (0.2480)	94 (0.7520)
《入唐求法巡礼行记》(9c. AD)	3 (0.1500)	17 (0.8500)
《敦煌变文集》(10c. AD)	151 (0.1316)	996 (0.8684)
《诸宫调》(12c. AD)	33 (0.1341)	213 (0.8659)
《朱子语类辑略》(13c. AD)	14 (0.0897)	142 (0.9103)

注：《左传》数据来自何乐士（2000：287，290）。《战国纵横家书》数据来自徐丹（2007）。《史记》数据（只取记秦朝和楚汉之事的第二部分）来自漆权（1984：190）。《论衡》数据来自高育花（2000）。《三国志》数据来自邓军（2014：164，360），"吾"的用例排除古籍引语。《敦煌变文集》数据来自孙锡信（1992：21）。《朱子语类辑略》数据来自吴福祥（2004：1，2），"吾"的用例排除古籍引语。《入唐求法巡礼行记》、《诸宫调》（包括《刘知远诸宫调》和《西厢记诸宫调》）数据为笔者根据朱氏语料库统计所得，"吾"的用例排除明显的文言句。其余文献数据来自吴福祥（1996：3-4）。表1是简单的算法，事实上消亡与更新并不互为镜像（Traugott & Trousdale，2013：66）。

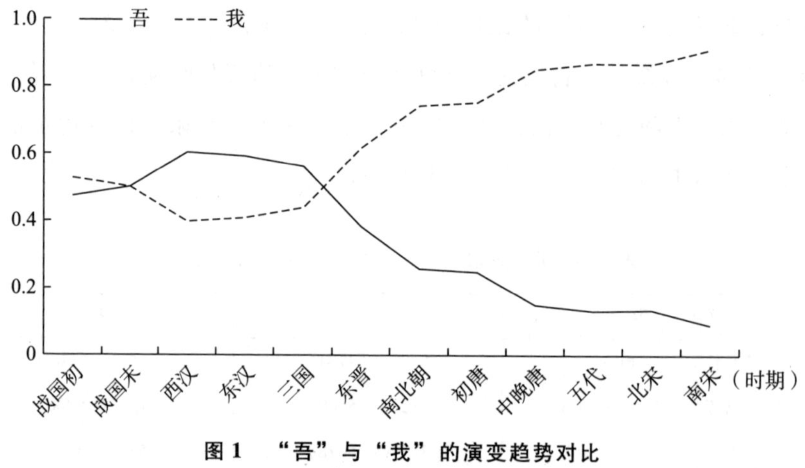

图1 "吾"与"我"的演变趋势对比

仔细观察图1后可推测，表1数据符合逻辑斯蒂定律（The Logistic Law）①。我们使用非线性回归与曲线拟合软件（NLREG Version 6.6），对表1"吾"的数据进行曲线拟合。经过多次计算和拟合，我们决定对表1的12个时间

① 该定律认为"所有语言变化都是新老形式交互作用的结果"，它一般用来研究借词数量增加、形态变化、词语衰减、语言习得等语言演化问题。参看刘海涛（2017：61）、Best和Rottmann（2017：114-135）、Kroch（1989）。

区间平均分配[①]，每个时间区间为 150（1800/12）年，其单位值为 0.75（150/200），对应以下的变量 x。下面是输入的代码：

```
variables x,y;
parameters k,a,b;
function y=k/(1+exp(a+b*x));
plot;
data;
        0.75      0.4734
        1.50      0.5000
        2.25      0.6028
        3.00      0.5917
        3.75      0.5609
        4.50      0.3833
        5.25      0.2579
        6.00      0.2480
        6.75      0.1500
        7.50      0.1316
        8.25      0.1341
        9.00      0.0897
```

其中 x 是时间自变量[②]，y 是因变量，表示比例值；k，a，b 是三个待估参数。function y=k/（1+exp（a+b * x））是逻辑斯蒂函数。运行 RUN 命

---

① 不能严格按表 1 取值（即 200 年为一个时间单位，x 分别取值 1，2，3，4，5，5.5，6，7，8，8.5，9.5，10）。因为 10 * 200=2000，比表 1 多 200 年。不过，平均分配会导致对应语料时间产生最大 75 年的偏离区间。由于第一人称代词历时稳定（Bybee，2015：151），此误差暂且忽略。

② 具体时间算法是 t=200 * x-500。假如 x=9，那么具体时间为 t=200 * 9-500=1300，即公元 1300 年。

令，我们得到一条拟合曲线（见图2，每个原始数据点表示为一个小圆圈），拟合优度为：$R^2=0.8964$；$Ra^2=0.8734$。

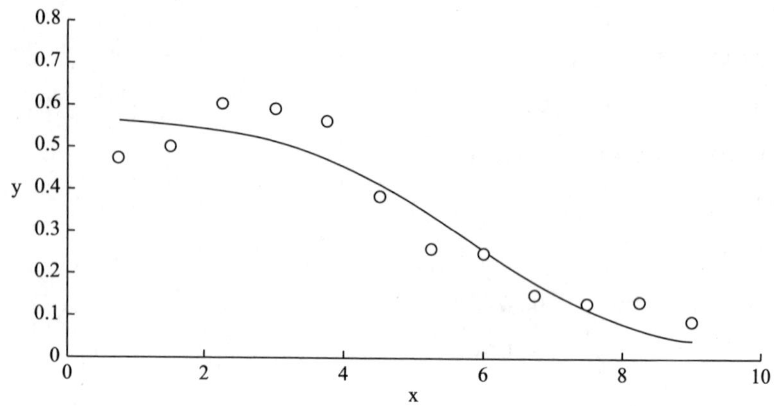

图2 带有最佳拟合曲线的“吾”的数据散点图（战国至南宋）

观察图1数据，我们发现战国初、战国末“吾”的数据在增长，“我”的数据在下降，该时间区间很可能有其他第一人称代词等变量的干扰。于是，我们删去代码里战国初、战国末两行数据，重新运行 RUN 命令，得到新的拟合优度：$R^2=0.9608$；$Ra^2=0.9496$。图3就是拟合优度更高的散点图。

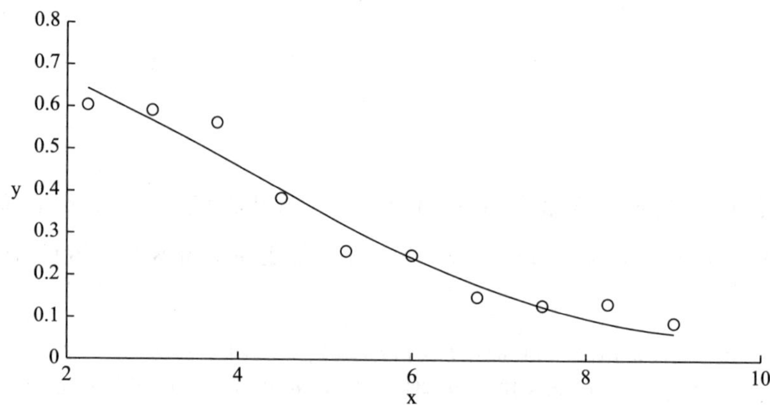

图3 带有最佳拟合曲线的“吾”的数据散点图（西汉至南宋）

以上分析证明，表 1 数据整体符合逻辑斯蒂定律，体现了演变的渐进性。“吾”的比例汉朝时开始下降，魏晋南北朝急剧下降，晚唐五代以后降势趋缓[①]，且比例数值很小，考虑到汉语史料的滞后性，该数据可以印证孙锡信（1992）关于唐宋以后“吾”在汉语共同语中基本消亡的判断。我们可根据图 3 设定的函数，进一步对 y 值进行估算。当 x = 9（1300 AD），y = 0.0633251；x = 11（1700 AD），y = 0.0229628；x = 12（1900 AD），y = 0.0136417。这些数值很小，可忽略不计。退一步讲，假定东汉以后中土文献的“吾”纯粹是模仿，删去代码里东汉以后的数据，将东汉的数据换成朱庆之（2012）A 型翻译佛经[②]统计数据，即 x = 3，y = 0，结果就是“吾”的比例在西汉刚到峰值，到东汉就降到极小值 0（见图 4），“我”的比例在西汉刚到谷值，到东汉就升到极大值 1。这不符合语言渐变性原理，却符合龙国富（2020：435）归纳的翻译语言接触中语法复制项使用频率突然升高的规律。

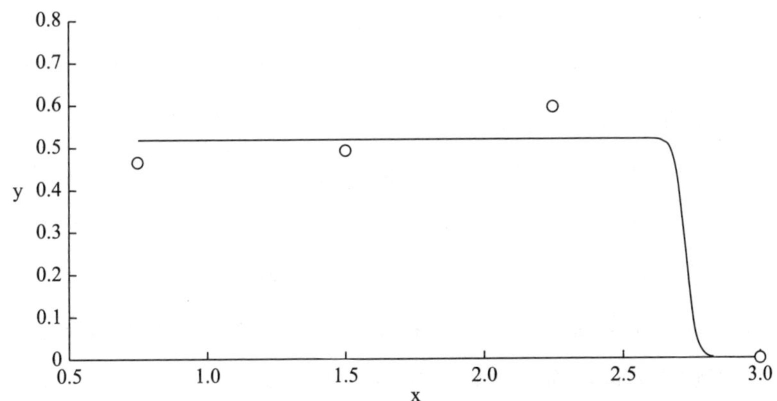

图 4　战国史传至东汉 A 型翻译佛经“吾”的拟合曲线

---

① 若坚持模仿说，对此 S 曲线的解释自然是魏晋之后文人的古文模仿写作能力在下降。在科举等文化政策不变的情况下，古文写作能力与教育发展水平呈正相关。唐宋教育发达，即使文人的古文模仿写作能力下降，也不会如 S 曲线下降之剧烈。况且表 1 中唐宋语料并非传统古文，反映的应当是当时白话口语。

② 根据方一新和高列过（2012）、方一新和卢鹭（2023），朱先生所列 39 部东汉译经，尚有十余部存在关于译者或时代的争议。

2. 第一人称代词“吾”消亡的动因和机制

关于第一人称代词“吾”消亡的动因，前人已有研究。朱红（2015）研究结论是，受上古汉语元音大转移影响，“歌”部音值向“鱼”部靠拢，“我”的语音［ŋai］归入［ŋa］，只在句末动词宾语位置保留［ŋai］音。同时，汉语出现双音化趋势，句子原有韵律结构逐渐被打破，句末重音承担的重音强度变弱，动词对宾语控制力减弱，［ŋa］也可以作句末宾语。语音变化、形态变化与句法变化相互关联，下文着重从形态句法方面作些补充解释。

2.1 第一人称代词“吾”的代词化

汉藏语系特别是藏缅语族许多语言存在人称代词格位区别和代词化[①]现象。孙宏开（2008）指出，藏缅语族语言中的代词化现象有两种形式，一种是与动词的一致关系，或者说动词的人称范畴。动词在作谓语的时候，需要在动词词根的后面或前面（后面居多，有的时候前后都有），缀以人称代词的全部或一部分，以保持与主语的一致关系。另一种是与名词的一致关系，或者说名词的人称领属范畴，是指名词用人称代词的缩略形式作名词词头，以表示名词的人称领属。这种表达一致关系的形式，如果是第一人称的话，往往用词缀［a］。作者提出假设，现在保存在许多汉藏语系语言里的亲属称谓名词前面的［a］词头，来源于第一人称代词演化来的人称领属词头。

我们赞同孙先生的观点，并且推测第一人称代词“吾”，在中古汉语时期也发生了代词化现象，逐渐变为领属词头“阿”，加在亲属称谓或其他名词的前面。一方面，“吾”“我”语音混同，“我”的语音［ŋai］归入

① 如刘丹青（2017：506）所言，该术语并不确切，可叫作“代词的形态化”或“代词的一致关系化”。

[ŋa]；另一方面，至少有部分（特别是领属位置的）第一人称代词“吾”，经重新分析后由句法成分变为形态成分，其形态参数发生改变。该判断主要基于四点理由：

第一，古汉语 ŋ 系第一人称代词与藏缅语同源；

第二，汉魏六朝“吾”（疑母鱼部）与“阿”（影母歌部）韵母相谐①，喉牙声转②，且词头“阿”在中古近现代方音中多有念为入声者③（周法高，1962：209）；

第三，居于领属定语位置的第一人称代词“吾”与领属词头“阿”语法位置一致，并且语法意义、功能有密切关系（见下文）；

第四，在使用频率上，中古汉语时期，第一人称代词“吾”急剧减少，而领属词头“阿”急剧增加。这种情况对应以上所说藏缅语族的第二种代词化现象。

胡明扬（1987）指出：浙江海盐方言人称代词双音节的Ⅰ式，在语音上能独立，单音节的Ⅱ式在语音上一般不独立，常常用在动词后面和动词连读。我们认为单音节的Ⅱ式和部分藏缅语一样，出现了代词化现象。这种情况对应以上所说藏缅语族的第一种代词化现象。

以上推断能得到汉语史料的证实。中古汉语有一个第一人称代词“阿”：

---

① 于海晏（1936）、罗常培和周祖谟（1958）、王力（1985）等发现，在汉代韵文中，“华家芽瓜车葭葩”等鱼部字可与歌部相押（西汉已出现但数量比较少，东汉数量多）。

② 喉音影、晓、匣和牙音见、溪、群、疑发音部位相近，关系密切，常常互谐。《淮南子·原道》高诱注：“滑，读曰骨。”滑，匣母。骨，见母。《周易·彖传》：“草木皆甲拆。”郑玄注：“甲，读为人倦解之解。”甲，见母。解（懈），匣母。《说文》：“婠，体德好也。从女官声。读若楚郤宛。”婠，见母。宛，影母。《方言》：“自关而西秦晋之间，凡物之壮大而爱伟之谓之夏，周郑之间谓之假。”夏，匣母。假，见母。《宋本玉篇》：“晓，火了切。”《唐韵》：“许，虚吕切。”谐声偏旁尧、午，疑母。反切上字火、虚，晓母。《宋本玉篇》：“区，去娱切，又乌侯切。”去，溪母。乌，影母。《经典释文》：“羿，五计反，又胡细反。”五，疑母。胡，匣母。参看朱声琦（1997，1998）。喉牙声转近现代例参看王力（1985：612~613）。

③ 根据拟音（董同龢拟音：吾［ŋɑg］，阿［ʔɑ］；周法高拟音：吾［ŋaɤ］，阿［ʔa］）。动态地看，可推测在快速语流中，发舌根鼻音［ŋ］时若气流未到舌根便成阻，则变为喉塞音［ʔ］。

（1）谢车骑问谢公："真长性至峭，何足乃重?"答曰："是不见耳。阿见子敬，尚使人不能已。"（《世说新语·赏誉》）

（2）羊骕因酒醉，抚谢左军谓太傅曰："此家讵复后镇西?"太傅曰："汝阿见子敬，便沐浴为论兄辈。"（《世说新语》刘孝标注引《语林》）

（3）间一日，又见小儿持来门侧，笑语隽曰："阿侬已复得壶矣。"言终而隐。（《古小说钩沉·幽冥录》）（柳士镇，1992：100）

刘盼遂笺云："阿，我也，乃谢公自指。《三国志·辰韩传》：'东方人名我为阿。'此为我见子敬，尚不能已已，则汝见真长，足重可知也。"例（1）（2）中的"阿"表示语用强调，作强调主语。《广韵》："侬，我也。吴人自称曰我侬。"吴人也说"阿侬"（志村良治，1995：31），如例（3）。可见，"阿侬"之"阿"，既可分析为第一人称代词，也可分析为词头。如果把"阿"看作人称代词，那么"阿侬"是一个同义复合词[①]。"侬"的本义是"人"，"人"是第一人称代词的一个来源，至今汉语某些方言可用"人"指称自己，如福建闽语、台北闽南语（丁邦新，1992：28）和山西平遥话。而对于同时期的词头"阿"，郝懿行《尔雅义疏》："《木兰诗》：'阿爷无大儿'，'阿爷'犹'我父'也。《晋书·潘岳传》：'负阿母'，'阿母'犹言'我母'也。"《尔雅·释诂上》："阳，予也"，晋郭璞注："《鲁诗》云：'阳如之何?'今巴、濮之人自呼阿阳。"郝懿行《尔雅义疏》："阿即我也。"（汉语大字典编辑委员会，1989：4120）《资治通鉴·魏齐王正始六年》："逊书与琮曰：'卿不师日磾，而宿留阿寄，终为足下门户致祸矣。'"胡三省注："阿，相传从安，入声，邑语称阿，则从沃上声，皆我之转音也。"查《中原音韵》，"沃"，影母鱼模部，入声作上声；"我"，疑母歌戈部，上声。可见，元时"阿"与"我"都为上声，又因为鱼歌韵母

① 松江、嘉兴、奉贤等地吴语中"阿奴"（表示"我"）也是同义复合词，"阿"的词源是"吾"。在金山、平湖等方言中，"阿奴"的词头"阿"可有可无，语义不变。参看游汝杰（2018：204~205）。

相谐，疑影喉牙声转，常人大概习焉不察、混而为一了。

周生亚（2008）对第一人称代词“阿”的语法化作了详细考察和论证，其结论是：“阿”是一个汉语方言词，源自中国古代东方少数民族语言，其源头可能与“卬”有关，“卬”的转写形式是“姎”“阳”，分写形式是“阿阳”；在“阿+亲属名词”组合中，“阿”的指称意义逐渐弱化，开始向词头转变，进而逐渐可用在代词、复音词、词组前面，变成一个完全的词头成分[①]。该结论整体是可信的，不过由于“卬”的用例过少，而外来成分和方言词使用区域受限，不太容易语法化为共同语中的词缀，第一人称代词“阿”语法化的前提条件似嫌不足。周生亚（2008：15~16）发现“阿”最初从加在单音节亲属名词前开始语法化，并且发现前缀“阿”有一种亲情味道。为方便理解，复引例句如下：

（4）人言母当去，岂复有还时？阿母常仁恻，今何更不慈？（蔡琰《悲愤诗》）

（5）上堂谢阿母，母听去不止。（无名氏《焦仲卿妻》）

周先生接着解释为何会有这种差异：“两例中，单音‘母’，这只是一种客观叙述，而称‘阿母’时，就多多少少含有一种亲情味道，而这种‘亲情味道’正是由‘阿’的代词性质带来的。”周先生所言甚是，然而为何代词“阿”会带有亲情味道？若将代词“阿”与“吾”联系起来，则怡然而理顺。我们知道“吾子”作为相亲之词亦有亲切意味，这里多举几例以明其义。

（6）人告曾子母曰：“曾参杀人。”曾子之母曰：“吾子不杀人。”

① 董秀芳（2021：4~5）也持类似的观点：“阿”在汉语中可能经历了词法化（morphologization）和词汇化（lexicalization）相继的历时演变过程：第一人称代词+亲属称谓（短语）>词缀+亲属称谓（词法化）>词缀+亲属称谓、指人专名、排行和代词（扩展）>不可分析的词内成分（词汇化）。

(《战国策·秦策二》)

(7) 终月，大男食盐五升少半，大女食盐三升少半，吾子食盐二升少半，此其大历也。(《管子·海王》)

(8) 某有子某，将加布于其首，愿吾子之教之也。(《仪礼·士冠礼》)

(9) 穆帝升平中，童儿辈忽歌于道曰阿子闻，曲终辄云："阿子汝闻不?"无几而帝崩，太后哭之曰："阿子汝闻不?"(《晋书·五行志》)

(10) 见李在窗梳头，姿貌端丽，徐徐结发，敛手向主，神色闲正，辞甚凄惋。主于是掷刀前抱之，曰："阿子，我见汝亦怜，何况老奴。"遂善之。(《世说新语·贤媛》21下刘孝标注引《妒记》)

例(6)，"吾子"指"我儿"。例(7)，尹知章注："吾子谓小男小女也。"这种称呼在现代汉语个别方言中还有所保留，清人黄香铁(2007：237)指出在客家话中："今俗，妇人爱怜少子曰吾子，音读如崖。"例(8)，郑玄注："吾子，相亲之辞。吾，我也；子，男子之美称。"例(9)，"阿子"指"儿子"。例(10)，徐震堮(1984：376)注："'阿子'似是一种亲昵之称，但不知其确义耳。"联系以上5个例句，不难发明例(10)"阿子"之义。实际上，这几个例子反映了其历时演变关系。"吾子"起初指"我儿"[例(6)]，后来随着"吾"搭配范围扩大，"吾"也可以指向"小男小女"[例(7)]，也可以指向"成年男子"[例(8)]，还可以指向"成年女子"[例(10)]，这就是典型的人称代词移指(shifter)现象。

通过第一人称代词移指，说话者构建了一个虚拟语言空间，在此语言空间中，说话者是受话者的长辈亲人，而这个虚拟语言空间，受话者是可以感知到的。通过这种方式，说话者拉近了与受话者的心理距离，从而产生了明显的亲切或亲昵语气。在此过程中，"吾"与"子"语义发生共变。从前两例的背称到后三例的面称，主观化和交互主观化越来越强，"吾"的指代性逐渐变弱，主体性消亡，不表领属，最终失去了指涉对象，其指代义变得不可解释（uninterpretable）。当这种语用义语法化时，“吾”最终变成一个单纯的词缀，只剩下了原来的亲昵意味，于是人们用语音相近的“阿”来替代“吾”字［例（9）和例（10）］。例（7）和例（8）正好反映了桥接语境，其中的“吾”可以视作第一人称代词，但是失去了典型的指代义，不表领属了，因而可以分析为一个词头。

“吾”是一个主观性代词，如果作定语，则常用在亲属称谓等名词前，表达不可让渡领属。因为“吾”往往带有强烈的主观性，所以用在亲属称谓等名词前，便有亲情味道或亲昵语义色彩。在今天仍有人称领属词头的藏缅语中，领属词头来自单数第一人称、第二人称和第三人称的缩减形式或变式，可以加在亲属名词及普通名词前。名词加人称领属词头除了表示人称领属有语法意义，还表示说话者对该人或动物或其他事物，带有尊敬、亲昵、（认为）可爱、（表达）赞许或亲切的感情。（孙宏开，1984）

综上所述，结合“阿”与“吾”语法化前后的语音、语法、语义联系来看，第一人称代词“阿”其实是与汉语共同语中“吾”对应的一个词。如此，第一人称代词“阿”语法化的条件就充足了。鉴于前人对人称代词“阿”的语法化、词汇化过程论证得很详细了，这里就不再展开。需要强调的是，并非所有前缀“阿”都是由第一人称代词“阿”演变而来，“阿谁”“阿你”之“阿”可能有其他来源。第一人称代词“阿”与“谁”“你”缺乏语义搭配基础，我们在文献中找不到“吾谁”“吾你”这样的代词用例。清代翟灏《通俗编·语辞》4763 条（2013：471）：“盖阿者发语辞，语未出口，自然有此一音。古人以谁为阿谁，亦犹此也。”该解释对亲属词头“阿”来说不充分，但对“阿谁”之“阿”是合适的。赵整《琴歌》“远徙种人留鲜卑，一旦缓急语阿谁”（见《晋书·苻坚载记》），说明此“阿”的确是缓急情况下的发语辞。山西多地的晋语存在一套人称代词变称，其形式是在人称代词原称前面加一个“伢”，其中“伢你”最常用。“伢”多表客气、委婉、亲近、娇嗔、强调等语用义，晋语“伢你”对应近代汉语“阿你”。以平遥话为例，“伢”或音［ȵa］或音［ɲ̊ia］，前者是“人家”［ʐ̨ənɲ̊ia］的合音，后者对应“家”［ɲ̊ia］，实际也是“人家”在不同历史

时期的合音。（张永哲，2015）

2.2 代词化是人类语言的一种共性

自由代词演变为动词一致性标记，或名词短语领属词缀，是常见的形态化现象。比如，在巴斯克语（Basque）中，动词一致性标记 n-、g-、z- 与相应的自由人称代词 ni（我）、gu（我们）、zu（你）有对应关系。蒙古语中，名词短语领属词缀与自由领属人称代词有语源对应关系。在古典蒙古语中，自由领属人称代词（比如 minü，“我的”）可在被领属名词的前面或后面。要表达“我的马”，古典蒙古语可以说 minü morin 或 morin minü。在现代蒙古语中，自由领属人称代词依然存在，但是当后置于名词时，它们已经退化为后缀。因此，在 Kalmyk 蒙古语中，现在 morin 变成 möre，要表达“我的马”，只带后缀的 möre-m 和兼带前置自由领属形式 mini 的 mini möre-m 都可以。（Trask，2000：117-118）

再举一些例子。早在 19 世纪初期 Bopp 的构拟中，原始印欧语动词词尾 -mi、-si、-ti 来自人称代词。在帕马-恩永甘语系（Pama-Nyungan）中，屈折标记来自独立人称代词，比如瓦尔比利语（Walbiri）中代词附着词的语源实际是独立的人称代词。易洛魁语（Iroquoian）的一致性标记，来自原始易洛魁语的人称代词。纳瓦特尔语（Nāhuatl）和法语的动词一致性标记也来自人称代词（Gelderen，2011）。以上不同语系的相关共时、历时语言现象证明代词化是一种语法化机制，是人类语言的一种共性。Givón 很早就发现一致性标记来自人称代词，他说：“一致性与代词化……本质上是同一种现象。”（Givón，1976：151）Gelderen（2011）在 Lehmann（1995/1982：55）等人基础上提出了一条人称（和数）特征的语法化路径：

名词>强调主语>代词>一致性标记>零形式

[语义的] [可解释的]　　[不可解释的]

目前有关代词化机制的理论主要有名词附着说、可及性说、频率驱动说三种（Siewierska，2004：263-268；Ariel，2000）。频率驱动自不待言，这是发生语法化的一般条件，因此领属词头“阿”的来源不是“卬”。前两说虽然是根据动词一致性标记提出的，但也适用于领属一致性标记。可及性说认为可及性越高，其越会用简化形式表示。而第一人称（比如“吾”）、第二人称所指可及性最高，因而这些成分倾向于弱化并入动词或名词成为一致性标记。该结论对于汉语乃至整个藏缅语言的代词化现象，也是可以解释的。由于本文侧重点不同，我们没有在其语法化路径的前半部分展开论证，这是一个复杂的课题。

总之，第一人称代词“吾”的消亡，整体而言是代词化的结果（pronoun>affix>clitic>zero），当然也不能排除藏缅语言受阿尔泰语言的影响。瞿霭堂、劲松（2014：12）指出：“代词化的磨损和简化促使结构助词的发展。”因此我们认同“吾”等第一人称代词的消亡，主要是汉语类型转变的结果（徐丹，2007），它与结构助词“之”“底（的）”的功能扩张有关，即汉语通语逐渐用迂回式替代原有的屈折式领属表达。“吾”消亡的动因，是汉语从综合型到分析型的历史演变，同时也顺应了汉语双音化的趋势。

3. 结语

综上所述，很难说第一人称代词“吾”至迟在东汉时期就消亡了。由于大多数语言现象的消亡是不可预测的、不规律的，所以难以给出某一语言项目的确切消亡时间。比较稳妥的办法，是综合根据第一人称代词系统的简化规律，来判断“吾”基本消亡的大致时间上限，通过结合原始数据进行函数建模的方式，将该问题转化为一个概率问题。初步的推测是，第一人称代词“吾”很可能在唐宋以后汉语共同语中基本消亡了，这种语言现象的消亡是一个漫长的过程。第一人称代词“吾”大约从汉代开始出现代词化现象，但是新形式产生并不代表旧形式马上消亡，二者会有一个长期并存的过程。

第一人称代词“吾”的消亡主要是汉语类型转变的结果，它与结构助词“之”“底（的）”的功能扩张有关，即汉语通语逐渐用迂回式替代原有的屈折式领属表达。“吾”消亡的动因，是汉语从综合型到分析型的历史演变；其消亡的机制，是代词化和形态参数的变化。对此，我们可在藏缅语族中找到大量平行性例证，而在现代汉语方言中也有个别代词化例证。前人言，说有易，说无难。文献语料（无论是中土文献还是汉译佛典）存在一定局限，单根据一方面材料下结论难免偏颇。在汉语历史语法领域，“普方古民外”立体研究法无疑是值得借鉴的。

最后谈一下本文的不足和未来工作。第 1 节对表 1“吾”的数据进行了曲线拟合（拟合优度为 96.08%），证明表 1 数据符合逻辑斯蒂定律。目前汉语历时语料库断代，主要以朝代为标准，缺乏明确的时代判断。受此所限，本文数据点不够密集，时间区间略大，对应语料时代在 75 年内浮动，存在细微误差，所以有必要提取更多数据、优化统计模型来验证本文结论。第 2 节讨论了第一人称代词“吾”消亡的动因与机制，暂未考虑外部因素。比如，第一人称代词“吾”的消亡，首先是对汉语共同语而言，但是汉语共同语（特别是唐宋以后）本身就在变迁。该节从概念合成理论角度提到人称代词移指，受篇幅所限，本文没有展开论证。学界过去对语言成分的消亡不太重视，今后需要借鉴相关成果（Kranich & Breban，2021）对其类型、过程、动因、机制进行系统深入研究。

参考文献

邓军：《三国志代词研究》，同济大学出版社，2014。

丁邦新：《汉语方言史和方言区域史的研究》，《中国境内语言暨语言学》第 1 辑，中研院历史语言研究所，1992。

董秀芳：《汉藏语系语言的评价性形态》，《民族语文》2021 年第 2 期。

方一新、高列过：《东汉疑伪佛经的语言学考辨研究》，人民出版社，2012。

方一新、卢鹭：《近十余年从语言角度考辨可疑佛经成果的回顾与展望》，《浙江大学学报》（人文社会科学版）2023 年第 2 期。

高育花：《〈论衡〉中的人称代词》，《昌吉师专学报》2000 年第 4 期。

汉语大字典编辑委员会编《汉语大字典》（第六卷），湖北辞书出版社、四川辞书出版社，1989。

何乐士：《〈左传〉的人称代词》，《古汉语语法研究论文集》，商务印书馆，2000。

胡明扬：《海盐方言的人称代词》，《语言研究》1987 年第 1 期。

（清）黄香铁：《石窟一征》，广东省蕉岭县地方志编纂委员会点注，2007。

刘丹青编著《语法调查研究手册》（第二版），上海教育出版社，2017。

刘海涛主编《计量语言学导论》，商务印书馆，2017。

柳士镇：《魏晋南北朝历史语法》，南京大学出版社，1992。

龙国富：《从梵汉对勘看早期翻译对译经人称代词数的影响》，《外语教学与研究》2008 年第 3 期。

龙国富：《语言接触语法——试论汉译佛经中代词名词复数标记语法化》，载朱庆之、董秀芳编《佛典与中古汉语代词研究》，中西书局，2020。

罗常培、周祖谟：《汉魏晋南北朝韵部演变研究》（第一分册），中华书局，1958。

吕叔湘：《近代汉语指代词》，江蓝生补，学林出版社，1985。

潘允中：《汉语语法史概要》，中州书画社，1982。

漆权：《〈史记〉中的人称代词》，《语言学论丛》1984 年第 12 辑。

瞿霭堂、劲松：《中国藏缅语言中的代词化语言》，《民族语文》2014 年第 4 期。

孙宏开：《我国部分藏缅语中名词的人称领属范畴》，《中央民族学院学报》1984 年第 1 期。

孙宏开：《关于汉藏语系语言里的代词化现象——一个语法化的实例》，《东方语言学》2008 年第 1 期。

孙锡信：《汉语历史语法要略》，复旦大学出版社，1992。

〔日〕太田辰夫：《汉语史通考》，江蓝生、白维国译，重庆出版社，1991。

王力：《汉语语音史》，中国社会科学出版社，1985。

魏培泉：《汉魏六朝称代词研究》，中央院语言学研究所，2004。

吴福祥：《敦煌变文语法研究》，岳麓书社，1996。

吴福祥：《〈朱子语类辑略〉语法研究》，河南大学出版社，2004。

向熹：《简明汉语史》（修订本），商务印书馆，2010。

萧红：《六世纪汉语第一、第二人称代词的南北差异——以〈齐民要求〉和〈周氏冥通记〉为例》，《长江学术》2010 年第 4 期。

徐丹：《关于从〈战国纵横家书〉看古汉语第一人称代词》，《东方语言学》2007 年第 1 期。

徐震堮：《世说新语校笺》，中华书局，1984。

游汝杰：《吴语方言学》，上海教育出版社，2018。

于海晏：《汉魏六朝韵谱》，中华书局，1936。

（清）翟灏：《通俗编》，颜春峰点校，中华书局，2013。

张永哲：《关中方言代词“人家”的合音现象》，《语言学论丛》2015年第52辑。

〔日〕志村良治：《中国中世语法史研究》，江蓝生、白维国译，中华书局，1995。

周法高：《中国古代语法：构词编》，中央院历史语言研究所，1962。

周生亚：《论词头“阿”字的产生和用法的发展》，载《语言论集》第5辑，中国社会科学出版社，2008。

朱红：《上古汉语第一人称代词“吾”的出现时代及消失原因分析》，《南开语言学刊》2015年第1期。

朱声琦：《从古代注音及一字两读等看喉牙声转》，《聊城师范学院学报》（哲学社会科学版）1997年第4期。

朱声琦：《从古今字、通假字等看喉牙声转》，《徐州师范大学学报》1998年第1期。

朱庆之：《上古汉语“吾”“予/余”等第一人称代词在口语中消失的时代》，《中国语文》2012年第3期。

Ariel, Mira. 2000. The development of person agreement markers, in Michael Barlow and Suzanne Kemmer(eds.), *Usage-Based Models of Language*. Stanford, CA: CSLI, 197–260.

Best, Karl-Heinz & Rottmann, Otto. 2017. *Quantitative Linguistics, an Invitation*. Lüdenscheid: RAM-Verlag.

Bybee, Joan. 2015. *Language Change*. Cambridge: Cambridge University Press.

Givón, Talmy. 1976. Topic, pronoun, and grammatical agreement, in Li, Charles N. (ed.) (1976: 151–88). *Subject and Topic*. New York: Academic Press.

Gelderen, Elly van. 2011. The grammaticalization of agreement. In Bernd Heine and Heiko Narrog(eds.), *The Oxford Handbook of Grammaticalization*. Oxford: Oxford University Press.

Heine, Bernd & Tania Kuteva. 2005. *Language Contact and Grammatical Change*. Cambridge: Cambridge University Press.

Hopper, Paul J. & Elizabeth Closs Traugott. 2003. *Grammaticalization*. Cambridge: Cambridge University Press.

Kranich, Svenja & Breban, Tine. (eds.). 2021. *Lost in Change: Causes and Processes in the Loss of Grammatical Elements and Constructions*. Amsterdam/Philadelphia: John Benjamins.

Kroch, Anthony. 1989. Function and grammar in the history of English: Periphrastic do. In *Language Change and Variation*(ed. R. Fasold and D. Schifrin), pp. 133–172. John Benjamins, Amsterdam.

Lehmann, Christian. 1995 [1982]. *Thoughts on Grammaticalization*. Munich: Lincom Europa.

Siewierska, Anna. 2004. *Person*. Cambridge: Cambridge University Press. (Repr. 2008. Beijing: Peking University Press.)

Trask, Robert L. 2000. *Historical Linguistics*. Beijing: Foreign Language Teaching and Research Press.

Traugott, Elizabeth C. & Graeme G. Trousdale. 2013. *Constructionalization and Constructional Changes*. Oxford : Oxford University Press.

Loss and Relics of the First Person Pronoun "wu" in Chinese

LI Fangui

Abstract: This paper uses quantitative historical linguistics methods to prove that the first person pronoun "wu" (吾) has not disappeared completely in the Eastern Han Dynasty (25 AD–220 AD), and preliminarily speculates that it is lost in the spoken Standard Chinese after the Tang and Song dynasties (i. e., after 1300 AD). The loss of the first person pronoun "wu" is mainly the result of the typological change in Chinese, that is, the Medieval Chinese gradually uses the paraphrastic form to replace the original inflectional possessive expression. The macro reason for the loss of "wu" is the historical evolution of Chinese from synthesis to analysis. The mechanism is the change of pronominalization and morphological parameters.

Keywords: first person pronoun, pronominalization, grammaticalization, quantitative historical linguistics

从时量到时点：指代时间的疑问形式的语义演变*

贺文翰

（厦门大学中国语言文学系）

提　要　湘方言及西南官话中的“好久”和汉语史上的“几时”都是兼指时量和时点的疑问形式，结合共时和历时语料可以证实，从时量到时点是指代时间的疑问形式可能发生的一条语义演变路径。指时量的疑问短语最初在单独作时间状语用以问将来事件时推理出时点理解，这种用法随后在时制、句法位置及所询问情状的持续性上发生扩展，最终成为指时点的疑问代词。从时量到时点的语义演变受认知和疑问系统的经济性等因素的推动。

关键词　时点　时量　疑问形式　语义演变

吕叔湘（1944/2002）在讨论时间词时区分了“时段”和“时点”两个概念，“时段”又称作“时量”（朱德熙，1982），用“多久、多长时间”来提问，而“时点”是用“什么时候”来提问，可见，在汉语普通话中，疑问句中指代时量、时点是有形式区分的。在现代汉语的多数方言中，指时量、时点的疑问形式也有所区分，比如闽语福州话分别用“偌夥行”和

* 本文受2022年度教育部人文社会科学重点研究基地重大项目（22JD740001）的资助，文章初稿的写作得到董正存、董秀芳二位老师的指导，修改时又承蒙盛益民老师提出宝贵意见，在此一并致谢！

“乜乇辰候（乜候）”，赣语宜丰话分别用“几久”和“什（几）辰间”。（邵敬敏等，2010）

然而我们发现，在部分方言中存在既指时量也指时点的疑问形式，下面以笔者母方言湘语邵阳话中的“好久”为例简要说明。

A 指代时量：

a. 你游泳要游好久？（你游泳要游多长时间？）

b. 你好久去一回学校？（你多长时间去一次学校？）

B 指代时点：

a. 你去年过年是好久行的？（你去年过年是什么时候走的？）

b. 你明天准备好久游泳啊？（你明天准备什么时候游泳啊？）

A 中指代时量的“好久”与普通话的“多久”类似，可分析为问程度的副词“好”加上形容词“久”。在邵阳话中，疑问副词“好”还可以和其他形容词组合，构成“好长”“好高”等来询问某一性质的程度，所以指代时量的“好久”接近短语。与此形成对比的是，B 中“好久”指代时点的意义无法通过组成成分的意义组合得出，由于其意义上的不透明性可以将“好久”看作疑问代词。由此看出，“好久”共时上处于由短语到词的连续统之上，本文将类似的成分称作疑问形式。

同一个疑问形式既能指代时量，又能指代时点，邵阳话中的“好久”并非孤例，其他方言点的相关文献也报道过类似现象，如张一舟等（2001）、龙琴（2015），但大多对这种兼指现象的原因未作深究。从多部辞典列出的义项看，“几时”在汉语史上也有兼指时量和时点的现象；吕叔湘（1985）指出，“几时”可能是从问“多少时候”演变为问“什么时候”的；谭耀炬（2000）通过对历时材料的梳理发现这一演变发生在唐代，变化的主要原因是“几”可以表示“什么”，我们认同该演变路径，但对演变发生的时间及其产生的原因有不同看法。

本文将在前辈时贤论述的基础上，综合共时和历时两方面的语料揭示疑问形式从时量到时点的演变路径，并结合语义演变的理论对演变的机制和动因加以解释，希冀这一个案研究能深化我们对疑问范畴的认识。

1. 各方言中“好久”时点用法的变异考察

本节将结合既有的方言报道与我们调查的结果，选取各（次）方言区的代表性方言说明疑问形式兼指时量和时点的现象，尤其是各个方言的疑问形式在指代时点时的变异情况。

1.1 湘语：邵阳话、长沙话

从 B 可见，在邵阳话中，“好久”在疑问句中作时间状语，可以询问过去、将来的时点，然而仔细考察发现，指时点的“好久”在某些具体用法中是受限的，如：

a. “好久”不能作“到、在”等介词的宾语，而必须用“好前家”或“么子时候”，例如：

（1）你们到好前家/么子时候/＊好久才去吃饭的？（你们到什么时候才去吃饭的？）

（2）伢伢到底是在么子时候/＊好久走脱的？（孩子到底是在什么时候走丢的？）

b. “好久”不能询问当前的时点，如：

（3）现在好前家/么子时候/＊好久哩？我要赶倒回去嘞。（现在什么时候了？我要赶着回去呢。）

c. “好久”在非状语位置上使用受限，这些位置上一般只能用“么子时候”，例如：

（4）吃隔夜饭怕是会拉肚子欸，个是么子时候/＊好久的饭？（吃隔夜饭可能会拉肚子呢，这是什么时候的饭?）

（5）你哥哥到噶长沙哩。——哦，么子时候/＊好久？（你哥哥到长沙了。——哦，什么时候?）

邵阳话中，“好久”不能单独充当定语，如例（4），必须说成“个是好久炒的饭”才是合法的；“好久”也不能单独提问上文事件的时点，如例（5），必须说成“好久到的”。也就是说，“好久”一般在句中作状语。

d.“好久”不能询问持续性情状的时间，例如：

（6）你明天么子时候/＊好久在公司里？我找你有点事。（你明天什么时候在公司？我找你有点事。）

（7）每天校门么子时候/＊好久是开倒的？——只有放学的时候是开的。（每天校门什么时候是开着的？——只有放学的时候是开的。）

从B来看，“好久”询问的是瞬时变化的时点，“你去年过年是好久行的”中的“行”是变化动词，“你明天准备好久游泳啊”中的“游泳”虽然是有持续段的动作动词，但“好久”问的实际是对方开始游泳的时点，所以也属于瞬时变化的时点。

然而，例（6）例（7）中的“在公司里”和“是开倒的”都是典型的状态情状，用“么子时候”询问的是该状态持续的时间而不是瞬时变化的时点，这种持续性情状的时间不能用“好久”来提问。

另外，邵阳话中指代时点的“好久”还能用在反问句中，在陈述句中还有虚指用法和承指用法，但没有任指用法，用例分别如下。

（8）你怕是有点哈嘛，我好久讲噶我要去的！（你怕是有点傻吧，我什么时候说了我要去的!)

(9) 好久我跟你去看一下，就晓得问题出在哪里哩。(什么时候我跟你去看一下，就知道问题出在哪里了。)

(10) 你想好久困觉就好久困。(你想什么时候睡觉就什么时候睡。)

(11) *好久/么子时候只要注意形象。(什么时候都要注意形象。)

在湘语长益片的代表方言长沙话（笔者调查）中，“好久”也是一个兼指时量和时点的疑问形式，与邵阳话的用法基本相同，其差异在于长沙话“好久”可以用在介词“到”后，如“你到好久才去吃饭咯?（你到什么时候才去吃饭?）”。

其他湘方言也有类似现象，比如，在属长益片的湘阴话中，“好久”可指代时点，且使用频率很高，但“好久”无法针对当前时点提问（龙琴，2015）。兼指时量和时点的“好久”在湘方言中的分布很广，而且用法相对一致。

1.2 西南官话：成都话、兴义话、大理话

疑问形式“好久”流行的另一个次方言区是西南官话。张一舟等(2001) 将成都话中的“好久”分为两个，其中“$好久_1$”问时点，使用频率很高，与问时量的“$好久_2$”在语音形式上没有差别。成都话中的“$好久_1$”除了具有邵阳话“好久”的用法，还可以用在介词后询问时点，如例(12)，可见成都话“好久”指代时点的用法比邵阳话更丰富，和长沙话相近。

(12) 你要等齐到$好久_1$才下班?

——六点。(引自张一舟等，2001)

在贵州兴义话（川黔片黔中小片，笔者调查）和云南大理话（云南片滇中小片，笔者调查）中，指代时间的“好久”也有兼指时点和时量的现

象，只是在问时点的用法上，“好久”不是常用的疑问形式，而且都倾向于询问将来时点，极少用来询问过去时点，也很少用在反问句中指代时点，以上情况都只能用“哪”与时间词构成的疑问形式，如：

（13）询问过去时点：

a. 兴义话：他哪港/*好久打的你？（他什么时候打的你？）

b. 大理话：你哪下/*好久晓得的？（你什么时候知道的？）

（14）反问句：

a. 兴义话：杯子哪港/*好久成了你的了！（杯子什么时候成了你的了！）

b. 大理话：我哪下/*好久说过要去你家！（我什么时候说过要去你家！）

反问句中的“哪港、哪下”指代的也是过去时点，相当于“不曾”，所以，在兴义话和大理话中，“好久”无法指代过去的时点。

由上述可知，从“好久”指代时点的用法看，成都话比邵阳话用法要多，而兴义话、大理话则比邵阳话少。

1.3 其他方言区：罗山话

在西南官话与湘方言之外，系属江淮官话信蚌片的河南罗山话也有类似现象的报道，根据王东、罗明月（2010），罗山话中的“多昝”既能指代时量，也能指代时点，分别如例（15）、例（16）。

（15）你这黄豆泡多昝［$tsan^{13}$］的耶？（你这黄豆泡了多长时间呀？）

（16）你这黄豆多昝［$tsan^{31}$］泡的耶？（你这黄豆是什么时候泡的呀？）［例子和注音转引自王东、罗明月（2010），下例同］

由上面两例可知，罗山话中指时量和时点的“多昝”在语音上发生了分化。除了以上提到的“好久”的用法，“多昝［$tsan^{31}$］”可以在谓语位置询问当前时点，如例（17）。

（17）这昝［$tsan^{31}$］多昝［$tsan^{31}$］嘞？（现在什么时候了？）

由上可见，同一个疑问形式兼指时量和时点的现象在西南官话区、湘语区分布很广，形式主要是“好久”，河南省南部的罗山话也有类似现象。这类疑问形式指时点的具体用法在不同方言中存在变异，主要体现为句法位置、所指代的时制①的差异。我们猜想，指时点用法的地域变异，是疑问形式在不同方言中的语义演变进程不同导致的，这是疑问形式从时量到时点的语义演变的共时显现。

2. “几时”语义功能的历时考察

2.1 汉语史上兼指时量和时点的疑问形式——“几时”

“几时”在现代汉语方言中分布相当广泛，在粤语、吴语中是指代时点最主要的疑问代词，这些方言的疑问系统中另有指时量的形式，比如，粤语广州话用“几耐”（詹伯慧，2002），吴语柯桥话用“多少辰光”（盛益民，2013）。现代方言中的“几时”应当是承继自汉语史上同形的疑问形式，又有自身的发展，最明显的变化是，汉语史上的“几时”是兼指时量和时点的，而到了现代方言中，大多只指时点不指时量了。

《汉语大词典》（2007）、陈树昆编《文言虚字联绵词典》（1990）、王海棻著《古汉语疑问范畴辞典》（2001）等辞书中都列出“几时”有“多长时间”和“什么时候”两个义项。吕叔湘（1985）猜想“几时”在汉语

① 这里的“时制”是指所指涉的时点处于过去、现在或将来，并非指作为语法范畴的时制标记。

史上经历了从“问时间的久暂”到“作‘什么时候’用”的语义变化，谭耀炬（2000）梳理了“几时”从时量到时点的演化过程，将变化发生的时间定在唐代，认为演变的关键在于“几”扩展表达“什么”。

我们认为，“几时”的历时演变问题还有待进一步考察。其一，我们在魏晋南北朝时期的汉译佛经中发现了有作时点理解的“几时”，从时量到时点的演变很可能早于谭耀炬（2000）所说的唐代；其二，历史上“几”表“什么”的用例寥寥，《汉语大词典》（2007）举刘长卿诗《上巳日越中与鲍侍郎泛舟耶溪》：“君见渔船时借问，桃源几路入烟霞。”柳士镇（1992）举《颜氏家训·涉务》中的例子：“不知几月当下，几月当收，安识世间余务乎?”这些是目前发现的用“几”表“什么”的例子，数量非常有限。更重要的是，柳士镇（1992）已经指出，“几时”指时点的演变与“几”指代“什么”是“彻底割断了联系”的。还有一个旁证是，在今天方言兼指时量、时点的疑问形式（如“好久”）中是没有包含可指代“什么”的疑问代词的。[①] 总之，“几”单独表达“什么”在历史上是不凸显的，那么，在这种不典型意义基础上构成指时点的“几时”，并最终在多数现代方言中取代了原有的时量义，这是不符合语言演变规律的。

本节将对疑问形式“几时”在不同时代的用法进行论述，梳理它在汉语史上从指时量到指时点的演变过程。

2.2 魏晋南北朝：指时量的“几时”演变出指将来时点的用法

“几时”在上古汉语中仅能指代时量，例如：

（18）欢乐极兮哀情多，少壮几时兮奈老何。（汉武帝《秋风辞》）

其中“几时”指“多长时间”，指代时量，在该句中以疑问形式表达感叹，带有强烈的情感色彩。

---

① 这条证据是匿名审稿专家为我们提供的。

中古汉语时期，指代时量仍是“几时”的主要用法，其中在中土文献中“几时”只有指代时量的用法，如“寓形宇内复几时，曷不委心任去留?（晋·陶渊明《归去来兮辞》）”，汉译佛经中“几时”也有超过一半的用例是指代时量的，如以下三例。

（19）须菩提白佛言：“世尊！是菩萨行六波罗蜜、作诸善本以来几时？供养若干佛与真知识相得？”（西晋·无罗叉译《放光般若经》）

（20）又复问言：“失经几时？”言：“失来二月。”（南齐·求那毗地译《百喻经》）

（21）时转轮王复白佛言：“世尊！是宝海梵志，乃能劝我及诸眷属发阿耨多罗三藐三菩提心。是梵志于未来世，为经几时当成阿耨多罗三藐三菩提?”（北凉·昙无谶译《悲华经》）

时量义的“几时”主要在谓语位置，既可以单独作谓语，如例（18）、例（19），也可以作“经、间、为、有”等动词的宾语，如例（20）。除此之外，“几时”也有在时间状语位置上问时量的用例，如例（21）中“几时”作“经”的宾语，在句中处于时间状语的位置，询问达到菩提心觉悟所要经历的时量。

时量义的“几时”可以分析为问数量的代词“几”加上名词“时”，相当于“多少时间”。疑问词“几”在上古时期就可以和名词组合以询问事物的数量，如“几人、几马”，因而指代时量的“几时”在性质上还是疑问短语。

一般而言，佛经材料比中土文献更能反映中古时期的口语面貌，我们发现，“几时”的语义演变首先反映在魏晋南北朝的佛经中，佛经中一部分“几时”既可以理解为时量，也可以理解为时点，例如：

（22）秋露子白佛言：“若有信是法者、不疑者，其人从何来生？求

道以来，几时乃得解中义教？”（吴·支谦译《大明度经》）

（23）坚意白佛言：“今此天子几时当于此间世界得成佛道？其号云何？世界何名？”（后秦·鸠摩罗什译《佛说首楞严三昧经》）

在这两例中，“几时”单独作时间状语问将来事件发生的时间，既能理解为“多长时间”会发生某个事件，也可以理解为“什么时候”会发生这个事件。如果理解为“什么时候”，“几时”的意义无法通过组成部分的意义组合得出，作时点理解的“几时”在性质上已接近疑问代词。

两解用例的出现表明，魏晋南北朝时期“几时”发生了从问时量到问时点的语义演变，早于谭耀炬（2000）所认定的唐代。唐五代时期的文献中仍有大量“几时”的两解用例，如：

（24）不知从今去，几时生羽翼。（唐·王维《赠李颀》）

（25）强欺弱者，几时解息于冤家？富役贫人，何日破除于辛苦？（《敦煌变文集·双恩记第七》）

（26）保福云：“汝出岭去，几时却来？”师云：“待世界平宁，则归省观。”（《祖堂集·龙潭和尚》）

我们发现，在魏晋南北朝至唐五代的这些两解用例中，“几时”所指代的基本都是发生在将来的时点，没有指代过去或当前时点的用例，说明在这一时期“几时”的询问时点用法是相当有限的。

2.3　宋元：“几时”可指代过去时点

宋元时期，“几时”可以在状语位置上指代过去时点，这种情况下“几时”一般不能理解为“多长时间”，如：

（27）世所画唐明皇已裹两脚者，但比今甚短。后来藩镇遂亦僭用，想得士大夫因此亦皆用之，但不知几时展得如此长？

(《朱子语类》卷第九十一《礼八·杂仪》)

(28) 堂却问:"朝旆几时到任?"公曰:"去年八月四日。"(《五灯会元》卷第二十《大随静禅师法嗣·龙图王萧居士》)

(29) "恁几时离了王京?""俺这月初一日离了王京。"(《原本老乞大》)

这一时期还出现了"几时"在"到、从"等介词后询问时点的用例,这种情况下"几时"也不能理解为"多长时间",如:

(30) 师云:"如今明得了,向前明不得底在什么处?如今明不得,到几时明得去?"(《古尊宿语录》卷三十二《舒州龙门(清远)佛眼和尚普说语录》)

(31) "从几时来到?""俺则夜来到。"(《原本老乞大》)

这一时期,指时点的"几时"还可用在反问句中,如"世上几时曾好古,人前何必苦沾襟?(《太平广记》卷二百三《乐一·琴·王中散》)",相当于"不曾"的意思,指代的也是过去时点。"几时"还可以在陈述句中用于任指,如"那般者,使著印儿也。不拣几时管换。"(《原本老乞大》)

2.4 明清:时点用法的进一步扩展

明清时期,"几时"指代时点的用法有了进一步的扩展,主要体现在以下三个方面。

a. "几时"可以在非状语位置询问时点,例如:

(32) 金莲道长禀说道:"火母原是师父几时的徒弟?"祖师道:"我是原日炉锤天地的时候,他在我这里扇炉,做个火童儿。"(《三宝太监西洋记》第四十二回)

(33) 得贵道:"家主十周年,做法事要用。"支助道:"几时?"

得贵道："明日起，三昼夜，正好辛苦哩！"（《警世通言》第三十五卷）

"几时"可以单独作定语，例如（32），相当于"火母原是师父几时收的徒弟"；"几时"可单独成句提问上文提到的事件发生的时点，例如（33），相当于"几时做法事"。根据调查，今天广州话的"几时"有类似的用法，作定语的例子如"杜甫係几时嘅人？（杜甫是什么时候的人？）"；单独问时点的例子如："我去过北京啊。——几时？（我去过北京啊。——什么时候？）"

b. 明代出现了询问当前时点的"几时"，例如：

（34）到二十九，史进在牢中与两个节级说话，问道："今朝是几时？"（《水浒传》第六十九回）

需要说明的是，两宋时期曾出现一例"几时"在陈述句中指代当前时点，即"王崩，因以为殉。乃不知今是几时也。"（《太平广记》卷第三十四《神仙三十四》）即使算上这一例，在汉语史上"几时"指代当前时点的用法也非常有限。

c. 晚清时，出现询问持续性情状发生时间的"几时"，但仅见到一例，即：

（35）继之道："向午时候，你走了，就有人送了一封信来。拆开一看，却是一位制台衙门里的幕府朋友送来的，信上问我几时在家，要来拜访。"（《二十年目睹之怪现状》第五回）

"几时"在汉语史上询问的基本都是瞬时变化的时点，例如（29）"恁几时离了王京？"中的"离"是变化动词。即使句中谓语是持续性情状，"几时"询问的也是该情状开始的时点，例如，苏轼《浣溪沙》中的"问言豆叶几时黄"中的"黄"是形容词，"几时"询问的是豆叶变黄的时点，仍然属于瞬时变化的时点。

在例（35）中，“在”是状态动词，朋友用“几时”并非询问“我”“在家”这一状态开始的时点，而是希望知道“我”在家的时段，他好来拜访，所以询问的是持续性情状的时间。根据调查，广州话的“几时”也可以问持续性情状的时间，如“你听日几时喺公司？我去揾你讨论下。——上昼吧。（你明天什么时候在公司？我去找你讨论讨论。——上午吧。）”，“几时”此时提问的是“喺公司”这样一个状态持续的时间，而非从不在到在的瞬时变化的时点。

此外，指代时点的“几时”在明代可以在陈述句中用来虚指，如“是日别了纪老三要回，就问道：‘二哥几时也到省下来走走，我们也好做个东道，尽个薄意。’”（《二刻拍案惊奇》卷四）

3. 疑问形式从时量到时点的演变机制与动因

3.1 从时量到时点的语义演变机制

前两节对“好久”和“几时”的考察，证明了从时量到时点是指代时间的疑问形式可能经历的一条语义演变路径，本小节将综合两方面的考察对该语义演变的机制进行解释。

3.1.1 语用推理机制

根据前文对语义演变的历时考察，“几时”在魏晋南北朝时期的佛经中出现了有时量、时点两解的用例，语用推理机制可以解释指代时量的疑问形式是如何获得时点理解的，下面是上文已举出的两解用例：

（36）求道以来，几时乃得解中义教？

（37）今此天子几时当于此间世界得成佛道？

语用推理的发生有一定的语境条件。其一，“几时”在句中单独作时间状语，“几时”作谓语、宾语时无法推理出作时点理解，比如，在“是梵志于未来世，为经几时当成阿耨多罗三藐三菩提？”中，“几时”作“经”的宾语，它们一同构成时间状语从句，“几时”没有作时点理解。其二，“几时”询问将来事件，例（36）、例（37）所询问的都是在说话时刻之后发生的事件。时量义的“几时”是在这样的环境中推理出时点理解的，以下是例（36）、例（37）的推理过程。

从字面意思来看，例（36）可以直接理解为“求道之后，多长时间才能理解其中的教义”。由于所提问的时段有确定的时间起点，即开始求道的时点，听话人很容易从询问时量推理出对方是想询问时段的终止时点，在这种推理下，整个句子可以理解为“什么时候才能理解其中的教义”。

例（37）也是有两解的用例，尽管它不像例（36）那样在前文中有一个确定的时段起点，但我们知道，人们常常会联系说话当前的时间来定位将来事件发生的时点，所以句子仍然可以按“几时”的字面意思理解为“从现在起，天子多长时间会在此间世界达成佛道”，“几时”指代的是从当前到将来事件实现的时量。听话人从这种字面意思也可以很容易地推理出时点的理解，即“什么时候会在此间世界达成佛道”。

正因为例（37）的前文没有提到明确的时段起点，所以“几时”理解为时点比时量来得更为显豁，也就是说，“几时”在这样的用例中更倾向于理解为时点。唐五代基本都是这种用例，如“汝出岭去，几时却来？”，这反映出“几时”作时点理解在唐五代变得更加普遍。

现代方言中的“好久”在单独作时间状语、询问将来事件时也有两解，可以认为它们也经历了与“几时”类似的语用推理过程。以邵阳话的“好久”为例，“你好久才来啊？”，从字面意思看，说话人是询问从当前至对方到来所要经历的时量，即“你多长时间才来”。听话人可推理出对方是想询问他到来的时点，即“你什么时候才来”。“好久”通过语用推理获得时点的理解，这和例（37）的情况非常接近。

语用推理前后，疑问形式的句法地位也有所改变。语用推理前，时量义的疑问形式和谓语之间的关系比较松散，可以停顿，如例（36）按时量理解可以断句为“求道以来几时，乃得解中义教?”，此时“几时”可以分析为时间状语从句的谓语；推理后，理解为问时点的疑问形式和谓语结合更加紧密而无法停顿，它成为典型的时间状语。

3.1.2 用法扩展机制

原本指时量的疑问形式通过语用推理机制获得了时点解读，此时疑问形式只能出现在单独作时间状语、询问将来事件的语境中。要演变成指代时点的疑问形式，它还需要经历用法扩展的过程，也就是说，疑问形式逐渐被用在越来越多的句法、语义环境中，历史上“几时”的用法渐变与各方言中“好久”在时点用法上的差异均可说明这一过程。

在讨论用法扩展之前，我们参考鹿钦佞（2008），将疑问形式在反问句及陈述句中的用法看作非疑问用法，本小节主要讨论疑问形式在真性问句中询问时点的用法，暂不考虑非疑问用法。

首先，疑问形式问时点的用法扩展体现在所询问的时制上，即询问的是将来、过去还是当前的时点，表1归纳了指时间疑问形式在时制用法上的共时和历时表现。

表1 指时间疑问形式在时制用法上的共时和历时表现

序号	时制用法	共时表现						历时表现
		兴义话	大理话	邵阳话	长沙话	成都话	罗山话	
a	询问将来时点	+	+	+	+	+	+	魏晋南北朝
b	询问过去时点	-	-	+	+	+	+	南宋
c	询问当前时点	-	-	-	-	-	+	明代

注：共时表现部分中，“+”代表在某个方言点疑问形式有这种用法，“-”则代表没有；历时表现部分是“几时”的某一用法在历史文献中所出现的最早时代。

从表1反映的情况看，“好久、几时”等疑问形式经历了“询问将来时点>询问过去时点>询问当前时点”的用法扩展过程。根据前文的分析，疑问形式最初是在问将来事件的语境中推理出时点理解的，所以以上所有方言都有问将来时点的用法，而且这种用法有最早的历史证据。从历时看，问过去时点的用法在历史上出现的时间晚于问将来时点；共时上，问过去时点的用法也少于问将来时点的用法，所以询问过去时点的用法应当是从询问将来时点用法扩展而来的。

询问当前时点的用法在所调查的方言中仅罗山话有，明显少于问将来、过去时点用法的方言，而且，在吴语天台话（戴昭铭，2013）、吴语柯桥话（盛益民，2013）、粤语广州话（笔者调查）中，“几时”已经是问时点的主要疑问代词，但用“几时”问当前时点仍非常受限。无论是从共时还是历时看，询问当前时点都应该是疑问形式最晚扩展出的时制用法。

其次，用法扩展体现在疑问形式的句法位置上，表2归纳了共时和历时上的表现。

表2　指时间疑问形式的句法位置在共时和历时上的表现

序号	句法位置	共时表现						历时表现
		兴义话	大理话	邵阳话	长沙话	成都话	罗山话	
a	单独作状语	+	+	+	+	+	+	魏晋南北朝
b	和介词一同作状语	−	−	−	+	+	+	南宋
c	处于非状语位置	−	−	−	−	−	+	明代

从表2反映的情况看，“好久、几时”等疑问形式的句法位置经历了“单独作状语>和介词一同作状语>处于非状语位置”的扩展过程。根据前文的分析，疑问形式最初是在单独作状语的位置上推理出时点理解的，所以以上所有方言都有这种用法，而且有最早的历史证据。疑问形式和介词一同作状语的用法在历时上晚于单独作状语；共时上，有这种用法的方言比较少，所以这种用法应当是后来扩展出来的。

疑问形式在非状语位置上问时点的用法在历史上出现得最晚，而且在多数方言中无此用法，疑问形式只有在指代时点的意义发展成熟后才有这种用法，如罗山话的“多昝”、广州话的“几时”①，这些都可以说明非状语位置是疑问形式最晚扩展到的句法位置。

① 之所以认为它们的时点义发展成熟，主要是因为罗山话的“多昝”指时量和时点时有了语音区分；广州话的“几时”没有了时量义，而且它有问持续性情状时间的用法。

最后，用法扩展还体现在所询问情状的持续性上，即疑问形式询问的是瞬时变化还是持续性情状的时间。“几时”在汉语史上询问的基本都是瞬时变化的时点，包括状态开始的时点，如“问言豆叶几时黄”。直到晚清时，“几时”才出现问持续性情状的时间的用例，即“问我几时在家”。问持续性情状的用法在多数方言中没有，可能只有在疑问形式时点义发展成熟后才会扩展出来，如广州话的“几时”。持续性情状的时间已经不是典型的时点了，而是一个持续的时段，所以疑问形式在演变过程中还可能发生“问典型时点>问持续时段”的用法扩展。

3.2 从时量到时点的动因猜想

以上是我们对疑问形式从时量到时点的演变机制的分析，本小节将对该语义演变的动因提出两点猜想。

第一，从认知上看，时量和时点之间具有连续性。

李向农（1997/2003）指出，时点和时段（时量）之间具有语义相对性及认知上的连续性。具体而言，时段往往具有确定的起止时点，若起点或终点在言说双方的预设中，那么，另一时点自然成为关注的焦点，以邵阳话为例：

(38) 你准备好前家行啊？（你准备什么时候走啊？）

——大概半个小时子。（大概半个小时吧。）

答语“半个小时”是一个时量表达，对于将来事件“行”而言，听说双方很容易将谈话当前时间作为时段的起始点，那么说话人所提问的时点就是时段的终点，即半个小时之后，这样时量也就转化为将来事件的时点。时量和时点的认知连续性直接推动了原本指时量的疑问形式通过语用推理获得时点解读。

第二，从系统角度看，疑问系统中有多个指代时点的形式，这对说话人的话语表达而言是不经济的。

在我们调查的方言疑问系统中，往往有多个指代时点的疑问形式并存，比如，湘语邵阳话中指时点就有“么子时候”“好前家”“好久”等疑问形式，这些形式大多词化程度较低，符合跨语言（方言）的普遍规律。（Cysouw，2004；Mackenzie，2009；盛益民，2020）

一方面，多个指代时点的疑问形式并存，各有分工，表意清晰，这对于听话人的理解是经济的；另一方面，烦冗的近义形式对于说话人的表达却并不经济，说话人必须在表达过程中选择出一个最适合当前句法、语义或语用环境的形式。这种不经济性很可能会推动其中某个疑问形式逐步发生词汇化，成为能用在更多环境中的疑问代词，甚至最终覆盖全部环境。

这种不经济性的推动作用主要体现在“好久”“几时”等疑问形式在获得时点解读后发生的用法扩展，它们扩展出更多问时点的用法，最终可能成为指代时点最主要的疑问代词。

4. 结语

本文通过广泛的材料考察证实，从问时量到问时点是指代时间的疑问形式可能发生的一条语义演变路径[①]。指代时量的疑问形式一开始在问将来时间的状语位置上推理出时点理解，随后在句法位置、所询问的时制及所询问情状的持续性上发生用法扩展。疑问形式从问时量到问时点的演变动因可能与认知上时量和时点的连续性有关，疑问系统中多个指时点形式造成的不经济性对该语义演变也有推动作用。

这一个案提示我们可以关注那些处于由短语到词连续统上的疑问形式，它们共时上的不同用法可以揭示出疑问范畴中某条普遍的演变路径。例如，在普通话中，“干什么”可以在谓语位置问行为，如“你在<u>干什么</u>?”，这是疑问短语，其间可以插入“了、过”等；它也可以在状语位置上问意外事

① 根据郭利霞（2019），“多会儿”可能也经历了指代时间的疑问形式从问时量到问时点的演变。

件发生的原因，通常带有明显的反诘义，如“你干什么非要跟我作对呢?”，其间无法插入其他成分，“干什么”此时已经接近“干吗、怎么”等疑问代词了。“干什么”的两种用法恰与汉语史上疑问代词“奈何”演变前后的情况类似，由此可揭示疑问范畴另一条普遍的语义演变路径，即“指代情状>表达反诘”（贺文翰，待刊）。

参考文献

陈树昆编《文言虚字联绵词典》，百花文艺出版社，1990。

戴昭铭：《天台话和上海话疑问范畴的比较研究》，载刘丹青主编《汉语方言语法研究的新视角》，上海教育出版社，2013。

郭利霞：《十九世纪以来官话方言中的时间疑问词》，《南开语言学刊》2019 年第 1 期。

汉语大词典编辑委员会、汉语大词典编纂处编《汉语大词典》，上海辞书出版社，2007。

贺文翰：《从“奈何”到“哪”：从指代情状到表达反诘的语法化》，《语言研究集刊》，待刊。

李向农：《现代汉语时点时段研究》，华中师范大学出版社，1997/2003。

柳士镇：《魏晋南北朝历史语法》，南京大学出版社，1992。

龙琴：《湖南湘阴方言疑问句研究》，湖南师范大学硕士学位论文，2015。

鹿钦佞：《汉语疑问代词非疑问用法的历史考察》，南开大学博士学位论文，2008。

吕叔湘：《近代汉语指代词》，江蓝生补，学林出版社，1985。

吕叔湘：《中国文法要略》，辽宁教育出版社，2002。

谭耀炬：《〈拍案惊奇〉的“几时”》，《古籍整理研究学刊》2000 年第 6 期。

邵敬敏等：《汉语方言疑问范畴比较研究》，暨南大学出版社，2010。

盛益民：《绍兴柯桥话疑问词研究》，载刘丹青主编《汉语方言语法研究的新视角》，上海教育出版社，2013。

盛益民：《汉语疑问代词的词化模式与类型特点》，《中国语文》2020 年第 6 期。

王东、罗明月：《河南罗山方言“昝”的研究》，《洛阳理工学院学报》（社会科学版）2010 年第 4 期。

王海棻：《古汉语疑问范畴辞典》，江苏教育出版社，2001。

詹伯慧主编《广东粤方言概要》，暨南大学出版社，2002。

张一舟等：《成都方言语法研究》，巴蜀书社，2001。

朱德熙：《语法讲义》，商务印书馆，1982。

Cysouw. Michael. 2004. Interrogative words: An exercise in lexical typology. Accessed from http: //cysouw. de/home/manuscripts_ files/cysouwQUESTION_ handout. pdf.

Mackenzie J. Lachlan. 2009. Content interrogatives in a sample of 50 languages: *Lingua* 119 (8): 1131-1163.

From Time Quantity to Time Point: Semantic Change of Time-questioned Form

HE Wenhan

Abstract: *"Haojiu"* in Xiang dialect & Southwest Mandarin and *"jishi"* in the history of Chinese written works are interrogative forms which refer not only to the time quantity, but to the time point. Combining the synchronic and diachronic data, it indicates that "from time quantity to time point" is one of semantic change paths for time-questioned form. The interrogative phrase referring to time quantity makes inference of time point when it acts as a time adverbial independently for asking future event. Its time-point use then extends regarding time, syntactic position, and durability of situation, after then becoming an interrogative pronoun referring to time point. This semantic change is motivated by cognitive factors and economy in the interrogative system.

Keywords: time point, time quantity, interrogative form, semantic change

清末以来北京话的“给 VP”结构*

李　炜　黄燕旋

（中山大学中国语言文学系）

提　要　本文基于清中叶以来的北京话文献，考察北京话中“给 VP”结构的演变，总结该结构所经历的三个阶段：分别处于处置句、被动句和蒙受义句式，认为被动句中的消极义凸显是该结构主要动词从二元动词扩展到一元动词，从而形成蒙受义句式的原因。蒙受义句式中“给”是一个蒙受义标记，表示主观性的消极意义。

关键词　“给 VP”结构　处置句　被动句　蒙受义

0. 引言

在北京话口语中经常出现“给”用于 VP 前的句子，根据主要动词的类型，我们将其分为 A、B 两类。

A 类：主要动词为二元动词，例如：

（1）把青花瓷瓶儿给摔烂了。

---

* 本文是国家社科基金重大项目“清末民国汉语五大方言比较研究及数据库建设”（22&ZD297）、教育部人文社科青年项目“从清末河间府珍稀方言文献看北京话语法的演变轨迹研究”（19YJC740041）和国家社科基金青年项目“基于传教士文献的河北方言语法演变研究”（21CYY006）的研究成果。感谢刘亚男博士提供河北河间、献县一带的方言材料。

(2) 这事儿你可别给忘啦!

(3) 他一哥们儿叫人给打了。

这类“给”出现在处置句(包括受事话题句)和被动句中,主要动词为二元动词,存在施受关系。“给”的出现与否不影响句子的理性意义,但起到强调动作影响结果的作用。

B 类:主要动词为一元动词,例如:

(4) 犯人给跑了。

(5) 花儿给死了。

这类“给”出现在主要动词为一元动词的句子中,如例(4)的主要动词为一元自主动词,例(5)中的主要动词为一元非自主动词。“给”的出现与否依然不影响句子的理性意义,但是加上“给”之后,句子带有消极的语用功能,有事与愿违的意味。由于这类句子表达了一种不如意的遭遇,我们姑且称之为蒙受义句式。

关于“给 VP”结构,已有不少学者做过相关研究(Shi,1997;邓思颖,2003;李炜,2004a;沈阳、石马翎,2010;寇鑫、袁毓林,2017,2018;等等),但观点不一,且多为共时研究。那么,“给”的这种用法是如何演变而来的呢?A、B 两类用法之间又有什么关系呢?本文将从文献出发,考察“给 VP”结构的演变过程。

1. 文献中的“给 VP”结构

从我们所掌握的材料看,历史上首次出现这种“给 VP”结构的是清中后期的北京话作品《儿女英雄传》(以下简称《儿》)(李炜,2004a)。这种“给 VP”结构出现了 26 例,均属于 A 类,其中 24 例为处置句,2 例为被动句,例如:

(6) 依我说，这个杯的名儿还不大好，“玛瑙”“玛瑙”的，怎么怪得把我们这个没笼头的野马给惹恼了呢！(《儿》，37 回)

(7) 我这副腿带儿怎么两根两样儿呀？你昨儿晚上困的糊里糊涂的，是怎么给拉岔了？(《儿》，38 回)

(8) 公子断没想到从城里头憋了这么个好灯虎儿来，一进门就叫人家给揭了！(《儿》，38 回)

我们还考察了《儿》之后的北京话文献《语言自迩集》、《小额》、《骆驼祥子》对话部分、《四世同堂》对话部分和《评书聊斋志异》(以下分别简称《语》《小》《骆》《四》《评》)，这些文献中都出现了 A 类“给 VP”结构，以《小额》为例：

(9) 有一天，他们孩子把某宗室家的小姑娘儿给打啦，让人家说了两句。(《小》，291 页)

(10) 请了一位某大夫，给他们一瞧，一趟六吊四马钱，闹了五十多趟；病倒算给治好啦。(《小》，352 页)

(11) 孩子回来一学舌，黑老婆儿立刻就要找人家不答应去，让街房给拦住啦。(《小》，291 页)

我们统计了《儿女英雄传》及其后北京话文献中“给 VP”结构的出现情况，如表 1 所示。

表 1 北京话文献中“给 VP”结构的出现情况

单位：例

语料	处置句	被动句	语料总数（字）
《儿女英雄传》	24	2	54.8 万

续表

语料	处置句	被动句	语料总数（字）
《语言自迩集》	18	0	11.1 万[①]
《小额》	19	20	7.3 万
《骆驼祥子》对话部分	4	4	1.8 万
《四世同堂》对话部分	8	18	12.9 万
《评书聊斋志异》	234	48	41.4 万

从表 1 可以看出，一开始“给”主要出现在处置句中，较少出现在被动句中，而后出现在被动句中的比例越来越高。

我们还注意到，以上北京话语料中均未出现“犯人给跑了”“菜给凉了”这种主要动词为一元动词的 B 类“给 VP”结构。《评书聊斋志异》的语料量相当大，口语色彩也较浓，出现大量 A 类“给 VP”结构，而未见 B 类“给 VP”结构。根据 20 世纪 80 年代的录音整理的“北京话口语语料库”中也仅出现 2 例[②]，可见 B 类“给 VP”结构的出现应该是相当晚近的。

2. “给 VP”结构的演变

李炜、石佩璇（2015）利用北京话文献，把北京话“给”从动词到介词的演变路径梳理为“受物—受益—指涉（顺指）”。然而北京话中的“给”并不只是发展至与事介词，还有更虚的用法，如本文讨论的“给 VP”结构中的“给”。那么，“给”是如何从介词进一步发展为蒙受义句式中的助词的，这是一个非常值得探讨的问题。下面我们将考察“给”的三个发展阶段：①从与事介词到助词；②从用于处置句到用于被动句；③从用于被动句到用于蒙受义句式。

---

① 该语料共计 85.1 万字，我们只对其中 11.1 万字的语料进行了统计分析。这些语料主要是从第三章的《散语篇》到第六章的《秀才求婚》中的相关内容，未做统计分析的语料分别是第一章的《发音》、第二章的《部首》、第七章的《声调练习》和第八章的《词类章》等。

② 此 2 例为：一过去，哎有丝蜘蛛丝一下儿就给瞧不见了；青蛙就给跑了。

2.1 从与事介词到助词

李炜（2004a）认为处置句中的“给”有其“原型”，例如：

（12）何小姐趁他入绳子的时节，暗暗的早把这头儿横闩依然套进那环子去，把那搭闩的钩子给他脱落出来，却隐身进了西间。（《儿》，31回）

（13）文章呢，倒糊弄着作上了；谁知把个诗倒了平仄，六韵诗我又只作了十句。给他落了一韵，连个复试也没巴结上。（《儿》，15回）

例（12）“给他”的“他”指代的是前面的“钩子”，也就是说“他”①与“钩子”所指是同一事物。同理，例（13）的“他”复指了“六韵诗我又只作了十句”这件事。这类“原型”用例在书面材料中很难找到，但在当今北京话口语中还是能听到的，例如：

（14）昨儿我就把那花儿给它扔垃圾桶里了。

（15）那间破房已经给它拆了。

例（14）的“它”与“那花儿”所指相同，例（15）的“它”与“那间破房”所指相同，“它”复指了前边的受事。可见，“给”是由介宾短语“给它”脱落弱读音节“它”而形成的，也就是说，“给”原先是个介词，用于介引复指受事的第三人称代词“它”，暂且称之为复指介词。那么，复指介词“给”是如何演变而来的呢？通过对语料的考察，我们认为复指介词“给”是从表受益义的与事介词发展而来的。

引进与事的“给”在清中叶的《红楼梦》中大量出现，可以引进受益

① 在现代汉语里应写作“它”（“他、她、它”在《儿》中均写作“他”）。

者，也可以引进受损者，例如：

(16) 于是家下媳妇们捧过大迎枕来，一面给秦氏拉着袖口，露出脉来。(《红》，10 回)

(17) 我不看你刚才还有点怕惧儿，不敢撒谎，我把你的腿不给你砸折了呢。(《红》，67 回)

到了《儿女英雄传》，“给”从引进与事用法发展出引进回指受事的代词用法，例如：

(18) 说着，就把手里的花儿往安老爷肩膀子上搁。老爷待要不接，又怕给他掉在地下，惹出事来，心里一阵忙乱，就接过来了。(《儿》，38 回)

(19) 说话间，十三妹站起整理中衣，张金凤便要去倒那盆子。十三妹道：“那还倒他作甚么呀？给他放在盆架儿上罢。”(《儿》，9 回)

尽管句中仍有与事介词的痕迹，以上例子中的“给”介引的已经不是与事，而是回指前面的受事，如例（18）中的“他”回指前面的“手里的花儿”，例（19）中的“他”回指前面的“那盆子”。这种“给”后只能接人称代词“他”，如例（18）中，受事“手里的花儿”第一次出现时是名词形式，用“把”介引，第二次出现时是代词形式“他”，用“给”引进。这种情况说明“给”的这种用法不同于一般的处置，而是介引一个回指受事的代词“它”，带有些许“关乎”之意，表示对于这个“它”做了一件什么事情，有加强处置义的作用。

在汉语及其方言中，用复指的方式加强处置义的现象很常见，且复指代词都是第三人称单数代词（详见麦耘，2003；辛永芬，2011；等等）。

由于复指型处置句中的“它”是弱读音节，进一步脱落了，“给”无所介引，便被重新分析为助词。“给”从与事介词向助词演变的情况如下图所示：

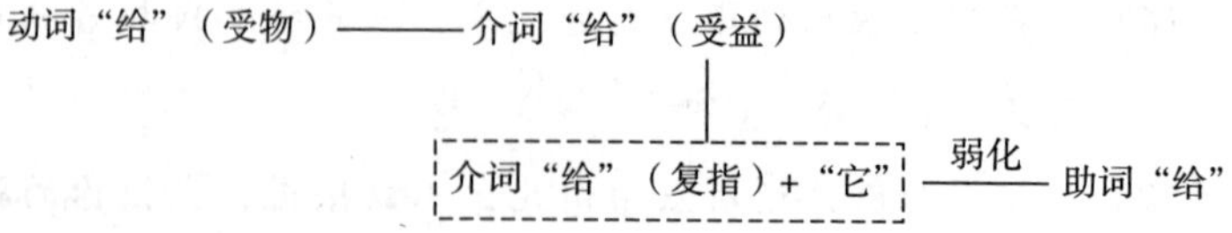

动词“给”（受物）——介词“给”（受益）→ 介词“给”（复指）+“它” —弱化— 助词“给”

必须注意的是，“给”并非从介词本身发展为助词的，而是一整个介宾短语“给它”经弱化并脱落“它”之后被重新分析为助词“给”的，助词“给”承担的是整个介宾短语“给它”的功能。在处置句中，尽管实际话语中一般不出现这个弱读的“它”，但“它”还是可以被补出的（尽管自然度不及一个单“给”），因此处置句中的“给”还不是一个成熟的助词。

2.2 从用于处置句到用于被动句

助词“给”首先是在处置句中出现的，然后再进一步向被动句扩展。在处置句中，“给”起到加强处置义的作用，那么，在被动句中，“给”又起到了什么作用呢？

我们同意邓思颖（2003：193）的观点，被动句中的“给”是一个表示“受影响”（affectedness）的标记，与被动无关。

在处置句中，“给”本来是用于引出复指受事的代词“它”的，通过对受事的重复来强调动作行为对受事施加的影响，从而起到加强处置义的作用，这符合语言的象似性原则。“它”脱落之后，“给”强调动作行为对受事影响的功能没有改变，这种功能一直延续到被动句中。被动句中的“给”同样起到强调动作行为对受事影响的作用，只不过被动句的主语是受事，因此叙述的角度发生了改变，从强调对受事施加影响，变成强调受事受到影响，如例（3）强调“他的哥们儿”受到动作“打”的影响。因此，从这个角度看，“给”在处置句和被动句中的功能是一脉相承的，都是强调动作的影响。

处置句和被动句对谓语的要求有相同之处，都不能是光杆动词，必须是表示某种结果义或者实现义的短语，所以处置句与被动句关系密切，处置句与被动句语义上都强调受事受到的影响，因而更加突出动作的施受关系，只不过动作的方向不同（处置是顺向的，被动是逆向的），这是“给”从用于处置句扩展到用于被动句的原因。

不过，在被动句中，“给”是一个助词，其后已经不能补一个弱读的“它”了，如：

(8′) 公子断没想到从城里头憋了这么个好灯虎儿来，一进门就叫人家给（＊他）揭了！

上例说明被动句中的“给”比处置句中的“给”的语法化程度更高，是一个成熟的助词。

2.3 从用于被动句到用于蒙受义句式

“给”从用于处置句发展到用于被动句之后，还有进一步的发展。“给 VP”结构从主要动词为二元动词的 A 类发展到主要动词为一元动词的 B 类，即蒙受义句式。

汉语的被动句往往带有消极的意义（李临定，1980 等），“给”本来是一个表示受影响的标记，强调动作行为的影响，在处置句中可以是积极的影响，也可以是消极的影响，在被动句中便是消极的影响了。这种消极的影响如果被凸显，突出强调遭受某种消极的影响，A 类“给 VP”结构便有可能向 B 类“给 VP”结构发展。

由于被动存在施受关系，必须使用二元动词，但当消极影响义凸显、施受关系被淡化之后，主要动词就有可能突破二元动词的限制，扩展到一元动词，句子成为蒙受义句式：

(20) 犯人给跑了。

(21) 煮熟的鸭子给飞了。

(22) 我不小心给睡着了。

(23) 菜给凉了。

(24) 苹果给烂了。

……

蒙受义句式对谓语的要求和处置句、被动句一样，不能是光杆动词，必须是表示某种结果义或者实现义的短语，在蒙受义句式中，经常以完成体标记“了”来体现。

蒙受义句式继承的是被动句的消极意义，“给”的出现只是给句子带来一种消极色彩。试比较例（25）中各句：

(25) a 犯人跑了。

b 犯人给跑了。

c * 我给跑了。

a 句是客观陈述“犯人跑了”这一事实，而 b 句除了陈述“犯人跑了”这一事实，还表示一种遭遇，表示这件事是不幸、消极的。这种消极意义是带有主观性的，是从说话人的立场出发的，同样的结构，b 成立而 c 不成立，原因在于对“逃跑”这一事件，说话者的立场是不一样的，在 b 句中，说话人是站在看守者（或其他可能受到消极影响的人）的立场的，认为这是一种不幸、消极的事情，可以用“给”；而在 c 句中，说话人是站在自己立场的，不会把自己的“逃跑”当作一种消极、不幸的事情，因此不能使用“给”。

可见，蒙受义句式带有主观性，事情的消极与否，是以说话人的主观立场为标准的。说话者关心的是整个事件的消极与否，当其认为整件事是消极的，才使用蒙受义句式。

蒙受义句式经常带有事与愿违之意，如：

(26) a 我睡着了。

b 我给睡着了。

a 句客观地描述“我睡着了”这一事件；而 b 句表示“睡着”并不是“我”的意愿，即“我”本来不想睡着的，但是在不该睡着的时候（比如上课、看书或者正在做重要的事情的时候）无意中睡着了。

另外，由于蒙受义句式中的主要动词是一元动词，因此“给”表示的消极影响，不再像在处置句和被动句中一样，是一种具体的动作对受事的影响，而是一种整体事件带来的消极后果，如“犯人给跑了”这件事情会给监狱看守者带来受批评、被免职等负面影响，“我不小心给睡着了”这件事会耽误“我”的工作学习或者其他重要事情等，因此，蒙受义句式中的影响更依赖语境。如：

（27）a? 雨给停了。

b 都干旱几个月了，好不容易盼到下雨，谁知道没下一会儿就给停了。

“雨停了”这一自然现象本无所谓消极与否，因此一般不使用“给”，a 句不大成立，但是在一定的语境下，如 b 句所描述的某个地方已经久旱多时，说话人盼望雨下的时间长些，但是雨却偏偏停了，事与愿违，这时候便可以使用“给”，因此 b 句成立。

上文我们说到蒙受义句式的主要动词是一元动词，但是根据笔者的北京话语感，有些二元动词也能进入这个句式，同样有蒙受色彩，如：

（28）房子给烧了。①

墙给拆了。

① 由于 19 世纪 80 年代后，北京话受到南方官话的影响，“给”产生了被动介词用法（李炜，2004b），因此这类句子可能有歧义，即也可理解为省略施事的被动句，但要以能准确补出“给”后的施事为前提。

树给砍了。

杯子给摔了。

……

我们认为，蒙受义句式一旦形成，其作用便是凸显消极色彩，VP 进入该结构之后体现的是消极的结果，而不是动作本身，如“鸡给杀了”中，“给杀了”体现的是“杀死了”的结果，而不在于“杀”本身，可以说 VP 隐含一个表示结果的补语，语义指向主语，如“鸡给杀了”隐含了“杀”的结果“死”，“死”的语义指向主语“鸡”。因此，虽然 V“杀”是二元动词，但进入“给 VP”结构中的 VP“杀了”已经一元化了。

至此，我们认为蒙受义句式中的“给”与用于处置句、被动句中的“给”的功能是一脉相承的。处置句中的“给”由介宾短语“给它”脱落弱读的“它”而演变为助词，并逐渐扩展到被动句中；被动句中的“给”是一个受影响标记，当被动义消减之后，“给”突破二元动词的限制，扩展至与一元动词共现，形成蒙受义句式；蒙受义句式沿袭的是被动句的消极意义，“给”是一个蒙受义标记。“给 VP”结构的演变阶段如表 2 所示。

表 2 “给 VP”结构的演变阶段及其表现

	第Ⅰ阶段		第Ⅱ阶段		第Ⅲ阶段
所处句式	处置句		被动句		蒙受义句式
动词类型	二元动词	⟶	二元动词	⟶	一元动词①
“它”能否补出	能		不能		不能
功能	加强处置义		强调受影响义		表达蒙受义

河北河间、献县一带的方言中“给”存在同样的演变过程。

在清末河间府方言文献《汉语入门》（*Rudiments de Parler Chinois: Dialecte du* 河间府，1895、1896）中，助词“给”只停留在第一个阶段，例如：

① 包括一元化了的 VP。

（29）他把那眼镜给弄坏了。（No. 332，P760）

而在当今河间、献县一带方言中，“给 VP”结构的共时分布反映了其历时演变情况，见表 3。

表 3　河间、献县一带的方言中“给 VP”结构①

“给 VP”	第Ⅰ阶段	第Ⅱ阶段	第Ⅲ阶段	例句
沧县崔尔庄镇	+	−	−	夜了个昨天风忒大，把树给刮倒唻。
献县城区	+	+	−	你别把眼睛给熬坏喽。 棒子玉米都着被风给刮倒唻。
河间故仙	+	+	+	把碗给打唻。 包着人家给偷唻。 裤子给掉了。
献县韩村	+	+	+	风都把庄稼给刮倒唻。 俺那包着人家给偷去唻。 哎哟，房子给烧唻，看烧得多可怜吧！
献县临河	+	+	+	你把这个事儿给办喽吧？ 庄稼都着风给刮倒唻。 小偷给跑唻。

表 3 直观地反映了“给 VP”在当今河间、献县一带方言中发展的不平衡性和规律性。从表 3 中我们得出两条蕴含共性：一是如果该方言“给 VP”存在第Ⅲ阶段，那么也一定存在第Ⅰ、第Ⅱ阶段，反之不然；如果该方言“给 VP”存在第Ⅱ阶段，那么也一定存在第Ⅰ阶段，反之不然。

① 主要发音人信息如下：
沧县崔尔庄镇：李女士，女，45 岁，小学学历，长期在本地生活。
献县城区：赵国新，女，60 岁，高中学历，小学教师，长期在本地生活。
河间故仙：张金锁，男，54 岁，大专学历，行政人员，26 岁前在河间故仙镇生活，之后在河间市生活。
献县韩村：姜志恋，女，62 岁，上过两年小学，长期在本地生活。
献县临河：蔡勉，女，54 岁，上过两年小学，农民，长期在本地生活。

3. 结语

本文利用清末以来的北京话文献，考察“给 VP”结构的演变过程。“给”的演变过程可分为三个阶段：第一个阶段的“给”用于处置句中，复指代词“它”可以补出，“给”（或“给它”）起加强处置义的作用；第二阶段的“给”用于被动句中，“它”已不能补出，“给”是一个受影响标记，强调受事受到动作的影响；第三阶段的“给”用于蒙受义句式中，与一元动词共现，是一个蒙受义标记，表示主观消极意义。

参考文献

邓思颖：《汉语方言语法的参数理论》，北京大学出版社，2003。

寇鑫、袁毓林：《现代汉语“给 VP”结构的及物性分析》，《汉语学习》2017 年第 6 期。

寇鑫、袁毓林：《“给 VP”结构的主观性分析》，《语言科学》2018 年第 1 期。

李炜：《加强处置/被动语势的助词“给”》，《语言教学与研究》2004a 年第 1 期。

李炜：《清中叶以来北京话的被动“给”及其相关问题——兼及“南方官话”的被动“给”》，《中山大学学报》（社会科学版）2004b 年第 3 期。

李炜、石佩璇：《北京话与事介词“给”“跟”的语法化及汉语与事系统》，《语言研究》2015 年第 1 期。

李炜、石佩璇、刘亚男、黄燕旋：《清代琉球官话课本语法研究》，北京大学出版社，2015。

李临定：《“被”字句》，《中国语文》1980 年第 6 期。

李宇明、陈前瑞：《北京话“给”字被动句的地位及其历史发展》，《方言》2005 年第 4 期。

麦耘：《广州话以“佢”复指受事者的句式》，《第八届国际粤方言研讨会论文集》，中国社会科学出版社，2003。

沈阳、司马翎：《句法结构标记“给”与动词结构的衍生关系》，《中国语文》2010 年第 3 期。

辛永芬：《豫北浚县方言的代词复指型处置式》，《中国语文》2011 年第 2 期。

朱德熙：《语法讲义》，商务印书馆，1982。

Shi, Dingxu. 1997. Issues on Chinese Passives. *Journal of Chinese Linguistics* 25: 41–70.

引用书目

《红楼梦》，（清）曹雪芹、高鹗著，人民文学出版社，1982。

《儿女英雄传》，（清）文康，人民文学出版社，1983。

《语言自迩集——19 世纪中期的北京话》，〔英〕威妥玛著，张卫东译，北京大学出版社，2002。

《小额》，（清）松友梅著，刘一之标点、注释，世界图书出版公司，2011。

《骆驼祥子》，老舍著，人民文学出版社，1999。

《四世同堂》，老舍著，人民文学出版社，2012。

《评书聊斋志异》（一、二集），陈士和讲述，百花文艺出版社，1980。

《汉语入门》（*Rudiments de Parler Chinois*：*Dialecte du* 河间府），戴遂良（Léon Wieger）著，献县天主堂印书馆，1895、1896。

The “*gei*-VP” Construction in the Beijing Dialect Since the Late Qing Dynasty

LI Wei　HUANG Yanxuan

Abstract: This paper examines the evolution of the “*gei*-VP” structure in the Beijing dialect using the Beijing dialect literature from the mid-Qing period onwards, and summarises the three stages of the structure: disposal, passive and affective; it argues that the adversative meaning of passive sentences is the reason for the expansion of the main verb of the structure from two-place verb to one-place one, and thus the formation of affective sentences. The word “*gei*” in the affective sentence is AN affective marker, which indicates a subjective adversative meaning.

Keywords: “*gei-VP*” construction, disposal, passive, affective

《官话指南》南北三种不同版本中称谓语比较研究*

王衍军[1]　林秋年[2]

（1. 暨南大学华文学院

2. 暨南大学华文学院/佛山市张槎中学）

提　要　《官话指南》北京官话、南方官话及粤语三种版本中的称谓语呈现“大同小异”特征。“大同”证明当代共同语的形成有深厚的语言基础；“小异”主要表现为：首先，南方官话版仅部分身份及职业称谓与母版不同，粤语版中出现较多俚俗口语，保留较多的古语词，“-客、-仔、-佬”等词缀式称谓较多；其次，称谓语南北双向互动，有强势地区方言向共同语扩散的趋势；最后，构式明确、指称明晰的称谓语易于在语用竞争中占据优势地位。

关键词　域外汉语教材　《官话指南》　称谓语　方言对比

0. 引言

《官话指南》由吴启太和郑永邦合著而成，是明治时期日本人学习北京

* 本文是2020年度国家社科基金项目“晚清域外汉语教材语法对比研究及检索语料库建构”（20BYY122）的阶段性成果。感谢《汉语语言学》匿名审稿专家所提出的宝贵意见！文章尚存问题，概由笔者负责。

话口语的必用教材，在清末民初海外汉语教育史上影响很大。“在整个明治时代，它不仅确立了‘支那语’学习者必读书的地位，而且，该地位经过大正时期，一直保持到了昭和 20 年（1945）。”作为一本通用会话教材，《官话指南》曾经几十次重刊，并且出现了众多不同方言和语言的改编版本。本文选取了《官话指南》三种版本①作为语料来源，各版本信息参见表 1。

表 1　本文选用《官话指南》多个方言版本的具体信息

教材名称/本文简称	基础方言	卷数	编著/修订	出版年代	出版社
《官话指南》/版本 A	北京官话	4	吴启太、郑永邦	1881 年	上海美华书馆
《官话指南》/版本 B	南方官话	4	九江书会	1893 年	九江印书局
《粤音指南》/版本 C	粤语	4	译者不详	1903 年	香港聚珍书楼
《改良民国官话指南》/版本 D	北京官话	4	郎秀川重订 李逊垒释义	不详	开民书局
《订正粤音指南》/版本 E	粤语	3	英国人 威礼士重订	1930 年	香港 Wing & Fat Company

本文所选用教材与母版（版本 A）相比，均删去母版中《序言》和《凡例》。另外，版本 D 第二卷删去两章内容，其后附有释义；版本 E 仅重订三卷，删去第四卷《官话问答》。文中所引用语料出处均采用编号格式。编号示例如下：

（1）师傅是那一位？师傅是姓金的。同窓②朋友有多少？不多。（A1-28）

其中“A”表示《官话指南》母版；数字“1-28”表示该教材“第一卷第二十八章”（课），依此类推，其他版本亦是。例句依照各版教材原文，

① 本文另外选用了《官话指南》民国后北京官话版和粤语版两个修订版，以作对比。

② 此处例句中“窓”为“窗”之异体字，本文依照原文引用。另外，例句中称谓语用下划线加以凸显。该下划线为笔者所加，原文无。原文为繁体字，本文照录，不做改动。

字句未加以改动。

1.《官话指南》中称谓语的研究现状

目前，学界对《官话指南》关注较多的是其版本流布、词汇语法现象以及二语教学方面的成就，对书中称谓语的研究较少。其中，徐丽（2020）从亲属称谓语、社会称谓语和称谓语中的尊称、谦称三个角度分析《官话指南》中所呈现的文化内涵，并指出一些称谓语的使用情况，比如“老爷”这一称谓的高频使用，“你、令、亲”等的羡余现象，但并未系统地利用多个文本对其中不同地域的称谓语进行对比分析。张美兰（2017）对《官话指南》六种版本中的称谓名词进行了异文现象的整理，但并未做进一步的分析。曹保平、邓霁月（2019）统计出该教材的敬辞与谦辞共 626 项，其中敬辞有 422 项，所占比例远高于谦辞。该文章还注意到编者可能存在一定的使用偏误并分析了背后的原因。

综上所述，《官话指南》及其众多同文异言版本，为我们了解晚清称谓语面貌提供了真实的语言标本，但现有成果较为零散，缺乏系统性分析，而且未能结合同期不同版本的语料深入分析晚清称谓语的地域差异。本文以《官话指南》北京官话、南方官话及粤语版本为语料来源，将称谓语分为亲属称谓、社会称谓两大类。其中，亲属称谓又分为血亲和姻亲；社会称谓又分为拟亲属称谓、身份称谓、职业称谓、姓名称谓和代词称谓五个小类。本文尝试借此全面描写称谓语在各版本中的共性和差异，进行横向的异文比较与分析。

2.《官话指南》三种方言版本中称谓语的共同特征及分析

作为一本会话课本，《官话指南》中出现了当时社会上流行的各种称谓语，是当时当地语言生活的“切片”，而众多不同时期的方言版本基于母版内容采用当地口语进行修订，既体现出晚清民国以后共同语的共性特征，又反映出当时地域方言的个性特质。

2.1 《官话指南》中称谓语的“南北大同”

《官话指南》三种方言版本由于其母版内容的限制，教材中称谓语的种类相差无几，一些主要称谓语的表述方式和使用频次基本一致，参见表2。

表2 《官话指南》三种版本中部分称谓语使用频次对比

版本 A	频次	版本 B	频次	版本 C	频次
老爷	151	老爷	151	老爷	153
大人	183	大人	183	大人	182
朋友	42	朋友	41	朋友	42
舍弟	22	舍弟	22	舍弟	26
知县	22	知县	22	知县/县官	13/9
伙计	20	伙计	20	伙计	23
贼	18	贼	20	贼	16
东家	14	东家	14	东家	15
兄弟	12	兄弟	12	兄弟	20
先生	11	先生	11	先生	11

从表2可以看到，《官话指南》三种版本中使用的亲属称谓、社会称谓表述方式基本对应，尤其是“老爷、大人、朋友”这三个社会称谓用语，在《官话指南》母版中使用频次较高，分别达到了151次、183次、42次，而版本B和版本C是根据母版内容，分别用南方官话和粤语进行修订，即对同一内容用当地方言进行改写。版本B和版本C不仅使用和版本A同样的称谓用语——“老爷、大人、朋友”，而且使用频次也很接近，表明晚清民国时期中国南北地域不同方言中，亲属称谓和社会称谓用语具有较多的共同特征。例如：

（2）我們老爺留下話了，說是若是您拿了書來，就先留下罷。

(A2/B2-18)

(3) 我哋老爺話落叻，佢話如果你送書嚟，就留落先呻。(C2-18)

这种南北地域称谓趋同现象在该教材第四卷《官话问答》中表现得最为直接，版本B和版本C基本不做改动，反映出官场上的称谓用语统一而严整。例如：

(4) 如今我們欽差大人，就求王爺，中堂大人們，再諮請各省督撫大人，轉飭所屬。(A4/B4-5)

(5) 而家我哋欽差大人，就求王爺，中堂大人列公，再諮請各省督撫大人，轉飭所屬。(C4-5)

《官话指南》不同方言版本称谓语的“大同”特征，说明中国南北方言在交际用语上存在较大共性，也反映出全国范围内通行的共同语的形成、推广和普及有着坚实的语言基础。当然在指称同一称谓对象时，不同方言在称谓表述上也存在“小异”。比如在指称“知县”时，版本C中既使用“知县”，也使用“县官”。例如：

(6) 他就將百姓有意生事、打算請知縣設法保護的話説了一遍。(A4/B4-5)

(7) 佢就將百姓有意滋事、打算請知縣設法保護嘅話細説一翻。(C4-5)

(8) 知縣不信，就動刑拷打和尚，叫他招定了，和尚白説不招。(A2/B2-38)

(9) 縣官唔信，就行刑拷打個和尚，叫佢招認，和尚硬話唔認。(C2-38)

2.2 不同版本中称谓语呈现“大同”特征的原因

2.2.1 教材母版的限制

《官话指南》三种版本中的称谓语呈现如此高的相似度，一方面是因为教材母版的制约，不同版本的语言存在重合词汇；另一方面是由于编写目的、编写体例、编写水平和篇幅语体等，教材中收录的称谓语是有限的。因此，衍生版本中呈现的称谓语自然会受到相应的限制。如南方官话中的“公公”一词，既可以表示“丈夫的父亲”，也可表示“祖父”义。例如：

(10) 你这个小贱人，命带扫帚星，进门不到一年，先扫死了丈夫，再把公公的差使扫掉了。(《二十年目睹之怪现状》第八十七回，清光绪本)

(11) 你想我公公手里是什么光景，连顿粗茶淡饭也吃不饱，自从做了善事，到我手里如今房子也有了，田地也有了，官也有了。(《官场现形记》卷三十四，清光绪本)

例（10）中，“公公”指的是“丈夫的父亲”；例（11）中，“公公”指的是“祖父”，但在北京官话中，“公公”仅指“丈夫的父亲”，表“祖父”义的则为“爷爷”。例如：

(12) 秦氏拉着凤姐儿的手，强笑道：“这都是我没福。这样人家，公公、婆婆当自家的女孩儿似的待。”(《红楼梦》第十一回，程甲本)

(13) 蓉哥儿，你别在焦大跟前使主子性儿。别说你这样儿的，就是你爹，你爷爷，也不敢和焦大挺腰子！(《红楼梦》第七回，程甲本)

由于《官话指南》母版中并未收录祖辈的亲属称谓语，所以像“爷爷”

与“公公”这种南北方言使用差异并未呈现出来。此外，南方官话和粤方言版作为修订本，编者出于省时、省力等因素考虑，在修订时语言中存在相似部分会倾向于顺势沿用。

2.2.2 语言的同源与继承

无论北京官话、南方官话还是粤方言，都是同出一源的语言地域变体，詹伯慧（1997）指出：“汉语方言与汉民族共同语都是汉语历史发展的产物。它们之间可比作兄弟姐妹的关系。”因此，不同方言间存在着一部分相同的“语言基因”，其中最为明显的便是词汇上的共同性。如“兄弟”一词，《尔雅·释亲》：“男子先生为兄，后生为弟。”虽然词义产生偏指或泛称，但其本义在今天的不同方言中仍未消失。这些表示社会中一般关系的称谓用语，有着极高的社会适用性和接受度。

2.2.3 政治制度与国家语言政策的影响

在《官话指南》三种版本中，社会称谓语中的官职性称谓有着高度统一性，这是因为某一时期的政治制度具有一贯性，所设官职在词汇层面不受方言限制，在全国呈现一致性。《官话指南》母版于1881年刊行，彼时中国在中央为“内阁大学士制”，在地方按照“省→道→府→县”四级行政区域划分，实行“总督→巡抚→道台→知府→知县”的官制。另外，明清时期官话的推广从社会层面促进了南北称谓表述的趋同。张卫东（1998）通过多方材料研究指出，南方官话至明末仍是全国通行的官话，北京官话至晚清才确定其地位。

2.3 《官话指南》各版本中社会称谓语的统一更替趋势及原因

2.3.1 社会称谓语更替状况

2.3.1.1 身份称谓的更替

母版教材中“老爷”“大人”这两个使用频率极高的称谓，在民国以后的两个重订版本中的使用均呈现出明显的衰退趋势，与之相对应的是“先生”的兴起与高频使用。“先生”在版本C中仅出现11例，但在版本E的前三卷中已出现193例。例如：

（14）是誰叫門？老爺，天不早了，您快起來罷。（A3-3）

（15）誰叫門了？先生，天不早了，您快起來罷。（D3-3）

（16）乜人打門呀？老爺，幾晏嘵，請你快啲起身喇。（C3-3）

（17）乜人呀？先生，好晏嘵。快啲起身喇。（E3-3）

在《官话指南》版本 A/B/C 中，“大人”是对权贵或官吏的称呼，有 180 以上的使用频次。但在民国年间的修订版中，该词或被替换为“先生”，或改为“官职称谓”，或直接被省略。与“老爷”“大人”相比，“先生”虽仍是尊称，但其所蕴含的权势等差却大大削弱。例如：

（18）這位大人怎麼稱呼？我們還没會過面了。（A4-2）

（19）這位先生怎麼稱呼？我們還没會過面了。（D4-2）

（20）我們大人問大人好。哦，大人好。（A4-3）

（21）我們欽差問司長好。哦，貴欽差好。（D4-3）

2.3.1.2　官职称谓的变化

《官话指南》中官职称谓的更替是最明显的，民国后期版本中官职泛称“官、做官的”等尚有使用，职务称谓绝大部分都被更换。《官话指南》第四卷《官话问答》中涉及大量的官职称谓，这种更替状况更为明显。例如：

（22）我們大人説托大人的福。貴國大皇帝，一向聖體康泰？是，我們大人説敝國大皇帝一向倒很康泰。（A4-3）

（23）我們欽差説托司長的福。貴國大總統一向聖體康泰？是，我們欽差説敝國大總統一向倒是很康泰。（D4-3）

（24）嗰個鄰縣嘅官據實稟報撫臺，現時撫臺將嗰個原審嘅知縣參嘵。（C2-38）

(25) 箇鄰縣知事查明實據，稟報省主席，佢就参革曉原審箇縣長。(E2-38)

例（22）~（25）中，尊称“大人”被更换为职务名称“钦差”“司长”；“大皇帝”变成“大总统”；“抚台”“知县”更替为“省主席”“县长”。这种官职称谓的更替反映出《官话指南》语料与时俱进，记录了时代的变化，是当时当地可靠、鲜活的社会状况实录。

2.3.1.3 代词称谓的改变

“小的”“您”“您纳”等代词称谓在北京官话母版中出现频次很高，尤其是“您”，几乎处处可见。这种情况在民国以后的版本中有了明显的变化，例如：

(26) 那麽叫老弟受等。好説，您納。您是上那兒去了一蕩？(A2-11)

(27) 那麽叫老弟受等。好説，你納。你是上那兒去了一蕩？(D2-9)

又如，原母版中的“小的”，在版本 D 和版本 E 中直接更替为“民人”或“民”。例如：

(28) 他聽這話，就打了小的一個嘴巴，小的急了，就回手把他的臉抓了，這麽着他就揪着小的打官司了。(A2-35)

(29) 他聽這話，就打了民人一個嘴巴，民人急了，就回手把他的臉抓了，這麽着他就揪着民人打官司了。(D2-33)

(30) 佢聽聞嗰話，打小的一吓嘴巴，小的急起嚟還手，搉佢嘅面啫，嗰樣佢就拉小的嚟打官司叻。(C2-35)

(31) 佢即時打民一吓嘴巴，民心急起嚟，連嬲帶抓佢面喇，嗰佢就拉民嚟呢處送案。(E2-35)

在民国年间修订的《官话指南》中，这样的称谓语更替较多，作为谦称或尊称的代词称谓体现出被“平称”取代的趋势，显示出对话中双方地位渐趋平等的倾向，反映出社会制度的变革对语言交际的深层影响。

2.3.2 不同版本中社会称谓语统一更替的原因

李宇明（2016：48）指出：“语汇既是语言间最易互动的系统，也是最易凸显社会感知的系统。”称谓语作为一种识别标志，是语汇中的特殊一员，反映出个人在社会中的关系与地位，是社会变化的感知器。《官话指南》流行的时代恰逢中国社会发生重大变革，教材为适应社会现实出现了不同的版本，从而记录下了称谓语的更替演变状况。

2.3.2.1 政治变革带来称谓变化

19 世纪末到 20 世纪初的中国面临百年未有之大变局，变化最明显的莫过于政治变革。1911 年孙中山领导的辛亥革命推翻了清王朝的封建统治，建立了民主共和制的中华民国。这一政体变革，鲜明地反映在《官话指南》的官职称谓中。如《中华民国临时约法》中规定国家元首和政府首脑叫“临时大总统”，各部门设“总长、次长”，参议院由议长和参议员组成，各司负责人称“司长”。政治变革引起社会称谓语的迅速更新，而这种更替也深刻反映出当时中国剧烈动荡的社会现实。

2.3.2.2 国语运动与民主平等思想

晚清至民国期间掀起了多股民主思想运动，科学、民主、平等、自由等新思想在民众间持续传播。1912 年 3 月 2 日，南京临时政府公布《令内务部通知革除前清官厅称呼文》：“查前清官厅视官之高下，有大人、老爷等名称，受之者，增惭；施之者，失体，义无取焉……嗣后各官厅人员，相称咸以官职。民间普通称呼则曰先生、曰君，不得再沿前清官厅恶称。”这是民国时期政令倡导下的称谓变革。

国语运动期间，由政府牵头审定国语读音，编纂国语词典、国语会话等书，同为教科书的《官话指南》也受到当时国语运动与民主思想传播的影响。比如，“老爷”“大人”的使用频次减少，“先生”“民人”等称谓语迅速兴起；尊称“您”“您纳”的使用频次减少，平称“你”的使用频次增加，在《官话指南》民国后期的版本中均有鲜明体现。这种社会称谓的变化不仅反映出教材改编者对社会现实的敏感回应，也反映了当时的社会现实——民主共和思想逐渐深入人心，官者民者、雇者佣者、你我皆平等。

3.《官话指南》三种版本中称谓语的地域差异及其特征

3.1 《官话指南》三种版本中称谓语的地域差异

《官话指南》三种版本中，称谓语在地理空间层面既呈现出“大同”特征和统一更替趋势，也体现出一定的地域差异。笔者从亲属称谓、身份称谓、职业称谓、姓名称谓和代词称谓五个方面来加以分析。

3.1.1 《官话指南》三种版本中亲属称谓的地域差异

通过《官话指南》不同版本的语料对比，我们发现版本 A/B 是对齐状态，表述相对正式；版本 C 则体现出明显的地域方言特征，表述明显俚俗化，见表 3。

表 3 《官话指南》三种版本中的亲属称谓差异

版本 A（北京官话）	版本 B（南方官话）	版本 C（粤方言）
父亲	父亲	老豆
母亲	母亲	老母
老子娘	老子娘	父母
兄弟（弟弟义）	兄弟（弟弟义）	细佬
弟兄姐妹	弟兄姐妹	兄弟姊妹
男人	男人	老公
妾	妾	妾氏
哥哥	哥哥	大佬/胞兄
姐姐	姐姐	亚姊
小舅子	小舅子	细舅
妹妹	妹妹	亚妹

《官话指南》版本 A/B 中亲属称谓完全一致，版本 C 中亲属称谓则采用了方言词，口语色彩浓重，多是民间俗称，而官话版本中采用俗称的仅

有“男人”、“老子娘”和“小舅子”三个词。版本 C 中的亲属称谓还带有明显的古语色彩，如“亚姊”“亚妹”“妾氏”“胞兄”等称谓。

《官话指南》母版是当时供日本人学习北京话口语的听说教材，第一卷《应对须知》，共 45 段内容短小的日常对话；第二卷《官商吐属》，共 40 章，主要是商业和官场题材的对话；第三卷《使令通话》，共 20 章，主要是主仆之间的对话材料；第四卷《官话问答》，共 20 章，主要是驻华使领馆与清政府官员的官场对话，相当于“外交汉语”，因此全书以口语语体编撰而成，属于“听说类”教材。版本 B 与版本 A 中称谓语的一致现象反映出南北官话的通语性质，而版本 C 中亲属称谓带有明显的古语色彩，则是因为粤语保留了较多宋代汉语的特点，“粤语发展演变到宋代，与中原汉语明显存在相当大的差异，这时的粤语与现代粤语已基本相同，可以说其语音和词汇都已成为现代粤语的基础”。①

3.1.2 《官话指南》三种版本中身份称谓的地域差异

《官话指南》两种官话版本 A/B 中，身份称谓表述方式大同小异，在 15 种身份称谓中，完全相同的有 12 种，占 80%，但在版本 C 中，粤语的表述与母版 A 完全不同，仅有“失主”一词与版本 B 相同，呈现出较为明显的地域差异，见表 4。

表 4 《官话指南》三种版本中身份称谓差异

版本 A（北京官话）	版本 B（南方官话）	版本 C（粤方言）
住房的	住房的	屋客
客人	客人	人客
外乡人	外乡人	外江人
本地的人	本地的人	本处人
年轻的人	年轻的人	后生
广东人	广东人	广东客
山西人	山西人	山西佬

① 参见侯精一主编《现代汉语方言概论》，上海教育出版社，2002。

续表

版本 A（北京官话）	版本 B（南方官话）	版本 C（粤方言）
事主	失主	失主
财主	财主	财主佬
乡下人/乡下老儿	乡下人/乡下老儿	乡下佬/村佬
孩子/小孩子/小孩儿	小孩子/小孩儿	童子/细蚊仔
人民	人民	商民
娘儿们	妇女	堂客
中国人	中国人	唐人
避难的	避难的	避难嘅

《官话指南》版本 A/B 中"客人"，版本 C 中为"人客"，与普通话在语素次序上恰好颠倒。另外，版本 C 在对译官话中的身份称谓时，使用了带有方言特色的词缀，如"-客、-佬、-仔、-嘅"，体现出浓厚的俚俗化色彩，如"屋客、广东客、山西佬、乡下佬、财主佬、细蚊仔、避难嘅"。官话版本 A/B 中的"中国人"，在版本 C 中为"唐人"，显然这是因为粤语词汇中保存了大量古汉语的词语，其中有的是民族共同语中已经不再使用的，有的在共同语中虽不再使用，但在书面语尤其是文言文中存留下来。

3.1.3 《官话指南》三种版本中职业称谓的地域差异

《官话指南》官话版本 A/B 中，职业称谓的表述方式依然大同小异，26 种职业称谓中完全相同的有 21 种，占 80.8%；粤语版与官话版的差异则非常显著，在版本 C 中与官话表述仅有"太监"一词相同，呈现出较为明显的地域差异，见表 5。

表 5 《官话指南》三种版本中职业称谓差异

版本 A（北京官话）	版本 B（南方官话）	版本 C（粤方言）
做官的	做官的	做官嘅
老公/太监	太监	太监
巡检	巡检	司官
包果子的	包果子的	拌主

续表

版本 A（北京官话）	版本 B（南方官话）	版本 C（粤方言）
估衣铺的人	估衣铺的人	估衣铺嘅
买卖人	买卖人	生意佬
买卖客人	买卖客人	山西客
管事	管事	管家
同人	同人	同事
跟班的	跟班的	跟班
底下人	底下人	下人/使唤人
跑堂儿	跑堂儿	企堂
替工	替工	替身
赶车的	赶车的	车夫
推小车子的	推小车子的	推车仔
送信的人	送信的人	带信嘅
看园子的人	看园子的人	看园嘅/看园人
会写字画的	会写字画的	画家
戏子	戏子	戏仔
种地的	种地的	耕田嘅
无赖子	无赖子	无赖脚色/烂仔/捞家
骗子手	骗子手	光棍/棍徒
掌柜的	管事的/老板/司务	事头
下夜的兵	查夜的兵	巡夜兵
大夫	郎中/医生	先生/唐医生
苦力	挑夫/挑子/小工	挑单/挑夫/咕哩

“店铺中总揽事务的人”在三个版本中分别被称为“掌柜的”“管事的/老板/司务”“事头”，呈现出明显的南北地域差异。例如：

（32）他在一個藥铺裏學過賣藥，去了有一個月，掌櫃的就不要他了。（A2-17）

（33）他在一個藥铺裏學過賣藥，去了有一個月，老闆就不要他了。（B2-17）

（34）佢喺一間藥鋪處學過，去曉一個月，個事頭就唔使佢咯。（C2-17）

另外，“苦力”是英语 coolie 的音译兼意译，版本 C 中写作“咕哩”，即为早期音译形式，后来南方官话和粤语地区出现“小工、挑夫”等多种意译形式，北京官话中则出现了音译兼意译形式——“苦力”，构词巧妙，语义明晰，成为共同语中的规范形式，并扩散到南方地区，显示出北京官话对南方方言的强势影响。例如：

（35）明天有一位客人要來，你帶着苦力把上屋裏拾掇出來。是。（A3-14）

（36）明天有一位客人要來，你帶着小工把上房裏收拾出來。是。（B3-14）

（37）聽日有位人客嚟，你帶啲咕哩去將上房裏執拾好佢。係咯。（C3-14）

（38）聽日有位人客嚟，你要帶箇苦力整乾净箇間客房。係咯。（E3-14）

对具有技艺性及一些特殊职业称谓的表述，《官话指南》三种版本中也有几组差异值得我们注意。一组是对“医生”的称谓，三种版本中差异明显，示例如下：

（39）趕到了家，可就病了，請大夫來瞧，說他是驚嚇，夾着點兒時令。（A2-28）

（40）趕到了家，卻就病了，請郎中來看，說他是驚嚇，夾着點兒時症。（B2-28）

（41）及到翻到屋唫，就得嘵病，請先生嚟睇，話佢系嚇親，兼夾有啲時氣。（C2-28）

（42）哼，那時候你請個中國大夫來也使得。（A3-7）

（43）哼，那時候你請個中國醫生來也可以。（B3-7）

（44）唔，個陣你去請個唐醫生來黎都做得。（E3-7）

宋代时“医官别设官阶，有大夫、郎、医效、祗候等”[①]，“大夫”“郎中”两个称谓据此而来。“先生”为对有专业技能者的尊称，在粤方言中常为“医生”的别称。从表 5 可知，北京官话中仅使用“大夫”，而南方官话和粤方言中均是两种表述混用，而在语用竞争过程中，来自南方官话和粤方言的“医生”以其明确的职业指向成为共同语中的规范形式。

官话中“VP 的”类型的称谓语，如“做官的、种地的”，粤方言中直接换成方言用字，变成“VP 嘅”，如“做官嘅”“带信嘅”。官话的构词后缀“子”，在粤方言中直接换成“仔”或“家”，如“戏子”“无赖子”，在粤方言中是“戏仔”“烂仔/捞家”。“-仔、-家”等词缀具有较强的构词能力，反映出粤语在称谓表述上带有明显的俚俗化色彩。与此相比，官话因带有通语性质，是有地位、有身份、有文化的人所操之“雅言”，词语更加庄重、典雅，多使用敬语、尊称。例如：

（45）您納貴姓？賤姓吴。請教台甫？草字資静。貴昆仲幾位？我們兄弟三個。（A1/B1-1）

（46）貴姓呀？小姓吴。台甫係？草别資静。有幾位昆季呢？三兄弟。（C1-1）

从例（45）~（46）可以看出，尽管三个版本均为口语语体，但是官话版本 A 和版本 B 中使用了敬语“您纳、请教、贵昆仲”，粤方言版本 C 中并未使用以上敬语，体现出较为浓厚的市井语言风格。

3.1.4　《官话指南》三种版本中姓名称谓和代词称谓的地域差异

从语料中来看，《官话指南》官话版本 A/B 中的姓名称谓没有差异，而

① 何九盈、王宁、董琨：《辞源（第 3 版）》，商务印书馆，2015，第 908 页。

粤语版本C中则改为较文雅的表述“×氏”。示例如下：

（47）這麼着我就找那個姓于的去，問他這件事，他一定不認。（A2-12）

（48）這麼的我就找那個姓于的去，問他這件事，他一定不認。（B2-12）

（49）我就去找個于氏，問佢呢件事，但系佢總唔認。（C2-12）

至于代词称谓，《官话指南》三个版本中在使用频次和表述方式上差异明显的是“您、您纳、阁下、尊驾”这四个称谓，对比如表6。

表6 《官话指南》三种版本中代词称谓差异

版本A（北京官话）	频次	版本B（南方官话）	频次	版本C（粤方言）	频次
您	272	您	262	/	/
您纳	18	您纳	14	/	/
阁下	52	阁下	55	阁下	87
/	/	/	/	尊驾	9

从表6可知，“您”“您纳”在版本B中与版本A相比使用数量略少，在版本C中则存在缺位现象，而“尊驾”则只出现在粤语版本C中。另外，“阁下”这一称谓语在版本C中使用频次较高。对照各版教材，我们发现版本B中存在将“您”改为“你”的现象，而“您”“您纳”缺位的粤方言中，则绝大多数将其改为平称“你”，示例如下：

（50）那好辦，趕您租妥之後，您可以告訴我説，您是匀出多少間來出租，我可以替您找住房的。（A2-1）

（51）那好辦，等您租妥之後，您可以告訴我説，你是匀出多少間來出租，我可以替你找住房子的。（B2-1）

（52）個啲容易，等你租成之後，你話聲我知，你分出幾多間黎租

過人，我就會替你找住屋客咯。（C2-1）

从语用风格上看，版本 A 尊称色彩浓厚，版本 B 次之，版本 C 相对较弱。作为一部由日本驻派北京公使主导编撰的汉语教材，版本 A 在称谓语的使用上自然体现出日本社会根深蒂固的尊卑观念，“日本式社会是一个按照年龄、性别、家族关系、社会关系的不同组织起来的拥有上下之分的阶层社会”。①

3.2 《官话指南》三种版本中称谓语南北差异的特征

3.2.1 亲属称谓差异较小，职业称谓差异最为明显

从称谓语整体差异来看，《官话指南》三种版本中社会称谓差异明显，其中以职业称谓差异最为明显。显然相对于社会称谓，亲属称谓的稳定性更高，“汉民族的宗法观念维持了几千年，以之为基础的汉语称谓场的稳固性也就极为突出”②，虽然亲属称谓有其演变的一面，但这种差异较社会称谓的转变而言则显得相对缓慢。

3.2.2 南北官话称谓语高度相似，粤方言称谓语趋古趋俗

从《官话指南》三种版本中称谓差异来看，南北官话差异较小，粤方言与官话间差异较大。其中，南方官话的亲属称谓及姓名、代词称谓都与北京官话相同，而身份称谓及职业称谓中的“邻舍、妇女、管事的、老板、郎中、挑夫”等少部分称谓具有地域特色，体现出南方官话的特征。粤方言中称谓语保留了较多古语词，其中又有受英语影响产生的新式用语，亦旧亦新，同时多俚俗口语。

北京官话和南方官话的形成都相对较晚，加之长江中下游地区与北方交通较为便利，操两种官话的人相互混杂，语言接触较为频繁，称谓语使用高度相似。而粤方言外部与北方有着五岭的地理阻隔，内部则“已经形成

① 〔日〕筑岛谦三：《“日本人论”中的中国人》，汪平等译，南京大学出版社，2008。

② 卞成林：《民族心理与汉语亲属称谓词系统》，《广西民族学院学报》（哲学社会科学版）1996 年第 4 期。

了具有自己的某些语言特点，但又大体同于汉语的一支有一定流通范围的方言之后，它便停止了接受北方汉语的进一步同化，甚至对这种同化产生抗拒的作用”①，因此，保留了较多中古汉语的语言成分，语言风格趋古趋俗。

4.《官话指南》三种版本中称谓语的语用竞争与讨论

4.1 称谓语在语用上呈现出南北竞争趋势

从《官话指南》多个版本中称谓语的语用差异来看，南方官话、北京官话和粤语中称谓语在语用上呈现出一种竞争合并态势：几种表述不同或混用的称谓语逐渐合并成一种，也有一些具有方言特色的称谓语进入民族通用语中，同时北京官话的一些称谓语也逐渐渗入各地方言中。我们使用“医生、老板、老公”三个称谓语来进行诠释。

4.1.1 称谓语“医生”

表“医生”这一职业群体的称谓，《官话指南》版本 A 中为“大夫”，版本 B 中则为“郎中/医生”，版本 C 中为“先生/唐医生”，版本 D 正文中为“大夫”，但在注释中则写明“大夫：大音‘带’，医生也。”版本 E 中则全改为“医生”。“医生”的高频使用表明该词已成为当时共同语中的规范用语。我们在“全国报刊索引库”② 中检索这三个称谓在 1912~1932 年的使用频次，也证实了这一现象，如表 7 所示。

表 7 “大夫”“郎中”“医生”的使用频次对比

时间段	大夫	郎中	医生
1912~1932 年	800	199	5411

4.1.2 称谓语“老板”

“老板”这一称谓属于南方官话特色词，《官场现形记》中便时有出现，

① 李新魁：《论广州方言形成的历史过程》，《广州研究》，1983 年创刊号，第 69 页。

② 全国报刊索引（cnbksy.com），https://www.cnbksy.com/。

如卷九中："这票号里的老板很同他往来。""'掌柜的'为清以来北方口语用词，'老板 '为清以来南方口语用词。"① 在版本 B 中，"老板"一词与北京官话的"掌柜的"对译。而在版本 D 中，虽然正文仍用"掌柜的"，但注释点出"掌柜的：老板也"，以"老板"作为注释语，表明在语用竞争中，相对于"掌柜的"一词，来自南方官话的"老板"进入汉民族共同语，并且占据了主要的语用地位。"全国报刊索引库"中检索"掌柜的""老板""管事的"三个称谓在 1881～1911 年、1912～1949 年的使用频次，如表 8 所示。

表 8 "掌柜的""老板""管事的"的使用频次对比

时间段	掌柜的	老板	管事的
1881～1911 年	15	89	8
1912～1949 年	287	11340	131

4.1.3 称谓语"老公"

《官话指南》中指称"丈夫"义的称谓，版本 A/B 中均为"男人"，而版本 C 中则为"老公"，版本 D 中"男人"和"丈夫"并用，而版本 E 中则改为"丈夫"。例如：

(53) 說是他男人，現在找了一個海船上管賬的事情。(A2-30)

(54) 說是他男人，現在找了一個海船上管賬的事情。(B2-30)

(55) 話佢老公，現在揾倒個席位系喺嗜船管賬嘅頭路。(C2-30)

(56) 說是他男人，現在找了一個海船上管賬的事情。(D2-30)

(57) 話佢丈夫，落咃只海船當管賬。(E2-30)

"老公"最初是表示"老年男子"的称谓，"老"表年龄或尊敬，后来"老"成为前缀，出现"丈夫"义。如元代《古今杂剧》中："我今日成就

① 张美兰：《〈官话指南〉汇校与语言研究（下）》，上海教育出版社，2017，第 655 页。

了你两个，久后你也与我寻一个好老公。"[1] 在明代"老公"义为"丈夫"已较常见，如《水浒传》中共出现 11 例，《醒世恒言》中有 42 例。到了清代，"老公"演化出"太监"这一职业别称义。《官场现形记》中有 26 例"老公"义为"宦官"，例如："军机处内阁六部，还有里头老公们，那一处不要钱孝敬。"[2] 我们在版本 A 中也发现了 1 例"老公"用法，义为"太监"。例如：

（58）心裏盤算，打算要上京當老公去，又尊貴，又弄錢，這麼着他就到了京裏。（A2-39）

"老公"作为表"丈夫"义的称谓经历了一定的发展后，在官话中又因为别义衍生而产生了消退，故在《官话指南》两个官话版本中均使用"男人、丈夫"。再如，《红楼梦》中也是使用"丈夫"或"男人"，而"老公"一词同样指的是"宦官"。例如：

（59）金桂见婆婆如此说丈夫，越发得了意，便装出些张致来，总不理薛蟠。（《红楼梦》第 79 回）

（60）张王氏哭禀道："小的的男人是张大，南乡里住，十八年前死了。"（《红楼梦》第 86 回）

（61）贾政贾赦等站着听了旨意，复又坐下，让老公吃茶毕，老公辞了出去。（《红楼梦》第 83 回）

在粤语地区，"老公"则继续意为"丈夫"，并逐渐变成带有方言特色的称谓。1886 年传教士波乃耶编著的粤语教材 *Cantonese Made Easy* 中有例句："佢有老公（or 男人）嘅，佢系一个孙，一个孙女同佢住。"[3] 此处波

---

① 何九盈、王宁、董琨：《辞源（第 3 版）》，商务印书馆，2015，第 3323 页。

② 以上数据检索自中国基本古籍库，http://dh.ersjk.com/spring/front/search。

③ Ball，J. Dyer. 1907. *Cantonese Made Easy*（*3rd ed.*）. Hong Kong：Kelly &Walsh，Ltd. Page 14.

乃耶专门以“男人”来注释“老公”，以区别于官话中的“宦官”之义。现代以后，“老公”从粤语地区逐渐进入普通话中，成为表“丈夫”义的常用称谓，既可用于背称，也可用于面称。

4.2 南北称谓语的语用竞争特征

4.2.1 称谓语既有地域特征，又兼容并存，双向互动

从语言内部来看，南北方言中的称谓语既自成体系，又兼容并存、相互竞争。例如，“您纳”是清末民初北方官话的用词，且逐渐渗透至南方官话中（参见表 6），与表尊称的词“您、尊驾、阁下”兼容并用。由于“您”表尊称简洁清晰，在语用中使用频次高，逐渐成为共同语的主流形式，“您纳”在民国时期以后退居到北方口语范围内，“尊驾、阁下”则在北方口语中逐渐消亡，只是在书面语中作为外交辞令用语还在使用。

从语言外部来看，南北地域间称谓语双向互动，具有强势地区方言向共同语扩散的趋势。由于南方官话和粤方言相对强势，伴随着南北地域间经济往来、政治影响和文化传播的深入，某些称谓语（如“医生、老板、老公”）在语言接触—竞争—演变中占据优势，逐渐进入共同语中，成为规范形式。

4.2.2 构式明确且指称明晰的称谓语具有优势地位

交际功能是语言的根本属性，因此称谓语中构式明确、指称明晰的成员在语用竞争中往往占据优势地位。例如，“老×”式称谓在汉语中较为常见，如“老爷、老师、老乡”等，“构成的名词具有表达尊敬、崇拜、敬畏或亲近、感情深厚的心理特征”（孙国秀，2005），“老板”作为清末民初日益受重视的私营工商业经营者，具有较高的社会地位，是普通民众或受雇者敬畏又渴望亲近的对象，因此，“老板”一词有着较广泛的接受度，并最终替代了“掌柜的、管事的、司务、事头”等形式，成为共同语中的规范用语。

“老公”同样是“老×”式称谓，与“老板”一样有着构式上的优势，晚清以来逐渐成为粤方言特色称谓，而与之对举的“老婆”则存在于北方方言中，随着“老公”进入共同语中，“老婆”一词也“补齐缺位”，逐渐

为共同语所接纳。“医生”则为后缀式称谓语，“×生”式称谓在汉语中也十分常见，如“学生、先生、门生”等，从构式角度而言存在被接受的基础。此外，“大夫”“郎中”指称“医生”，本由其官阶引申而来，自然带有明显的尊称色彩。随着民国时期民主平等思潮的传播，中性化的“医生”逐渐在语用竞争中占据优势地位，并成为共同语的规范形式。

5. 结语

《官话指南》南北三种版本中称谓语呈现出“大同”特征，同时体现出一定的地域差异。其中，社会称谓较亲属称谓差异明显，尤以职业称谓差异最为突出；南方官话与北京官话的差异程度较小，而粤方言与之差异较大。在称谓语的语用竞争方面，南北地域间的称谓语有着双向互动的特征，并有强势地区方言向共同语扩散的趋势。从语言内部来看，称谓语本身的特点会影响其在互动竞争中的表现，其中构式明确、指称明晰的成员更容易在竞争中占据优势地位。

参考文献

卞成林：《民族心理与汉语亲属称谓词系统》，《广西民族学院学报》（哲学社会科学版）1996 年第 4 期。

曹保平、邓霁月：《〈官话指南〉的敬辞、谦辞初探》，《海外华文教育》2019 年第 1 期。

崔希亮：《现代汉语称谓系统与对外汉语教学》，《语言教学与研究》1996 年第 2 期。

何九盈、王宁、董琨：《辞源（第 3 版）》，商务印书馆，2016。

侯精一主编《现代汉语方言概论》，上海教育出版社，2002。

郎元智：《民国时期国语运动探微》，《理论界》2007 年第 10 期。

李树新：《汉语传统称谓词与中国传统文化》，《内蒙古大学学报》（哲学社会科学版）1990 年第 3 期。

李新魁：《论广州方言形成的历史过程》，《广州研究》1983 年创刊号。

李宇明：《语言竞争试说》，《外语教学与研究》2016 年第 2 期。

吕美颐：《论清末官制改革与国家体制近代化》，《河南大学学报》（哲学社会科学版）1986 年第 4 期。

〔日〕六角恒广：《日本中国语教学书志》，王顺洪译，北京语言文化大学出版社，2000。

孙国秀：《“老×”构成的名词及其所反映的心理特征》，《语文学刊》2005 年第 2 期。

吴福祥：《关于语言接触引发的演变》，《民族语文》2007 年第 2 期。

徐丽：《〈官话指南〉称谓语研究》，《汉字文化》2020 年第 5 期。

徐武生、高文英主编《警察法学理论研究综述》，中国人民公安大学出版社，2013。

詹伯慧：《试论方言与共同语的关系》，《语文建设》1997 年第 4 期。

张美兰：《〈官话指南〉及其四种方言对译本的价值》，《国际汉语学报》2016 年第 7 期。

张美兰：《〈官话指南〉汇校与语言研究》（上、下），上海教育出版社，2017。

张磊主编《孙中山词典》，广东人民出版社，1994。

张卫东：《北京音何时成为汉语官话标准音》，《深圳大学学报》（人文社会科学版）1998 年第 4 期。

〔日〕筑岛谦三：《“日本人论”中的中国人》，汪平等译，南京大学出版社，2008。

Ball, J. Dyer. 1907. *Cantonese Made Easy(3rd ed.)*. Hong Kong: Kelly &Walsh, Ltd.

A Comparative Study of Appellations in Three Dialect Versions of *The Guide to Kuan Hua*（官话指南）

WANG Yanjun LIN Qiunian

Abstract: This paper compares the three versions of *The Guide to Kuan Hua*（官话指南）which is Beijing Mandarin, Southern Mandarin and Cantonese dialect. It is found that the appellation terms in the three versions are greatly similar with small differences. “The great similarity” proves that there is a profound linguistic foundation for the formation of contemporary common language. “The small differences” mainly show that only some of the identities and professional terms of the southern Mandarin edition are different from the edition of Beijing Mandarin.

There are more slang words and ancient words in the Cantonese edition, and more affixes such as-ke（客）, -zai（仔）, -lao（佬）. Secondly, there is a north-south interaction between appellation terms, and there is a tendency of the strong regional dialect to spread to the common language. Members with clear construction and referential clarity are easier to occupy a dominant position in the competition.

Keywords: foreign Chinese textbook, *The Guide to Kuan Hua*（官话指南）, appellation terms, dialect comparison

试从清末河间府方言文献看数量合音词“俩、仨”的合音过程[*]

刘亚男
（暨南大学文学院）

提　要　本文利用清末河间府方言文献中语法功能相当于“三个”的记录形式“三儿”，结合汉语方言中“数词+个”的合音情况，构拟了河间府地区数量合音词“仨”的合音过程：［san kə］→［saŋ gə］→［sa·ə］→［sar］→［sa］，进而类推“俩”的合音过程：［liaŋ kə］→［liaŋ gə］→［lia·ə］→［liar］→［lia］。通过历史文献比较，河间府方言“俩、仨”的合音速度比北京官话和山东方言要慢。

关键词　河间府方言　俩　仨　合音词

在汉语方言里，“俩”和“仨”是最常见的两个数量合音词。“俩”是“两个”的合音，“仨”是“三个”的合音，学界已有定论（赵元任，1927/2002；江蓝生，1994；冯春田，2002），但针对“俩、仨”的合音过程学界还有争议，原因可能在于学界对“俩、仨”合音过程的认识处在构拟和假想阶段，缺乏文献实证。

*　本文是教育部人文社科基金青年项目“从清末河间府珍稀方言文献看北京话语法的演变轨迹研究”（19YJC740041）、国家社科基金青年项目“基于传教士文献的河北方言语法演变研究”（21CYY006）、国家社科基金重大项目“清末民国汉语五大方言比较研究及数据库建设”（22&ZD297）的研究成果。感谢《汉语语言学》编辑部和匿名评审专家的宝贵意见，谨致谢忱。

在清末法国耶稣会传教士戴遂良（Léon Wieger，1856~1933）所编写的系列河间府（现河北献县一带）[①] 方言文献中，数量合音词“俩、三儿”的使用频率很高，且真实的口语语料和罗马字拼音的注音方式为我们重新审视“俩、仨”的合音过程提供了新的视角。本文所依据的清末河间府方言文献为当时的献县天主堂印书馆出版的一些教材、阅读课本，如《汉语入门：河间府方言》（*Rudiments de Parler Chinois*：*Dialecte du* 河间府，1895、1896，简称《河间府方言》）[②]、《民间传说》（*Narrations Populaires*，1903，简称《传说》）[③]、《民间道德与习俗》（*Marel et Usages*，1905，简称《习俗》）[④]、《汉语口语教科书》[⑤]（*Chinois Parlé Manuel*，1912，简称《教科书》）等，主要谈谈河间府方言文献中数量合音词“俩”和“三儿”的使用情况，并对汉语方言里“俩、仨”的形成过程提一点看法。

---

① 清朝的河间府隶属于直隶省，河间府下辖河间县、献县、肃宁县、阜城县、任丘县、交河县、宁津县、景州、吴桥县、东光县、故城县等 11 州县。戴遂良于 1887 年来华，1933 年逝世于献县，在华 46 年间，一直在直隶献县教区传教，一生绝大多数时间居住在献县（献县张庄天主教堂），因此，河间府文献所记录的方言主要指的是献县一带的方言（包括距离献县很近的河间方言），只是夹杂了一些周边其他地区的方言成分。

② 《河间府方言》是两卷本，内容分语音、语言结构、措辞三部分，采用“汉字—罗马字拼音—法语译文”的编排体例。本文所用的语料是第三部分，从第 176 课到 500 课，还有 10 篇对话，有 22 万余字。

③ 《传说》由 63 个长短不一的故事组成，这些故事底本取自《传家宝集》《笑林广记》《聊斋志异》《今古奇观》等，有 14 万余字。

④ 《习俗》由 23 个故事组成，很多改编自《圣谕广训直解》《传家宝集》等，还有作者对当地的见闻辑录，10 万余字。关于《习俗》的故事底本研究参看卢梦雅、任哨奇编译《民间道德、习俗与民间叙事》，陕西师范大学出版社，2022，第 8~13 页。

⑤ 《教科书》是《汉语入门：河间府》的改编本，正文也分语音、语言结构、措辞三部分，本文所用语料为第三部分，近 19 万字。该书扉页特别注明“koan-hoa du Nord, non-Pékinois”（北方官话，非北京话），作者又对书名中的“汉语”做了解释：“这里说的‘汉语’是指北方话，比如说从奉天到黄河流域一带所使用的语言。”据 Henri Bernard（1927）介绍，《河间府方言》出版以后，非常受周边教区神父甚至外国人的欢迎，为了迎合这部分人的需要，戴遂良推出了《教科书》，但 Henri Bernard（1927）同时指出“他十分不愿意舍弃河间府方言口语的长处”。将二者在语音、词汇、语法等方面进行比对后，我们认为《教科书》跟《河间府方言》一样，实际上还是一种河间府方言口语教材。

1. 清末河间府方言文献中的数量合音词“俩、三儿”

在河间府方言文献中，表示“两个”的场合绝大多数都用“俩”(leà)，“俩”共出现951例（“两个”只出现35例），有五种格式：“代词+俩”；“名词+俩”；“俩+名词”；“代词+俩+名词”；“俩”单用，例如：

(1) 北屋里只剩了俺俩，没有别人儿。(《河间府方言》P1076)

(2) 孩子说，俺爹做过知府，留下了俺们哥儿俩。(《传说》P424)

(3) 置买完了，还得剩下俩钱儿，赶初一这一天好打发带岁钱儿。(《习俗》P358)

(4) 老太太有俩丫头伺候着。(《教科书》P212)

(5) 他大伯管他衣裳，笔墨书纸，他俩叔管先生饭。(《河间府方言》P826)

(6) 过日子就是省俭这俩字儿要紧。(《教科书》P324)

(7) 我吃的时候，就想起来了，我就藏下了俩。(《传说》P34)

“代词+俩”中的“代词”为人称代词“俺、俺们、他、他们”等和指示代词“这、那”；“名词+俩”中的“名词”只见指人名词，且为亲属关系名词，如“孃儿、哥儿、夫妇、兄弟/弟兄”等，这两种格式中的“俩”可看作同位语。“俩+名词”“代词+俩+名词”中“名词”既可以是指人名词，也可以是指物名词，这两种格式中的“俩”作定语。“俩”单用大多作宾语，如例（7）。

在河间府方言文献中，表示“三个”的场合也多数用“三儿”（sā$^{\|}$），“三儿”共出现85例（“三个”33例）。在竖排的原文中，儿化的“儿”并不占据一个字符的位置，而是跟其他儿化词（如“穗儿、山尖儿、晒暖儿”等）中的“儿”一样，都是以小字形式并列排在需要儿化的词旁

边（实际上整理为“三儿”更为合适）；从读音来看，“三儿”的读音不是“sān”+“eull”①，而是 sā^{ll}，ll 附着于 sā 的右上角，这更能说明 ll 不是一个独立的音节。因此，“三儿”事实上已经是一个合音词了，但这个阶段的读音肯定不是“sān”或“sā”。文献中的“三儿”也有五种格式：“代词+三儿”；“名词+三儿”；“三儿+名词”；“代词+三儿+名词”；“三儿”单用。例如：

（8）那个人接过钱来，他们三儿就走了。（《传说》P48）

（9）蒙古地处，比方要有哥三儿的，就得俩当了喇嘛。（《河间府方言》P348）

（10）我，俩院里，一共四个孙子儿，三儿孙女儿，还有俩外甥女儿跟着。（《教科书》P302）

（11）看这一回，一人给他三儿大钱。（《习俗》P370）

（12）做贼的忌初五、十四、二十三，这三儿日子儿。（《河间府方言》P468）

（13）买了二十小鸡儿，只落了三儿。（《河间府方言》P766）

（14）谁没有相好的呢，三儿的三儿好，俩的俩好。（《教科书》1038）

河间府方言文献中数量合音词“俩、三儿”的使用情况可以总结为以下几点：

（1）“俩、三儿”的使用并不均衡，“俩”比“三儿”的使用频率要高得多；

（2）从语法功能来看，“三儿”跟“俩”一样，也是一个发展得相当成熟的数量合音词；

（3）“俩”的合音过程已经完成，而“三儿”还没有。

---

① 河间府方言文献中，“儿”的拼音标注为“eull”。

那“俩、仨”是何时产生的？又经历了怎样的发展过程呢？

2. 历史文献中数量合音词“俩、仨”的使用情况

据冯春田（2003）的考察，“俩、仨”在清初时期的汉语方言文献中就已经形成并使用较多了，《聊斋俚曲集》（以下简称《聊斋》）大约是出现“俩、仨”最早的文献，但字形上写作“掚”和“乽”。我们考察了清代的北京官话文献《红楼梦》（18世纪50~90年代）、《儿女英雄传》（19世纪40年代，简称《儿女》）、《语言自迩集——19世纪中期的北京话》（19世纪40~80年代，简称《自迩集》）、《京话指南》（1888，简称《京话》）、《小额》（19世纪90年代）、《燕京妇语》（1906，简称《妇语》）[①] 和山东方言文献《聊斋俚曲集》（清初，简称《聊斋》）、《德华字典》（1902，简称《德华》）、《官话类编》（1906，简称《类编》）、《简明官话课本》（1911，简称《简明》）、《汉语通释——官话教程》（1912，简称《通释》）[②]，发现数量合音词“俩”“仨”至少在清初的山东方言文献里就产生了，但“俩”“仨”的发展和使用情况却很不平衡，见表1。

---

① 《红楼梦》，（清）曹雪芹、高鹗著，人民文学出版社，2000；《儿女英雄传》，（清）文康著，人民文学出版社，1983；《语言自迩集——19世纪中期的北京话》，〔英〕威妥玛著，张卫东译，北京大学出版社，2002；《京话指南》，法国领事于雅乐（C. Imbault-Huart）编译，Péking：Typographie du Pei-T'ang | Paris：Eleroux，本文用的是第四部“语篇”，1888；《小额》，（清）松友梅著，刘一之标点、注释，世界图书出版公司，2011；《燕京妇语》（影印本），鳟泽彰夫编，日本好文出版，2013。

② 《聊斋俚曲集》，（清）蒲松龄著，《蒲松龄全集》，盛伟编，学林出版社，1998；《德华字典》（*Deutsch-Chinesisches Taschenwörterbuch*），德国传教士 Albrecht Welzel 编，胶州半岛总督府出版，1902；《官话类编》（*A Course of Mandarin Lessons, Based on Idiom*），美国北长老会传教士狄考文（C. W. Mateer）编，第二版，上海美华书馆，1906；《简明官话课本》（*A Short Course of Primary Lessons in Mandarin*），狄考文编，上海美华书馆，1911；《汉语通释——官话教程》（*Lehrgang der nordchinesischen Umgangssprache*），德国传教士费尔南德·莱辛（F. Lessing）和威廉·欧特曼（W. Othmer）所编，青岛中德印书馆和瓦尔·施密特出版社，1912。

表 1 北京官话文献和山东方言文献中"俩、仨"的使用情况

历时文献		"俩"的使用频次	"仨"的使用频次
北京官话文献	《红楼梦》	3	0
	《儿女》	226	1（撒）
	《自迩集》	43	1（仨）
	《京话》	18	0
	《小额》	55	1（三）
	《妇语》	20	3（三）
山东方言文献	《聊斋》①	58	2（叁）
	《德华》	0	0
	《类编》	20	4（三）
	《简明》	0	0
	《通释》	17	0

在清代以前的文献里，我们只在明代的《金瓶梅词话》中发现 1 例"俩"，但其后带有量词"个"，实际上是"两"，只是书写为"俩"：

（15）金莲道："俺俩个闷的慌，在这里下了两盘棋，时没做贼，谁知道你就来了。"（《金瓶梅词话》第 11 回）

根据文献考察，在《儿女》之前，"俩"还没有稳固地作为合音词使用，例如：

（16）丈人给了个银子锞，丈母偷着又给了俩。（《聊斋・禳》）

（17）凤姐听了，气的浑身乱战，又听他俩都赞平儿……（《红楼梦》第 44 回》）

（18）咱们俩个人一样的年纪，况又是同窗，以后不必论叔侄，只

① 这里的《聊斋俚曲》包括《姑妇曲》《翻魇殃》《禳妒咒》三种，这三种篇幅适中，语言风格也更为一致。统计数字据冯春田（2003：84）。

论弟兄朋友就是了。(《红楼梦》第9回)

(19) 姊妹俩个哭了一回。(《聊斋·番》)

(20) 小杂种太欺心，开开口就销撇人，有两钱就撑他娘那棍！(《聊斋·禳》)

(21) 你那里知道那“奴才”两字是怎么写的！(《红楼梦》第45回)

例(16)(17)“俩”是合音词，但例(18)(19)“俩”后都有量词“个”，实际上是“两”；例(20)(21)“两”后面没有量词，可以理解为“俩”。

《儿女》以后，“俩”这一书写形式作为“两个”的合音词使用才基本固定，例如：

(22) 李四说：“喂，你把咱们的绳杠也带来，这得俩人抬呀！”(《儿女》第4回)

(23) 我有点儿事使唤你，你到他那儿给借俩钱儿，无论他说是有无，一定得借点儿来。(《自迩集》，P108)

(24) 俩骡子搭着。(《京话》，P78)

(25) 伊老者……说：“我活了六十多岁，挨他俩嘴巴，我要跟他有完，我把伊字儿倒过来。”(《小额》，P13)

(26) 陈二偺们俩人把这两花盆往那么挪挪，这两花盆在这儿搁着有点儿碍事。(《妇语》，P96)

(27) 光你自己来了吗？我们两个/俩只僱一个牲口。(《类编》，P117)

(28) 你看笔管上刻着“画笔”俩字，说的是这个笔是画画用的……(《通释》，P175)

尽管还偶有“两”用如“俩”的现象，如例(26)中“两花盆”的“两”应为“俩”，但可以肯定的是，至少在清初的山东方言里“两个”的合音形式“俩”已经出现并较多地使用了，而“三个”的合音形式使用频率远远低于"俩"，且多用发生音变的"三"来标记。在以上我们所考察的北京官话文献和山东方言文献中，《聊斋》写作"参"，也有1例写作"撒"，《儿女》写作"撒"，《小额》《妇语》《类编》都写作"三"，只有《自迩集》写作"仨"，仅1例。例如：

（29）峡山有个呆瓜，呆瓜家中有个夜叉，夜叉若是开了赌打，我还打他俩仨（原文写作"蜽参"，"蜽参"不能加着重号，笔者注）。（《聊斋·禳》）

（30）撒官板儿①一位！瞧瞧这个凤凰单展翅！（《儿女》第38回）

（31）你这小少爷才是仨鼻子眼儿多出口气儿呢！（《自迩集》，P314）

（32）如今的人，有三钱的不和有俩钱的结交。（《类编》，P536）

（33）票子联这们一冷笑，说："老大，你别这们你我他们三（萨平声）的，听我告诉你，咱们是本旗太固山（音赛），你阿玛我们都是发小儿……"（《小额》，P24）

（34）太太这连去带回来也有三＊多月了罢。（个）（《燕》，P36）

例（32）中"三"《类编》原文注："三"的意思是"三个"，读"sa^1"。例（34）中"三"的后面有一个空格，翻排者注：原抄本在"三"字下抹去了"个"字。这个注很重要，说明口语中不说"三个月"而只说两个音节，由于还没有找到合适的形式标记"三个"，仍写作"三"，但实际读音很可能是"sā"（《小额》例证）。

由以上分析得知，跟数量结构"两个"变成数量合音词"俩"一样，"三个"大概也在同一时期开始了合音过程。不同的是，"两个"的使用频率很高，一经合音就有"俩"标记其合音后的形式了，而"三个"的使用频率要相对低很多，一直到赵元任（1927/2002：240）讨论该问题时，才为"便于纸上谈兵起见，姑且把它写做'仨'"，"仨"才最终成为"三

① 官板儿，明清时期铜钱的俗称。

个”合音后的形式①。

因此，用合音形式“仨”来标记“三个”是很晚近的事情。值得注意的是，从数量短语“两个、三个”到数量合音词“俩、仨”，目前的文献中并没有记录合音的中间状态，似乎一经合音就是［lia］、［sa］了。事实上，合音是语流音变的产物，必然会经历一个合音过程。那么，“俩”“仨”的合音过程是如何发生的呢？

3. 数量合音词“俩、仨”合音过程再探

最早谈到“俩、仨”合音过程的是赵元任（1927/2002），之后赵元任（1980：287~288）进一步阐述：首先，元音之间的“个”的声母“g”很容易弱化成响亮音“r”而消失，只留下一个央化的元音尾“e”（如“四呃、五呃”）；韵尾辅音消失之后，剩下加长了的“a”，“a”再跟央化的“e”组合成“ae”；这种复元音跟整个汉语音韵系统不合，“e”消失，就形成了［lia］、［sa］。赵元任将“俩、仨”的合音过程拟为：liaŋᵓ（两个）→liaŋᵊ（两个）→liãᵊ（两呃）→liãa（两啊）→lia（俩），saŋᵓ（三个）→saŋᵊ（三个）→sãᵊ（三呃）→sã（三啊）→sa（仨）。对于这一合音过程，赵元任（1927/2002：246）也承认“不过是一种就事实的分析而推测出来的解释法，并不是根据史料而重建出来的俩、仨史”。冯春田（2002：42-44）根据历史上和现代汉语方言里同类结构“四个、五个、六个”等的弱读形式“四啊、五哇、六哇”等，认为连说音变导致“个”的声母发生弱化和消失及韵母发生音变，推测“两个”“三个”在形成合音之前连说音变的可能状态是［liaŋ a/ia］、［san a/ia］，因此，“俩、仨”的合音过程应该是：［liaŋ kə/kuə］→［liaŋ a/ia］→［lia］，［san kə/kuə］→［san a/ia］→［sa］。冯先生认为赵先生所说的“个”音变为［ə］与历

① 在我们考察的北京官话文献和山东方言文献中，只有《自迩集》1例“仨”，很难认定“仨”这一合音形式在清末就已经出现。

史语言事实不符，与现代方言所体现的变音规则也不完全相符，同时没有考虑到“两、三”的语音特点在连说时对“个”变音形式的影响。孔祥卿(2005：115）认同“个”音变为［ə］，并分析了河北辛集话“俩、仨”的合音：两 liaŋ^{3} 个 kə→liaŋ^{3}gə→liaŋ^{3}ŋə→lia^{3}ə→lia^{3}→li^{3}ɔ（俩），三 san^{1} 个 kə→saŋ^{1}gə→saŋ^{1}ŋə→sa^{1}ə→sa^{1}→sɔ（仨），指出在连说疾说的时候，处于中间位置的前一音节的韵尾辅音和后一音节的声母辅音 ŋ 被挤压掉，就成了 lia^{3}ə、sa^{1}ə，不是复合元音，还是两个音节，只是第二音节是非常弱的央元音，所以在快读时就失落了。

从“三个”到“仨”，首先，“三”韵尾［n］受“个”声母是舌根音的影响，同化为［ŋ］韵尾，同时弱读音节“个”又受前一音节浊鼻音韵尾的影响，其声母浊化变读为［g］，因此，合音的第一步是从［san kə］到［saŋ gə］。其次，是［saŋ］辅音韵尾和［gə］的声母脱落，变读为［sa·ə］（“三呃”）。就河间府方言文献及当代河北相关方言的情况来看，我们倾向于“个”声母脱落，弱读为［ə］而不是［a/ia］，原因有二：一是目前所见历史文献中并不存在“两啊/呀、三啊/呀”这样的弱读形式，但“三儿”是存在的，从近 70 万字的河间府方言文献来看，比起“三啊”，“三儿”更接近“三呃”；二是根据目前所报道的方言材料（主要是北方方言），“俩、仨”的同类结构“四个、五个、六个”等弱读为“四呃、五呃、六呃”要比弱读为“四啊、五哇、六哇”的分布范围广得多，如河南临颍方言（高颖颖，2010）“四个、五个、七个”分别读［sɿ^{31}o］、［u^{53}uo］、［ts^{h}i^{53}io］，河南偃师方言（马克章，1997）“四个、五个、七个”音变为［suo^{51}］、［uo^{51}］、［ts^{h}yo^{53}］，河南登封方言（方少鹏，2012）“四个、五个、六个、七个”等音变为［sɿə］、［uə］、［liəuə］、［ts^{h}ɿə］①，笔者调查的河南郑州方言“一个、四个、五个、六个”等的合音形式更短，分别为［yə］、［sɿə］、［uə］、［liə］。河北方言也是如此，当代河间、献县一带方言“五个、六个”的合音形式分别为［u^{213}·uə］/［liuə^{41}·uə］、［u^{213}·

① 河南大部分地区的方言数词“一”到“十”及逢整数都有合音，见参考文献，不赘。

uɔ] / [liuə^{31} · uɔ]，还有河北辛集话（孔祥卿，2005）“四个、五个、六个”的合音分别是 [sə^{4}]、[wu^{3} · wə]、[liou^{4} · wə]，河北曲周方言（张晓佳，2016）“四个、五个”的合音分别是 [sə^{212}]、[wə^{42}]，据刘薇（2008）的考察，河北地区“个”的韵母为 [ə] 最为普遍，而“数词+个”在河北绝大多数地区“个”都会声母脱落，弱读为 [ə]，只有个别地区为 [ɔ] / [a]。

前面提到河间府方言文献中“三个”的合音形式写作“三儿”，罗马字拼音为“sā^{ll}”，转为现代国际音标则为 [sɑr]。那么，儿化 [r] 是不是文献对 [ə] 的记音呢？并不是。在河间府方言文献中，类似 [ə] 的韵母，对应的罗马字拼音是 eue，比如“哥 keue，heue”“讹 neue”，只有“个”标注为 ke，而 [ɚ] 对应的韵母是 eull，因此，“三儿”并不是“三呃”。那么，“三儿”处于合音过程中的哪一个阶段呢？

尽管第二音节是轻声弱读音节，但 [sɑ · ə] 还是两个音节，而 [sɑr] 表面上是在 [sɑ] 的基础上加上卷舌动作，实际上是对其上一阶段的进一步弱读快读的标记，[sɑr] 已经可以看作一个音节了。最后，[r] 进一步脱落，“仨”完成合音。

需要说明的是，河间府方言文献中绝大多数“儿”要么能区别词义（眼—眼儿）、词性（盖—盖儿），要么表达一定的感情色彩（老东儿、老西儿①），唯有“三儿”中的“儿”跟区别词义、词性和表达感情色彩无关，而是对量词“个”声母脱落、韵母发生音变的一种标记，可以说“儿”在这里的作用只是记音，也正是这一真实记录，为我们窥测“仨”的合音过程提供了一些文献证明。

综上所述，从河间府方言文献及当代河北相关方言的情况来看，“仨”的合音过程可以拟为：[san kə] → [saŋ gə] → [sɑ · ə] → [sɑr] → [sɑ]。另外，“两个”的使用频率很高，其很早就发生了合音，导致我们难以在历时文献中找到从“两个”到“俩”中间的过渡状态，但从“仨”的

---

① “老东儿、老西儿”分别指山东人、山西人，带有戏谑的色彩。

合音过程来看，我们可以类推“俩”的合音过程为：［liaŋ kə］→［liaŋ gə］→［lia・ə］→［liar］→［lia］。

4. 结语

本文利用清末河间府方言文献中语法功能相当于“三个”的记录形式“三儿”，结合汉语方言中“数词+个”的合音情况，构拟了河间府地区数量合音词“仨”的合音过程：［san kə］→［saŋ gə］→［sa・ə］→［sar］→［sa］，进而类推“俩”的合音过程：［liaŋ kə］→［liaŋ gə］→［lia・ə］→［liar］→［lia］。

数量合音词的发展具有地域不平衡性。从历时文献来看，在清初的北京官话文献和山东方言文献中，“仨”的合音已经完成，只是直到清末在字形上还没有统一；在清末的河间府文献中，“仨”的合音过程还没有最终完成，可以说，在数量词的合音上，河间府方言比北京官话和山东方言演变的速度要慢，也正因此，我们得以重新审视“仨”的合音过程。从当代方言材料来看，在河南很多方言中，数词“一”到“十”跟“个”组成的数量短语已经合为一个音节，如上文提到的河南郑州方言，而河北方言中，大多还停留在两个音节的阶段。方言地域分布的连续性差异往往蕴涵时间差异，方言地域发展的不平衡性有助于我们勾勒其他数量合音词的合音过程。

参考文献

〔法〕戴遂良：《民间道德、习俗与民间叙事》，卢梦雅、任哨奇编译，陕西师范大学出版总社，2022。

方少鹏：《登封话词汇研究》，新疆师范大学硕士学位论文，2012。

冯春田：《数量结构合音词“俩”、“仨”的几个问题——兼评赵元任先生的“失音”说》，《语言研究》2002 年第 2 期。

冯春田：《〈聊斋俚曲〉语法研究》，河南大学出版社，2003。

高颖颖：《临颍方言词汇研究》，广西师范大学硕士学位论文，2010。

江蓝生：《〈燕京妇语〉所反映的清末北京话特色》，《语文研究》1994年第4期。

兰陵笑笑生：《金瓶梅词话》，人民文学出版社，1985。

孔祥卿：《河北辛集话的合音现象与合音词——兼谈普通话合音词“俩”“仨”“别”的来源》，《南开语言学刊》2005年第2期。

刘薇：《河北方言“个”读音研究》，河北师范大学硕士学位论文，2008。

马克章：《也谈北京话的“俩”“仨”——为纪念恩师孟非先生逝世五周年而作》，《乌鲁木齐成人教育学院学报》1997年第4期。

张晓佳：《河北曲周方言词汇研究》，河北师范大学硕士学位论文，2016。

赵元任：《俩、仨、四呃、八呃》，《东方杂志》第24卷第12号，1927；又见《赵元任语言学论文集》，商务印书馆，2002。

赵元任：《中国话的文法》，丁邦新译，香港中文大学出版社，1980。

Henri Bernard. 1927. *Bibliographie méthodique des œuvres du père Léon Wieger*, T'oung Pao, Second Series, Vol. 25, No. 3/4.

A Study on the Process of Merging Syllables in [lia] [sa] from the Dialectal Documents of Ho-Kien Fu in the Late Qing Dynasty

LIU Yanan

Abstract: This article uses the record form "sāll" in the dialect documents of Ho-Kien Fu, which has a grammatical function equivalent to "three", and combines the phonetic situation of "numerals+ge" in Chinese dialects to construct the process of merging syllables [sa] in Ho-Kien Fu dialect: [sɑn kə]→[sɑŋ gə]→[sɑ · ə]→[sɑr]→[sɑ]. Furthermore, the process of merging syllables [lia] can be inferred as follows: [liɑŋ kə]→[liɑŋ gə]→[liɑ · ə]→[liɑr]→[liɑ]. Through historical literature comparison, the merging speed of combined-syllable words in Ho-Kien Fu dialect is slower than that of Beijing and Shandong.

Keywords: Ho-Kien Fu dialect, lia, sa, combined-syllable words

《老乞大》中助词“了”与“也”的历时演变*

叶彬彬

（广东财经大学人文与传播学院/网络传播学院/出版学院中国语言文学系）

提　要　元代《原本老乞大》中动态助词“$了_1$”受蒙古语和汉语语言接触的影响而更容易在句末与语气助词“也”连用；明代《老乞大谚解》中表示对已然事件判断的语气助词“也”被优先改写为句末助词“$了_2$”；清代《老乞大新释》中表示对未然事件推测的语气助词“也”进一步被改写为句末助词“$了_2$”，语气助词“也”基本消失。对《老乞大》系列诸版本的对比研究直接反映了助词“了”与“也”在元、明、清三代的演变轨迹。

关键词　《老乞大》　“了”　“也”　版本对比

0. 引言

域外汉语教材是历时语法研究的重要参考语料，《老乞大》系列教材有元、明、清三个时期的不同版本，成为该时期语法历时演变的直接证明，具有其他文献资料所没有的内容相同、时代版本不同的优势。汪维辉

* 本成果为2020年度国家社科基金项目“晚清域外汉语教材语法对比研究及检索语料库建构”（20BYY122）阶段性成果，特此感谢。

（2005：3）称《老乞大》诸版本的比较研究有助于探寻元、明、清三代汉语演变的轨迹，在汉语学界兴起了一阵研究热潮。李泰洙、江蓝生（2000）以《老乞大》的四个版本《原本老乞大》《老乞大谚解》《老乞大新释》《重刊老乞大》为语料，重点讨论了宾语语序的变化问题，证明元、明时期《老乞大》中的汉语表达受阿尔泰语（主要是蒙古语）中 SOV 语序的影响。王衍军（2013）对朝鲜时代汉语教科书《老乞大》《朴通事》系列教材和《华音启蒙谚解》中的能性述补结构进行对比分析，发现“V 得/不得（O）”式的使用频率在元、明时期较高，但在清早期开始下降，而“V 得/不 C（O）”式逐渐发展起来。

《老乞大》系列教材现存多个版本。据考证，《原本老乞大》编写年代“不晚于 1346 年前几年”，成书于元末，反映了地道的元代北方口语（李泰洙，2000）。朝鲜语文学家崔世珍以 1483 年经过中国使臣葛贵等修改过的底本为汉文本，对《老乞大》逐字注音、逐句翻译，世称《翻译老乞大》，其修改本《老乞大谚解》的汉语部分与《翻译老乞大》基本一致，且前者为目前研究的主要版本，为避免重复，本文选取《老乞大谚解》作为反映明代北方官话的版本。《老乞大新释》由边宪所编，1761 年刊行，口语化程度极高，是“清代前期北方口语的实录”（汪维辉，2005：104），可作为反映清代北方官话的版本。为行文简明起见，下文将《老乞大》系列教材中的《原本老乞大》《老乞大谚解》《老乞大新释》分别简称为《原老》《老谚》《老新》，分别反映了元、明、清三代北方官话的语言面貌。

目前汉语历史句法学界对助词“了”的研究多集中于语法创新阶段的唐、宋时期，对语法扩散阶段元、明、清时期的研究则相对不足。Croft（2000）区分了语法演变过程中的两个阶段：演变发生阶段是某种新的语法形式发生于某个受限的语境中，演变扩散阶段则是该语法形式扩展至其他语境。吴福祥（2005b）认为语法创新仅指演变的发生，而语法演变则包括演变的发生、扩散至最终完成的整个阶段，汉语语法的历时演变研究常将复杂的语法演变过程等同于单纯的语法创新。唐、宋时期是动态助词“了$_1$”与句末助词“了$_2$”从实词语法化为虚词的关键阶段，也是目前汉语历史句法学界关注的焦点所在，围绕语法创新阶段中助词“了”的讨论充分、热度极高（王力，1957/1980：297~300；曹广顺，1995：10~25、84~96；吴福祥，1998；杨永龙，2001：98~181；林新年，2006：15~42）。相对而言，助词“了”在语法扩散阶段元、明、清时期的表现有待进一步讨论。通过对《老乞大》元、明、清时期各版本中的语料进行定量分析，可直观观察助词“了”在语法扩散阶段的演变。对助词“了”的统计需从形式上区分动态助词“$了_1$”与句末助词“$了_2$”，本文将位于动词或形容词后且不位于句末的“了”归为动态助词“$了_1$”，后无其他成分的“了”则归为句末助词“$了_2$”（金立鑫，2002）。

关于语气助词“也”的历史流变问题早有讨论，其与助词“了”的关系也有所涉及，但缺少直接有力的历时语料作为证据。罗骥（1994）发现北宋时期的《禅宗语录》《二程语录》《全宋词》中语气助词“也”的数量远超句末助词“$了_2$”，说明北宋时期表示事实变动仍以语气助词“也”为主，句末助词“$了_2$”仍未占据主导地位，并以元剧中语气助词“也”的用例来证明元代仍留存部分语气助词“也”。孟子敏（2005）基于元杂剧中语气助词“也”“呀”“啊”均有用例，推测语气助词“也”在元代开始被“呀”“啊”代替，而清代《儿女英雄传》在文白语境中分别使用语气助词“也”、“呀”与“啊”，说明清代北京话中语气助词“也”逐渐向“呀”“啊”过渡。然而，以上研究所分析的历时语料并非基于同一内容，无法排除语境、语体等因素的影响，难以确定助词“也”与“了”的使用情况是否只因时代因素而演变。《老乞大》系列教材是根据元、明、清时期语言演变而对同一内容作出修改，明代《老谚》和清代《老新》对元代《原老》中助词“了”与“也”的改动，直接、有力地反映了元、明、清时期北方官话中助词“了”与“也”的发展变化。

1. 动态助词“$了_1$”与语气助词“也”在句末连用

动态助词“$了_1$”与语气助词“也”在句末连用的现象在《老乞大》

元、明、清版本中逐渐式微：元代的《原老》常在句末连用动态助词“$了_1$”与语气助词“也”，共有 30 例；明代的《老谚》中句末连用的动态助词“$了_1$”与语气助词“也”大部分已消失，仅保留 10 例；清代的《老新》中已无该用例，基本上将其改写为句末助词“$了_2$”。

表 1 《老乞大》系列教材中句末连用动态助词“$了_1$”与语气助词“也”的用例统计

单位：例

	《原老》	《老谚》	《老新》
V+$了_1$+也	4	0	0
S+V+$了_1$+也	5	2	0
O+V+$了_1$+也	17	7	0
S+O+V+$了_1$+也	2	0	0
Adj. +$了_1$+也	2	1	0
总计	30	10	0

如表 1 所示，《老乞大》系列教材中句末连用动态助词“$了_1$”与语气助词“也”的用例可分为以下五种情况。

第一，省略主语，谓语后连用动态助词“$了_1$”与语气助词“也”，句式为“V+$了_1$+也”。元代的《原老》中有 4 例，明清时期的《老谚》《老新》中均无用例。

（1）a. 早修起了也。更比在前高二尺、阔三尺，如法好有。（《原老》）

b. 早修起了，比在前高二尺、阔三尺，如法做的好。（《老谚》）

c. 早修起了。比在先高二尺阔三尺，越发做的甚好。（《老新》）

（2）a. 人叫唤有：“大了也，恰好者！”“射歪了也！”（《原老》）

b. 人叫唤：“大了！才射的歪了。”（《老谚》）

c. 众人叫唤的时候：“射的歪了！又失手放！”（《老新》）

例（1a）元代《原老》在谓语动词“修”后加趋向补语“起”，先以动态助词“了$_1$”表示动作的完成，再以语气助词“也”结句。例（1b）（1c）明清时期的《老谚》《老新》均将《原老》句末连用的“了也”改写为句末助词“了$_2$”。例（2a）元代《原老》在谓语动词“射”后加结果补语“歪”，在句末连用动态助词“了$_1$”与语气助词“也”。例（2b）（2c）明清时期的《老谚》《老新》将《原老》中的结果补语“歪”改为状态补语“的歪”，并将句末连用的“了也”改写为句末助词“了$_2$”。

第二，主语和谓语后连用动态助词“了$_1$”与语气助词“也”，主语是施事，属于施事主语句，谓语为动词，句式为“S+V+了$_1$+也”。元代的《原老》中有5例，明代的《老谚》中保留2例，清代的《老新》中已无用例。

（3）a. 己赢了也。输了的做宴席者。（《原老》）
b. 我赢了。输了的，做筵席着！（《老谚》）
c. 我赢了，你输了，就罚一遭筵席，请我们。（《老新》）

（4）a. 宴席散了也。（《原老》）
b. 这筵席散了。（《老谚》）
c. 这筵席散了。（《老新》）

例（3a）（4a）元代《原老》在主谓短语“己赢”“宴席散”后加上动态助词“了$_1$”表示动作的完成，再以语气助词“也”结句。例（3b）（3c）（4b）（4c）明清时期的《老谚》《老新》均将《原老》句末连用的“了也”改写为句末助词“了$_2$”。

第三，前置宾语为受事，谓语动词位于其后，属于受事主语句，在谓语动词后加动态助词“了$_1$”，以语气助词“也”结句，句式为“O+V+了$_1$+也”。元代的《原老》中有17例，明代的《老谚》中保留7例，清代的《老新》中已无用例，是句末连用“了也”最常见的句式。

（5）a. 这个马悔交了也，该着五定价钱。（《原老》）

b. 这个马悔了，该着八两银价钱。(《老谚》)

c. 这个马悔了，该除八两银。(《老新》)

(6) a. 牙税钱都算了也。俺这马契，几时税得了？(《原老》)

b. 牙税钱都算了。我这马契几时税了？(《老谚》)

c. 牙税钱都算了，我这马契多站要税了来？(《老新》)

(7) a. 替子，全买了也。(《原老》)

b. 替子，都买了。(《老谚》)

c. 稍绳，都买了。(《老新》)

(8) a. 这段（缎）子也买了也。(《原老》)

b. 这段（缎）子也买了。(《老谚》)

c. 这紬（绸）子也买了。(《老新》)

(9) a. 这段（缎）子买了也。(《原老》)

b. 这段（缎）子买了也。(《老谚》)

c. 这缎子买了。(《老新》)

(10) a. 这杂带都买了也。(《原老》)

b. 诸般的都买了也。(《老谚》)

c. 这几样的又都买了。(《老新》)

例（5a）元代《原老》中“这个马”是承受动作“交”的客体，将宾语前置构成受事主语句，谓语动词“交”后加动态助词“了$_1$”表示动作的完成，以语气助词“也”结句。例（5b）（5c）明清时期的《老谚》《老新》将《原老》在句末连用的“了也”改为句末助词“了$_2$”。例（6a）元代的《原老》中“牙税钱”是动作“算”指向的对象，构成受事主语句，谓语动词“算”后连用动态助词“了$_1$”和语气助词“也”，例（6b）（6c）明清时期的《老谚》《老新》将其改为句末助词“了$_2$”。

明代《老谚》是否将元代《原老》句末连用的“了也”改为句末助词“了$_2$”并无明显规则。如例（7b）~（10b）所示，在受事主语句中，“替子”“段（缎）子”“这杂带”均为谓语动词“买”指向的对象，但例（7b）

(8b)将《原老》句末连用的“了也”改写为句末助词“$了_2$”，例(9b)(10b)则保留《原老》句末连用的“了也”。尤其是例(8b)(9b)位于同一段连续的对话中，同样将宾语“段(缎)子”前置，语境句式基本一致，例(8b)改用句末助词“$了_2$”，例(9b)却保留句末连用的“了也”。如例(5c)~(10c)所示，清代《老新》已将全部在句末连用的“了也”改写为句末助词“$了_2$”。

第四，将宾语提前，置于主语与谓语之间，谓语动词后加动态助词“$了_1$”，以语气助词“也”结句，句式为“S+O+V+$了_1$+也”。元代的《原老》中有2例，明清时期的《老谚》《老新》中均无保留。

(11) a. 咱每饭也吃了也，与了饭钱去来。(《原老》)

b. 咱们饭也吃了，与了饭钱去。(《老谚》)

c. 咱们饭也吃了，给他饭钱罢。(《老新》)

(12) a. 俺行货都卖了也。正待卖回去的行货，寻思不定，恰好你来到。(《原老》)

b. 我货物都卖了，正要买回去的货物，寻思不定，恰好你来到。(《老谚》)

c. 我们货物都卖了，正要买些货物回去，商量未定，恰好你来到了。(《老新》)

例(11a)(12a)元代《原老》中分别将宾语“饭”“行货”提前，置于主语“咱每(们)”与谓语“吃”、主语“俺(我)”与谓语“卖”之间，在谓语动词后加动态助词“$了_1$”表示动作的完成，与语气助词“也”在句末连用，明清时期的《老谚》《老新》则将句末连用的“了也”改写为句末助词“$了_2$”。

第五，形容词后连用动态助词“$了_1$”与语气助词“也”，句式为“Adj.+$了_1$+也”，元代的《原老》中有2例，明代的《老谚》中有1例，清代的《老新》中无用例。

（13）a. 酒也醉了，茶饭也饱了也。（《原老》）

b. 我们酒也醉了，茶饭也饱了。（《老谚》）

c. 我们酒也醉了，饭也饱了。（《老新》）

例（13a）元代《原老》在形容词谓语“饱”后加动态助词“$了_1$”，以语气助词“也”结句，例（13b）（13c）明清时期的《老谚》《老新》均将句末连用的“了也”改写为句末助词“$了_2$”。例（2a）元代《原老》在形容词谓语“大”后连用“了也”，例（2b）明代《老谚》也将其改写为句末助词“$了_2$”。

元代《原老》在句末连用“了也”现象较为普遍，明代《老谚》中保留部分“了也”，清代《老新》中则完全消失，对此有两种不同的解释。

一种解释是句末助词“$了_2$”在元代尚未完全成熟，有一部分功能是由语气助词“也”承担，因此在句末动态助词“$了_1$”与语气助词“也”共现是比较常见的现象。刘勋宁（1985）通过比较山西方言和近代汉语《祖堂集》中的用例，推测句末助词“$了_2$”可能由句末连用的“了也”合音而成。

另一种解释则是元代《原老》中句末“了也”的出现频率较高，可能与元代蒙古语和汉语的语言接触有关。祖生利（2002）发现元代白话碑文中对译蒙古语过去时的汉语表达主要用“了”“来”，也用“了也”“了来”等。之后，祖生利（2007）通过分析元代《元章典》《通制条格》等从蒙古语原文翻译而来的直译体语料，进一步将元代蒙式汉语中完成体标记“了”、表事件曾经发生的“来”和语气助词“也”常组成“了也”“了来”“来也”表示过去时的原因归结为受蒙古语和汉语的双重影响。蒙古语表过去时的后缀/la·a//le·e//la·ai//le·ei/语音上与“了”“来”相似，因此很容易对译为“了”“来”，由于受蒙古语 SOV 语序的影响，动词谓语后加的动态助词“$了_1$”常置于句末，出于汉语的语言习惯加上句末语气助词“也”“来”，从而导致“了也”“了来”在元代汉语句末出现。《原老》句末连用“了也”的用法“O+V+$了_1$+也”“S+O+V+$了_1$+也”均将宾语前置，可能受到蒙古语SOV句式的影响。阿尔泰语、蒙古语以SOV/OV作为基本语序，而汉语本身就有受事主语句，经过重新分析后导致元末《原老》中SOV/OV句式大量出现（李泰洙、江蓝生，2000）。

（14）a. 我夜来错记了来。(《原老》)

b. 我夜来错记了。(《老谚》)

c. 我昨日错记了。(《老新》)

（15）a. 俺沿路上慢慢的行着等候来。为那上，迟了来。(《原老》)

b. 我沿路上慢慢的行着等候来，因此上来的迟了。(《老谚》)

c. 我因有个朋友落后了，所以在路上慢慢的走着，等候他来，故此来的迟了。(《老新》)

元代汉语除了倾向于在句末使用“了也”组合，“了来”组合也会出现。如例（14a）（15a），元代《原老》在动词谓语“记”、形容词谓语“迟”后于句末连用“了”“来”，明清时期的《老谚》《老新》均改为用句末助词“了$_2$”。

2. 语气助词“也”改写为句末助词“了$_2$”

《老乞大》系列教材中句末助词“了$_2$”与语气助词“也”用例数之比，在元代《原老》中为82/118，在明代《老谚》中为145/37，在清代《老新》中则为211/2。句末助词“了$_2$”的使用数量显著上升，从元代《原老》的82个，上升至明代《老谚》的145个，再升至清代《老新》的211个，数量飙升。与此同时，语气助词“也”用例则遭遇断崖式下降，从元代《原老》中的118个骤降至明代《老谚》中的37个，清代《老新》中仅留存2个，语气助词“也”在北方口语中基本消亡。这反映了元明清时期北方口语中语气助词“也”逐步改写为句末助词“了$_2$”，语气助词“也”已近消亡，句末助词“了$_2$”的用法走向成熟。

2.1 明代语气助词“也”部分改写为句末助词“了$_2$”

通过分析元、明时期《原老》《老谚》中语气助词“也”和句末助词“了$_2$”的情况，可进一步描述语气助词“也”向“了”转变的阶段及顺序。元代《原老》共有语气助词“也”118例，其中45.76%在明代《老谚》中改写为句末助词“了$_2$”，另有21.19%仍被保留，其余均已消失。

语气助词“也”主要用于判断句中，表示论断、肯定语气。马建忠（1898/1983：325）在《马氏文通》中指出“也”是传信助词，“所以助论断之辞气”。在实际使用中，语气助词“也”可分别用于对已然和未然情况的判断：前者是对已完成情况的主观判断，后者则是对将来发生情况的推断。

首先，表示对已然情况判断的语气助词“也”在明代《老谚》中更可能被改写为句末助词“了$_2$”。元代《原老》中语气助词“也”在明代《老谚》中改写为句末助词“了$_2$”共有54例，其中12例是对未然情况的推断，仅占22.22%，而42例是对已然情况的判断，占77.78%，可分为以下三种用法。

第一种用法是元代《原老》中不与动态助词“了$_1$”同现的语气助词“也”，在明代《老谚》中被改写为句末助词“了$_2$”。

（16）a. 兀的灯来也，壁子上挂者。（《原老》）

b. 这的灯来了，壁子上挂着。（《老谚》）

（17）a. 日头这般高也。前头又无甚店子，咱每则投兀那人家，糴些米自做饭吃去来。（《原老》）

b. 日头这般高了，前头又没什么店子，咱们只投那人家糴些米，自做饭吃去来。（《老谚》）

例（16a）元代《原老》中语气助词“也”是说话者对已然事件“灯来”的判断，例（16b）明代《老谚》将谓语动词“来”后的语气助词

“也”改写为句末助词“了$_2$”。例（17a）元代《原老》中语气助词“也”是对已然事件“日头这般高”的判断，例（17b）明代《老谚》将形容词谓语“高”后语气助词“也”改写为句末助词“了$_2$”。

第二种用法是元代《原老》中与动态助词“了$_1$”同现的语气助词“也”，在明代《老谚》中被改写为双“了”句。

（18）a. 这店里都闭了门子也，待有什么人入来？（《原老》）

b. 这店里都闭了门子了，怕有什么人入来？（《老谚》）

（19）a. 我写了这一个契也。（《原老》）

b. 我写了这一个契了。（《老谚》）

例（18a）元代《原老》中动态助词“了$_1$”提示动作“闭”已完成，语气助词“也”则表示说话者对已然事件“这店里闭门子”的主观判断，在例（18b）明代《老谚》中改写为双“了”句，动态助词“了$_1$”和句末助词“了$_2$”共现。例（19a）元代《原老》中动态助词“了$_1$”提示动作“写”已完成，语气助词“也”则表示说话者对已然事件“我写这一个契”的主观判断，而在例（19b）明代《老谚》中保留动态助词“了$_1$”，并将语气助词“也”改写为句末助词“了$_2$”，形成双“了”句。

第三种用法是在元代《原老》中句末连用的动态助词“了$_1$”和语气助词“也”，在明代《老谚》中被改写为句末助词“了$_2$”，即上文所述的元代受蒙古语和汉语双重影响的句末“了也”组合在明代走向衰落。

（20）a. 这马都饮了也。（《原老》）

b. 这马都饮了。（《老谚》）

（21）a. 这钞都捡了也，俺数将布去。（《原老》）

b. 这银子都看了，我数将布去。（《老谚》）

例（20）（21）的事件“饮马”“捡钞”均在说话时已完成，将宾语

“马”“钞”前置，例（20a）（21a）《原老》中谓语动词“饮”“捡”后加动态助词“了$_1$”和语气助词“也”，例（20b）（21b）《老谚》中改写为句末助词“了$_2$”。

其次，表对未然情况推断的语气助词“也”更容易在明代《老谚》中被保留。在元代《原老》与明代《老谚》中均使用的语气助词“也”共有25例，其中有7例是对已然情况的主观判断，仅占28%，有18例是对未然情况的推断，占72%，可分为以下两种用法。

第一，可用于表示对未来情况的主观打算。

（22）a. 我如今去也。（《原老》）

b. 我如今去也。（《老谚》）

（23）a. 那般呵，俺明日早则放心的去也。（《原老》）

b. 这们时，我明日早只放心的去也。（《老谚》）

例（22）中行为“去”是准备离开而非已经离开，例（22a）《原老》中时间词“如今”提示句末语气助词“也”是对未来计划“去”的主观打算，例（22b）《老谚》中保留语气助词“也”。又如例（23）中时间词“明日早”提示“去”是对未来的打算，在例（23a）《原老》和例（23b）《老谚》中均使用语气助词“也”。

第二，用于根据现有信息推断将来可能发生某种情况。

（24）a. 店子待到也，咱每吃些什么茶饭好？（《原老》）

b. 店子待到也，咱们吃些什么茶饭好？（《老谚》）

（25）a. 我教与你：将帖落提起来，离水面摆动倒，撞入水去，便吃水也。（《原老》）

b. 我教与你：将洒子提起来，离水面摆动倒，撞入水去，便吃水也。（《老谚》）

例（24）中副词“待”表明现在还没到店子，但根据周围的景物、走过的路程判断快要到了，在例（24a）《原老》和例（24b）《老谚》中均在句末保留语气助词“也”。又如例（25）中事件“喫（吃）水”要在“撞入水去”的条件成立后才能发生，也属于未然事件，句首“我教与你”更强调其后的句子是尚未发生的指令说明。例（25a）《原老》和（25b）《老谚》均在句末使用语气助词“也”表示对未然情况的推断。

最后，从总体来看，表示对已然事件判断的语气助词“也”在明代较早改写为句末助词“了$_2$”；表示对未然事件推断的语气助词“也”改写为句末助词“了$_2$”的速度则相对缓慢。黄晓雪（2002）注意到元代《原老》中语气助词“也”在明代《老谚》中被句末助词“了$_2$”替换的情况，发现《原老》中表示事态变化已然发生的语气助词“也”在《老谚》中多被句末助词“了$_2$”替换，单纯表示申明语气的语气助词“也”则被保留。这与本文的分析基本吻合，但在《老谚》保留部分语气助词“也”的原因这一问题上，笔者认为受时体因素的影响可能更大，表示对未然事件推测的语气助词“也”更容易被保留。

2.2 清代语气助词“也”基本改写为句末助词“了$_2$”

清代语气助词“也”被进一步改写为句末助词“了$_2$”，明代《老谚》中有37例语气助词“也”；清代《老新》中有2例保留，10例消亡，25例被改写为“了”或在“了”后删去，句末助词“了$_2$”则高达211例。这反映出清中期北方官话口语中已基本完成语气助词“也”向句末助词“了$_2$”过渡。

（26）a. 哥哥，俺每回去也，你好坐的者。(《原老》)

b. 哥哥，我们回去也，你好坐的着。(《老谚》)

c. 大哥我们回去了。(《老新》)

（27）a. 比及到那里寻了店时，那两个到来了也。(《原老》)

b. 比及到那里寻了店时，那两个到来了也。(《老谚》)

c. 比及到那里寻了店，后头的那两个也好到来了。(《老新》)

(28) a. 那般者，客人每歇息。俺照觑了门户睡也。(《原老》)

b. 那般着，客人们歇息。我照觑了门户睡也。(《老谚》)

c. 那么的，客人们请歇息罢。我查看了门户也就去睡了。(《老新》)

例(26)~(28)中元代《原老》用语气助词“也”表示对未然情况的推断，明代《老谚》中保留语气助词“也”，清代《老新》中则将其改写为句末助词“$了_2$”。例(26)是客人向主人告辞之语，因此行为“回去”尚未发生，是表示对未来情况的主观打算，例(26a)《原老》和例(26b)《老谚》中使用语气助词“也”，例(26c)《老新》则改写为句末助词“$了_2$”。例(27)中“比及”说明第一个行为“寻店”尚未发生，更遑论第二个行为“到来”，属于未然情况，例(27a)《原老》和例(27b)《老谚》在谓语动词“到来”后连用动态助词“$了_1$”和语气助词“也”，例(27c)《老新》将在句末连用的“了也”改写为句末助词“$了_2$”。例(28)在动词“照觑”与动词“睡”之间加上动态助词“$了_1$”，表示第一个行为“照觑门户”发生后第二个行为“睡”再发生，例(28a)《原老》和例(28b)《老谚》中在尚未发生的动作“睡”后加语气助词“也”，表示对未然情况的推断，而例(28c)《老新》将“也”改写为句末助词“$了_2$”。

(29) a. 伴当每起来，鸡儿叫第三遍也，待明去也。(《原老》)

b. 火伴们起来！鸡儿叫第三遍了，待天明了也。(《老谚》)

c. 火伴们快起来，鸡叫第三遍了，不久东开了。(《老新》)

(30) a. 明星高也，天道待明去也。(《原老》)

b. 明星高了，天道待明去也。(《老谚》)

c. 明星高了，天待要明了。(《老新》)

例(29)、例(30)可清晰地反映语气助词“也”改写为句末助词

“了$_2$”的过程：在同一句中，前一分句为已然行为，语气助词“也”在明代《老谚》中改写为句末助词“了$_2$”，而后一分句中则是未然行为，语气助词“也”在明代《老谚》中得以保留，直至清代《老新》才改写为句末助词“了$_2$”。例（29）中前一事件“鸡儿叫第三遍”已发生，在例（29a）《原老》中使用语气助词“也”，在例（29b）《老谚》中改写为句末助词“了$_2$”，例（29c）《老新》继续沿用；后一事件“天明”用副词“待”强调尚未发生，例（29a）《原老》使用语气助词“也”，例（29b）《老谚》处于中间过渡状态而在句末连用“了也”，而例（29c）《老新》仅保留句末助词“了$_2$”。例（30）中前一事件“明星高”已经发生，例（30b）《老谚》将语气助词“也”改写为句末助词“了$_2$”；后一事件“天道待明去”以副词“待”强调尚未发生，例（30b）《老谚》中语气助词“也”仍被保留，直到例（30c）《老新》中才改写为句末助词“了$_2$”。同一句中两个语气助词“也”在不同版本中改写时间节点的差异，进一步证明了元、明、清时期官话的语气助词“也”转换为句末助词“了$_2$”的先后顺序：在明代优先转换对已然事件的判断句，在清代进一步转换对未然事件的推断句。

3. 结论

吴福祥（2005b）分别从生成学派、功能学派和社会语言学派的角度，将语法演变的动因归纳为以下三项：“儿童语言习得”（child language acquisition）、“语用推理”（pragmatic inferencing）和“语言接触”（language contact）。通过分析《老乞大》系列教材元、明、清版本中助词“了”与“也”的使用数量及改写情况，我们可得知助词“了”与“也”的历时演变是语用推理和语言接触两种内外部动因共同作用的结果。

一方面，元、明、清时期句末连用动态助词“了$_1$”与语气助词“也”的情况逐渐式微。元代《原老》中句末连用“了也”组合比较普遍，明代《老谚》中保留部分，清代《老新》中已完全消亡。北方方言在民族融合期发生较大变化（王琳，2021），元代北方地区与阿尔泰民族接触频繁，因此北方官话受到阿尔泰语尤其是蒙古语的影响很大，蒙古语与汉语的语言接触是元代北方官话中频繁在句末连用动态助词“$了_1$”与语气助词“也”的重要原因之一。由于蒙古语中表示过去时的后缀因语音相似容易被对译为“了”，同时受汉语的语言习惯影响在句末补上语气助词“也”，因此出现句末“了也”的组合。元代《原老》中句末连用“了也”出现频率最高的用法是“O+V+$了_1$+也”，汉语原有的受事主语句将宾语提前，与蒙古语“SOV/OV”的语序吻合，是元代汉语句末连用“了也”组合受蒙古语与汉语双重影响的证明。《老谚》创作于明初，可能仍保留蒙古语与汉语的语言接触所产生的影响，元代《原老》中有三分之一的句末“了也”组合被保留。在清中期编写的《老新》中，句末“了也”组合已完全消亡，这也与接下来论述的语气助词“也”的衰落有关。

另一方面，元、明、清时期基本完成了从语气助词“也”向句末助词“$了_2$”的过渡。元代《原老》中语气助词“也”的数量超过句末助词“$了_2$”，明代《老谚》句末助词“$了_2$”反超语气助词“也”，清代《老新》句末助词“$了_2$”占据主导地位，语气助词“也”已近消亡。语用原则“省力原则”在其间发挥了重要作用，语用推理是推动语气助词“也”转向句末助词“$了_2$”的原因之一。明代《老谚》中表示对已然情况做出判断的语气助词“也”被优先改写为句末助词“$了_2$”。此类语气助词“也”用于判断已然发生的情状，意味着动作行为的完成，与完成体标记“了”的语义语用范畴产生羡余，因此被优先改写为与动态助词“$了_1$”同形同音的句末助词“$了_2$”是更符合语言经济性、简约性原则的选择。清代《老新》进一步将表示对未然情况判断的语气助词“也”改写为句末助词“$了_2$”，语气助词“也”在北方口语中已基本被句末助词“$了_2$”取代。

上文通过统计分析《老乞大》系列教材中助词“了”与“也”的用例数量与改写情况，清晰地勾勒出元、明、清时期北方官话中助词“了”与“也”的演变轨迹，从中找到语气助词“也”分阶段改写为句末助词“$了_2$”的直接证据。句末助词“$了_2$”与语气助词“也”用例数之比，在元代《原老》、明代《老谚》和清代《老新》中各为82/118、145/37、211/2，反映了元代语气助词“也”仍占据优势、明代句末助词“了$_2$”使用频率更高的情况，比罗骥（1994）根据元剧而做出“直至元代语气助词‘也’仍能保持相对稳定”的论述更为准确。此外，文章确切指出清代语气助词“也”已基本被改写为句末助词“了$_2$”，这一进程的发展早于孟子敏（2005）分析《儿女英雄传》推测清代语气助词“也”仍处于逐渐被取代的过程。这体现出《老乞大》系列教材具有其他文献资料所没有的内容相同、时代版本不同的优势，《老乞大》的元、明、清版本，成为该时期语法项目历时演变的直接证据，是版本学研究价值极高的珍贵语料。文中还提出元、明、清时期句末“了也”组合逐渐消亡、语气助词“也”改写为句末助词“了$_2$”的演变动因猜测，随着域外汉语教材研究深入，相关问题有机会得到进一步的探索与证实。

参考文献

曹广顺：《近代汉语助词》，语文出版社，1995。

黄晓雪：《古本〈老乞大〉和谚解本〈老乞大〉里的语气词“也”》，《语言研究》2002 年第 S1 期。

金立鑫：《词尾“了”的时体意义及其句法条件》，《世界汉语教学》2002 年第 1 期。

罗骥：《北宋句尾语气词“也”研究》，《古汉语研究》1995 年第 3 期。

李泰洙：《〈老乞大〉四种版本语言研究》，中国社会科学院博士学位论文，2000。

李泰洙、江蓝生：《〈老乞大〉语序研究》，《语言研究》2000 年第 3 期。

林新年：《〈祖堂集〉的动态助词研究》，上海三联书店，2006。

马建忠：《马氏文通》，商务印书馆，1898/1983。

孟子敏：《句末语气助词“也”的意义及其流变》，《语言教学与研究》2005 年第 3 期。

王力：《汉语史稿》，中华书局，1957/1980。

王琳：《琉球官话课本选择问句及相关问题》，《汉语语言学》第 2 辑，社会科学文献出版社，2021。

汪维辉：《朝鲜时代汉语教科书丛刊》，中华书局，2005。

王衍军：《朝鲜时代汉语教科书能性述补结构试析》，《语言科学》2013 年第 6 期。

刘勋宁：《现代汉语句尾“了”的来源》，《方言》1985年第2期。

吴福祥：《重谈“动+了+宾”格式的来源和完成体助词“了”的产生》，《中国语文》1998年第6期。

吴福祥：《汉语历史语法研究的目标》，《古汉语研究》2005（a）年第2期。

吴福祥：《汉语历史语法研究的检讨与反思》，《汉语史学报》2005（b）年第1期。

杨永龙：《〈朱子语类〉完成体研究》，河南大学出版社，2001。

祖生利：《元代白话碑文中助词的特殊用法》，《中国语文》2002年第5期。

祖生利：《元代的蒙式汉语及其时体范畴的表达——以直译体文献的研究为中心》，《当代语言学》2007年第1期。

Croft, W. 2000. *Explaining Language Change: An Evolutionary Approach*. London: Longman.

Diachronic Evolution of the Particles "Le" and "Ye" in *Lao-Qi-Da*

YE Binbin

Abstract: In the Yuan edition of *Lao-Qi-Da*（《老乞大》）, the verb-final particle "le_1" is more likely to be used with the modal particle "ye" at the end of the sentences because of the influence of the language contact between Mongolian and Chinese. In the Ming edition of *Lao-Qi-Da*（《老乞大》）, the sentence-final particle "ye" expressing the judgement of the events which had already happened were preferentially rewritten as the sentence-final particle "le_2". In the Qing edition of *Lao-Qi-Da*（《老乞大》）, the modal particle "ye" expressing the speculation of the events that had not happened yet were further transformed into the sentence-final particle "le_2", therefore the modal particle "ye" basically disappeared. The comparative study of various editions of *Lao-Qi-Da*（《老乞大》） directly reflects the diachronic evolution of the particles "le" and "ye" in the Yuan, Ming and Qing dynasties.

Keywords: *Lao-Qi-Da*（《老乞大》）, "Le", "Ye", comparative study of editions

与述补结构相关的歧义问题

翁　烁　张和友

（北京师范大学文学院）

提　要　汉语的述补结构因成分复杂、形式丰富，在语义层面有时会出现多重解读，即产生歧义。歧义可以分为外部歧义和内部歧义两类，就述补结构而言，外部歧义主要存在于述补结构与同形的非述补结构之间，内部歧义既体现为述补结构内部语义指向不明的问题，又存在于同形述补结构下属的小类之间。本文认为“同形”是歧义产生的基础，对述补结构同形歧义现象的考察，有助于加深对述补结构的整体认识，促使我们反思当前述补结构的分类标准，并强调基于结构本身进行分类的重要性。

关键词　述补结构　外部歧义　内部歧义　同形　补语类型

1. 引言

述补结构是汉语系统中形式丰富、能产性高、应用广泛的一类结构，其组成成分及成分间的指向关系较为复杂，有时在语义表达上会存在多重解读的现象。正如朱德熙（1980）所指出的：“一种语言语法系统里的错综复杂和精细微妙之处往往在歧义里得到反映。因此分析歧义现象会给我们许多有益的启示，使我们对于语法现象的贯彻分析更加深入。”本文就述补结构的歧义问题展开考察，力图从精微的异同处推敲形式与语义之联系，以加深对述补结构整体的认识，进而探讨确立更为清晰、有效、一致的语法结构分类标准。

2. 述补结构的外部歧义

马庆株（1985）以述宾结构为例，将语法结构的歧义分作“外部歧义”和“内部歧义”两类，这里先谈外部歧义。

外部歧义是词形和词序完全相同的不同语法结构之间的歧义，同时包括因语法结构的层次划分不同而导致的歧义。

就述补结构而言，外部歧义主要存在于述补结构及同形的非述补结构之间。所谓“同形”指的是述补结构与述宾结构、主谓结构、偏正结构等非述补结构选用了相同的词类、词序及其他语法手段。与印欧语等形态丰富的语言相比，汉语缺乏词形变化，在不考虑停顿、重读、轻声等超音段成分的前提下，本质并不相同的两类语法结构可能在表层形式上呈现完全相同的状态（参见王红旗，2020）。表层形式的“同形”是歧义产生的基础，如例（1）~（2）。

（1）穿脏衣服

a. 穿/脏衣服

b. 穿脏/衣服

（2）带大孩子

a. 带/大孩子

b. 带大/孩子

首先，我们采用层次划分的方法对不同的结构关系进行分析。例（1）可以划分为“穿/脏衣服”和“穿脏/衣服”两种情况，前者是述语动词“穿”和宾语“脏衣服”组成的述宾结构，后者述语动词“穿”先与补语“脏”组成一个黏合式述补结构，“穿脏”整体再作为述语与其后对象“衣服”发生支配关系。同理，例（2）也存在“带/大孩子”和“带大/孩子”

两种划分层次，前者“大孩子”作为述语动词“带”的直接宾语，后者“孩子”是黏合式述补结构“带大”作用的对象。

其次，我们也可以在相关变换式中考察同形结构内部的不一致，如以上述例（1）为例，重复为例（3），不同原式的变换式以下标区分。

（3）穿脏衣服

a_1. 把脏衣服穿上

b_1. 把衣服穿脏（了）

a_2. 穿了脏衣服

b_2. 穿脏了衣服

a_3. 穿着脏衣服

b_3. *穿脏着衣服

a_4. 穿一件脏衣服

b_4. 穿脏一件衣服

显然，在“把”字句中，“脏衣服”和“衣服”分别充任动作事件“穿上”和“穿脏”作用的对象，即“受事宾语”。① 通过增补助词“着”“了”、插入数量词“一件”都可以清晰地分辨出表示动作及动作状态的述语动词“穿”与表示动作事件结果的述补结构“穿脏”之间的差异。

值得注意的是，歧义既会在不同词类的组合关系间产生，也会在匹配过程中因补足语的不同词义特征而无法呈现。

（4）穿旧衣服

（5）穿新衣服

① “穿脏”“穿上”类结构所关涉的论元成分在“把”字句中得到了整合操作（参见王璐璐、袁毓林，2016）。在底层结构中，具有施事性的名词性成分占据“把”的标志语位置，通常解释为“致使者”，被移至“把”后的名词性成分则解释为“被处置者”，即“受事宾语”（参见 Huang et al.，2009：151~189）。

（6）穿干净衣服

（7）穿好衣服

（8）带小孩子

（9）带好孩子

例（4）同例（1）“穿脏衣服”一样存在多义解读，但例（5）、例（6）却基本不被看作歧义结构。因为在一般情况下，衣服只有可能被穿得越来越旧，而不会被穿得越来越新、越来越干净，所以“旧”和“脏”可以用于描述“穿衣服”这一动作事件导致的结果状态，“新”和“干净”则不行。像“穿新”“穿干净”这类组合不符合述补结构在表结果义时的词义匹配标准，因此被筛选出局。“新”“干净”更倾向于与“衣服”组成偏正结构，“新衣服”“干净衣服”整体作为“穿”的对象，组成述宾结构。同理，当述语动词“带”表“抚养”义时，鉴于孩子在抚养过程中只会越来越大，而不会越来越小，“带小”在词义匹配层面显然不是一个合格的述补结构，所以例（8）“带小孩子”只会被看作述宾结构“带/小孩子”。[①] 此外，例（7）与例（9）中的形容词“好”既可表评价义，又可表完成义。在不同的层次划分情况中，“穿好衣服”既可理解为“穿/好衣服”，即“好衣服”充当“穿”的宾语，“好”用来修饰“衣服”，与“坏”相对；也可理解为“穿好/衣服”，“好”作为补语，表示“穿衣服”这一动作事件已经完成。例（9）“带好孩子”除分析为述宾结构“带/好孩子”，还可以分析为“带好/孩子”，强调“带孩子”这一动作事件的完成性，比如“你带好孩子再忙别的事”。

类似的外部歧义现象在述补结构及同形结构之间并不鲜见，如例（10）~例（11）中的“领导好”和例（12）~例（13）中的“游走”。

① “带/小孩子”的歧义仅存在于述宾结构内部，是动词“带”的多义性导致的，“带/小孩子”既可理解为“带领小孩子”，又可理解为“抚养小孩子”。

(10) 主席台下传来一声高呼："领导好!"

(11) 全体党员决心要领导好今年的生产工作。

(12) 他每日在街上游走。

(13) 他一头扎进水里游走了。

"领导"既可能是一个名词，和"好"是主语和谓语的关系（例 10）；也可能作为述语动词，与补语成分"好"构成一个述补结构（例 11）。"游"既有"不固定"的意思，可修饰表"行走"的动词中心语"走"，"游走"整体作为一个状中式复合词，意指"奔波""游逛"（例 12）；也有"在水里行动"的意思，在表行动义时其后的"走"表"离去"，作为述语动词"游"的补足语，"游走"整体是一个表示动作事件结果的述补结构（例 13）。

事实上，即使所选成分的词性、词序和层次都完全相同，具体的成分之间也可能存在复杂的词义组配关系，请看下面的例子。

(14) 右键点一下就退出了。

(15) 剩着灯油就够点一下，没多久就灭了。

(16) 会议开始前先点一下名。

(17) 如果编辑能点一下，可能对作者有很大的启发。

如例（14）~（17）中，"点"既能表示"一触即离"的动作行为（例 14），也有"引火"的意思（例 15），还可能指示"查对"（例 16）或"启发、指点"等义项（例 17）。同理，"一下"既可能表动量，以示具体动作的次数（例 14），相当于"一次"；也可能表时量，以示动作的延续时间之短暂（例 15），相当于"一会儿"。表动量和表时量的"一下"通常是被划分为"准宾语"（朱德熙，1982：116）。在此基础上，"一下"还可以引申出"稍微""略微"之义，相当于"一点（儿）"，用于描述动作行为程度之浅（例 17），通常又被划分为"程度补语"。可见，仅从语义角度对语法结构进行划分会产生分类界限不清的问题，这一点在第 3、4 节还有例证。

总的来看，对述补结构外部歧义的考察不仅有利于加深对述补结构整体的认识，以甄别同形但本质有所区别的不同语法结构，而且促使我们进一步关注结构内部各成分的语法功能、性质与相互联系。

3. 述补结构的内部歧义

现在来谈内部歧义。

马庆株（1985）在考察与述宾结构有关的歧义现象时指出，词形、词序和层次都相同的述补结构也可能表示不同的意义，这一点在述补结构内部也有所体现。我们认为，述补结构的内部歧义主要体现在结构内部语义的指向问题上，也存在于同形的述补结构之间。

3.1 述补结构的语义指向问题

述补结构内部语义指向不明的情况通常发生在有两个名词性成分的结构中，形式上可以分为黏合式述补结构带宾句和组合式述补结构嵌宾句两类，[①] 黏合式述补结构可表示为：NP_1VC 了 NP_2，组合式述补结构可表示为：NP_1V_1 得 NP_2V_2P。下文的讨论，为方便起见，对“句子”和“结构”不做区分，不影响我们的分析。

首先来看黏合式述补结构带宾语的情况。在“NP_1VC 了 NP_2”结构中，从逻辑上看，述语动词 V 和补语成分 C 的语义指向存在四种情况：一、V 指向 NP_1，C 也指向 NP_1；二、V 指向 NP_1，C 则指向 NP_2；三、V 指向 NP_2，C 也指向 NP_2；四、V 指向 NP_2，C 则指向 NP_1。其中，一、三的情况属于述补同指，即 V 和 C 共同指向 NP_1 或共同指向 NP_2；二、四的情况属于述补异指，即 V 和 C 分别指向 NP_1 和 NP_2。在此基础上，一个“NP_1VC

① 根据朱德熙（1982：125）的分类标准，黏合式述补结构指的是补语直接黏附在述语之后的格式，标记为“VC”；组合式述补结构指带“得”的述补结构，标记为“V 得 C”，下同。

了 NP_2”句可能产生 16 种语义解读倾向。通过对现实语料的整理，我们发现“NP_1VC 了 NP_2”结构在实际应用时仅存在 7 种语义解读倾向，而且在有的情况下，“NP_1VC 了 NP_2”结构并不存在歧义，即述语 V 和补语 C 的语义指向都是明确的，如例（18）~（20）。

（18）张三喝醉了酒。

语义解读一：张三喝，张三醉了

语义解读二：＊张三喝，酒醉了

语义解读三：＊酒喝，酒醉了

语义解读四：＊酒喝，张三醉了

（19）张三捧红了李四。

语义解读一：＊张三捧，张三红了

语义解读二：张三捧，李四红了

语义解读三：＊李四捧，李四红了

语义解读四：＊李四捧，张三红了

（20）这场足球赛踢累了张三。

语义解读一：＊这场足球赛踢，比赛累了

语义解读二：＊这场足球赛踢，张三累了

语义解读三：张三踢，张三累了

语义解读四：＊张三踢，这场足球赛累了

在例（18）“张三喝醉了酒”中，述语动词“喝”和补语成分“醉”都指向 NP_1，即动作事件的施事“张三”，这是因为 NP_2 是没有生命自主性的名词性成分，“酒”既不能成为动作行为“喝”的施事，也不能负载作补语的状态形容词“醉”，这就排除了述语动词 V 指向 NP_2 和补语成分 C 指向 NP_2 的所有情况，只有述补结构同指 NP_1 才是合理的、可接受的语义解读，此时句子便不存在歧义。同理例（20）“这场足球赛踢累了张三”中的 NP_1“这场足球赛”也是没有生命自主性的名词性成分，故而排除了述语和补语

任一成分指向 NP_1 的情况。例（19）中的 NP_1“张三”和 NP_2“李四”虽然都是具备生命自主性的人，理论上都有成为动作行为施事的条件，但述语动词“捧”是一个由施事发出的单向动作，且动作行为导致的结果“红”只能由受事承担，那么在无标记的情况下，[①]动作行为必然指向施事且施事需要居于述语动词之前，这就排除了述语动词 V 指向 NP_2 和述补同指 NP_1 的情况，从而保证了语义解读的唯一性。

通常情况下，有歧义的“NP_1VC 了 NP_2”是指例（21）~例（24）这样的句子。

（21）张三骑累了马。

语义解读一：张三骑马，张三累了

语义解读二：张三骑马，马累了

语义解读三：*马骑张三，马累了

语义解读四：*马骑张三，张三累了

（22）张三等苦了李四。

语义解读一：张三等李四，苦指向张三

语义解读二：*张三等李四，苦指向李四

语义解读三：李四等张三，苦指向李四

语义解读四：*李四等张三，苦指向张三

（23）张三气哭了李四

语义解读一：*张三生气，张三哭了

语义解读二：张三使李四生气，李四哭了

语义解读三：李四生气，李四哭了[②]

语义解读四：*李四生气，张三哭了

---

① 在有标记的情况下，受事成分可以提前，居于整个动作事件之前，比如被字句：“李四被张三捧红了。”有标记的“NP_1 被 NP_2VC 了”句式不存在歧义。

② 语义解读二与语义解读三的区别主要在于形式层面述语动词指向 NP_1（强调 V 的使动性和动作事件发生的原因，NP_1 是广义上的施事）还是指向 NP_2。

（24）张三追累了李四。

语义解读一：张三追李四，张三累了

语义解读二：张三追李四，李四累了

语义解读三：李四追张三，李四累了

语义解读四：＊李四追张三，张三累了

例（21）与例（18）的主要区别就在于述补同指的情况（语义解读三）没有被完全排除，尽管述语动词“骑”的语义指向是确定的，但补语“累”可用以描述动作事件中涉事双方的状态，即补语成分 C 既能指向施事 NP_1，也能指向受事 NP_2，所以句子存在多义解读。例（22）与例（21）不同，语义指向不明的是述语动词“等”，补语成分“苦”虽然也用以描述状态，却着重强调程度之深，只指向动作行为本身的承担者（语义解读一、三）。例（23）的歧义主要与述语动词“气”有关，除有主动义表“发脾气”“生……的气”，还具备使动义表“使……生气”的情况，所以尽管在语义上“生气”这一动作行为的承担者都是 NP_2，但表使动义的述语动词“气”仍有可能指向 NP_1，强调 NP_1 作为广义上的施事使 NP_2 生气（语义解读二）。补语成分“哭”只用以说明动作事件的结果状态，某种意义上也表明“生气”的程度，意同“气得直哭”“气到哭”，所以补语 C 只会指向动作行为的承担者 NP_2（语义解读二、三）。

例（24）的语义解读情况则是最丰富的，因其述语动词“追”和补语成分“累”的语义指向均不确定，既有可能指向 NP_1，也有可能指向 NP_2。值得注意的是，即使在产生最多歧义的例（24）中，述语动词“追”指向 NP_2 而补语成分“累”指向 NP_1 的情况（语义解读四）也被排除了，事实上，例（18）~例（24）均排除了这种述补交叉异指的情况，也就是说，在“NP_1VC 了 NP_2”式句子中，不存在述语动词 V 指向 NP_2 而补语成分 C 指向 NP_1 的可能。

类似的排除情况也分布于组合式述补结构嵌宾句的语义解读中，以下几类均为有歧义的“NP_1V_1 得 NP_2V_2P”句子。

(25) 张三唱得两眼直流泪。

语义解读一：张三唱，张三流泪

语义解读二：张三唱，两眼流泪

语义解读三：* 两眼唱，两眼流泪

语义解读四：* 两眼唱，张三流泪

(26) 张三等得李四好苦。

语义解读一：张三等，张三好苦

语义解读二：* 张三等，李四好苦

语义解读三：李四等，李四好苦

语义解读四：* 李四等，张三好苦

(27) 张三气得李四直哭。

语义解读一：* 张三生气，张三哭了

语义解读二：张三使李四生气，李四哭了

语义解读三：李四生气，李四哭了①

语义解读四：* 李四生气，张三哭了

(28) 张三追得李四好累。

语义解读一：张三追李四，张三累了

语义解读二：张三追李四，李四累了

语义解读三：李四追张三，李四累了

语义解读四：* 李四追张三，张三累了

不难发现，组合式述补结构嵌宾句的歧义分布模式与黏合式述补结构带宾句的歧义分布模式存在一致性：例（25）与例（21）均排除了述补动词 V 指向 NP_2 的情况；例（26）与例（22）均排除了述补异指的情况；例

① 同例（23）一样，此处歧义主要与述语动词“气”的语义特征有关，语义解读二与语义解读三的区别在于述语动词“气”是强调使动义指向广义上的施事 NP_1，还是表生气义指向动作行为的承担者 NP_2。

(27) 与例 (23) 均排除了补语成分指向 NP_1 的情况；例 (28) 与例 (24) 均存在述语动词和补语成分语义指向不定的情况，语义解读的选择最多，仅排除了中心动词 V_1 指向 NP_2 时补语成分指向 NP_1 的情况。实际上，无论是否存在歧义，语义解读四所代表的述补异指的情况在"NP_1V_1 得 NP_2V_2P"式句子中都被排除了。具体来看，例 (25) 能排除述补动词指向 NP_2 的情况是因为 NP_2 作为施事者身体的一部分，与中心动词 V_1 没有直接关系，无法承担 V_1 所指涉的具体动作，却参与了 V_2P 所指涉的行为事件，故而 V_1 不会指向 NP_2，V_2P 却可以指向 NP_2 和整个动作事件的施事 NP_1。例 (26) 能排除述补异指的情况是因为述语成分"好苦"极言"等"之深切，只指向承担"等"这个动作行为的主体。

此外，如果把"等"换作自主性更强的心理感受类动词（参见马庆株，1988b），可能会产生更多的语义解读，如例 (29)。

(29) 张三爱得李四好苦。

语义解读一：张三爱李四，张三好苦

语义解读二：张三爱李四，李四好苦

语义解读三：李四爱张三，李四好苦

语义解读四：*李四爱张三，张三好苦

例 (29) 中补语成分"好苦"不仅可以表示中心动词"爱"的程度，还可以表示中心动词"爱"所导致的一种结果，即受事 NP_2 在遭受 V_1 所表示的动作行为事件后所呈现的状态，即补语成分除了不能在中心动词指向 NP_2 的情况下指向 NP_1（排除语义解读四），其余的几种语义解读都是可接受的。总体上看，"NP_1V_1 得 NP_2V_2P"句中的两个名词性成分分别是主句主语和小句主语，均有参与所述动作行为事件的可能性，但它们在动作行为事件中所扮演的角色需要由具体的语义（包括结构义和词汇义）决定。

无论是在"NP_1VC 了 NP_2"句中还是在"NP_1V_1 得 NP_2V_2P"句中，"语义解读四"始终不成立，即当述语中心动词 V 指向 NP_2 时，补语成分 C

均不能指向 NP_1。陈刚（2019）从句法象似性的角度分析了“追类”类句式所呈现的“四缺一”歧义格局，指出当述语动词 V 指向宾语 NP_2 时，补语 C 如需指向主语 NP_1，则要“跳过”述语动词 V，这不仅妨碍了听话人的理解，也不符合内部事件结构的顺序，语感可及度极低。此外，我们发现无论是黏合式述补结构带宾语还是组合式述补结构嵌宾语，产生歧义的述补结构多为强结果结构，即谓语动词的义素与补语部分的义素相互独立，语义上不存在蕴含关系（Washio，1997：7）。作为强结果结构，正如熊仲儒（2004a，b；2013；2014）、程工和周光磊（2015）、周光磊（2019）、孙天琦（2020）、程工和杨大然（2016，2024）、Wang（2014，2017）、汪昌松（2024）等学者所注意到的，无论是黏合式述补复合词还是组合式“V得”结构通常会融合为一个紧密的整体，并以整体的形式参与句法操作。述补结构内部存在一个表致使义的轻动词 *v*，位于句法结构的上层，作为结构的核心决定论元选择，并在句法操作的最后阶段才得到语音实现，这就从结构层面限制了补语成分跨指 NP_1 的可能。

3.2 同形的述补结构

述补结构的内部歧义还存在于同形的述补结构之间。有些述补结构就表层形式而言，其所选词类、词序、虚词手段及层次划分都完全相同，但在表义上却存在着明显的差异。这些差异有时是述补结构本身的结构特点导致的，如例（30）。

（30）衣服洗得干净。

语义解读一：表状态，描述衣服在经历“洗”这一动作事件后达到“干净”的状态。

语义解读二：表可能，强调衣服在经历“洗”这一动作事件后能达到“干净”的状态。

组合式述补结构“V 得 C”有时会同时存在表状态和表可能两种情况。如例

(30)所示，仅从表层形式难以判断“得”后补足语的类型。请比较：张三的衣服洗得干净，李四的衣服洗得不干净，显然此时“V 得 C”的 C 表示一种状态。再比较：张三能洗得干净这件衣服，李四估计洗不干净，从“能”和“估计”的添加来看，此时“V 得 C”的 C 属于能性范畴。事实上，表状态的“V 得 C”结构和表可能的“V 得 C”结构实际上都蕴含一个“致使（CAUCE）-达成（BECOME）”范畴（参见 Li & Thompson，1981；Huang，C-T. J.，1982，1988；Huang et al.，2009；熊仲儒，2004b，2013，2014；孙天琦、郭锐，2015；孙天琦，2020；Wang，2014，2017，2021；汪昌松，2024），即通过“洗”这一动作事件致使“衣服”达成“干净”的状态。所以当组合式述补结构“V 得 C”表状态时，其内部语义关系实质上可表示为：

(31) [Agent：NP_1 CAUSE [Patient：NP_2 BECOME（state：XP）]]

(31)的意思是广义上的施事 NP_1 通过某种方式（动作事件 V）致使广义上的受事 NP_2 达成某种状态 XP（补语成分 C）。[①]同理，当组合式述补结构“V 得 C”表可能时，结构内部只是在表状态的“致使-达成”范畴上添加了一层“能性（POTENTIAL）”范畴（参见 Tsai，2001；Wu，2004；熊仲儒 2004a，b，2013；Wang，2014，2017；汪昌松，2024），二者嵌套构成“能性-致使-达成”范畴。在这种情况下，结构内部的语义关系实质可以表示为：

① “达成”范畴作为组合式述补结构的基础框架必须存在，但“致使”范畴在不强调事件发生原因的状态下可以省略，广义上的施事 NP_1 有时候也可以省略（参见熊仲儒，2004a、b，2013，2014；孙天琦，2020），内部有完整“致使-达成”范畴的组合式述补句通常可以转换为致使关系角色俱全的“把”字句（参见朱德熙，1982：135～136）。请比较：“这书写得谁也看不懂”，转换为“把”字句：“（被省略的施事）把这书（受事）写得谁也看不懂。”——“这书写得我累死了”，转换为“把”字句：“这书（广义上的施事）把我（受事）写得累死了”。

(32) [Agent: NP_1 [POTENTIAL [CAUSE [Patient: NP_2 BECOME (state: XP)]]]]

(32) 在 (31) 的基础上进一步说明广义上的施事 NP_1 能通过某种方式(动作事件 V) 致使广义上的受事 NP_2 达成某种状态 XP (补语成分 C), 是对"可能性"(possibility) 或"能力"(ability) 的强调。据此我们认为表状态和表可能的"V 得 C"在句法结构层面的"同形"是内部歧义产生的基础, 但从本质上看, 这是两类不同的述补结构。

从补语成分的性质上看, 上述情况多见于状态形容词进入述补结构充任补语, 这时最容易引起歧义, 如例 (33)~例 (34)。

(33) 飞得远

语义解读一: 表状态, 指"飞"这个动作行为本身的状态

语义解读二: 表可能, 强调"飞得远"这个动作事件能做得到

(34) 飞得远

a. 飞得很远

b. 飞得特别远

c. 飞得有点远

d. 飞得远远的

通常情况下, 只要在状态形容词前加上"很""特别""非常""有点""最"等表示程度的副词, 或将其转换成相应的重叠形式, 歧义就会消除。这一操作本质上是在强调补语所涉状态的程度, 将其引向表状态的述补结构, 降低述补结构表可能的倾向。反之, 当本身包含强烈程度义和状态义的状态形容词和固定短语充任补语时, 整体上已经明确表示状态, 不会产生歧义, 如例 (35)~例 (37)。

（35）站得笔笔直

（36）涂得黑不溜秋

（37）弄得邋里邋遢

此外，马庆株（1985）以述宾结构为例，强调除了语法歧义（语法关系不同导致的歧义）和语境歧义①，“词汇歧义”也是词形词序相同的句法结构表示不同意思时的典型现象。这一问题也常见于述补结构内部，是词汇多义性导致的，如例（38）~例（39）。

（38）收拾好②

语义解读一：指整理、布置、整顿：“张三一到家就先收拾好行李。”

语义解读二：指修理：“收音机给张三收拾好了。”

语义解读三：指料理：“张三收拾好庄稼才出门。”

语义解读四：指烹调：“张三很快就收拾好一桌菜。”

语义解读五：指惩治：“那群混混早被张三收拾好了。”

（39）气死了

语义解读一：“死”表示丧失生命，与“生”“活”相对，补充说明动作事件所导致的结果状态：“他愤激不过，无处伸冤，竟活活被气死了。”

语义解读二：“死”有“极”“甚”的意思，极言程度之深：“不看不要紧，一看可把我气死了。”

例（38）与例（39）都是典型的词汇歧义，即述补结构所选用的成分词汇

① “语境歧义”指同一结构在不同语境下可使人产生不同的理解（参见马庆株，1985），属于语言交际层面的问题，本文不作探讨。

② “好”作为补语成分也有表评议和表状态两种倾向，详见本文第 2 节对例（7）与例（9）的分析。

本身具有多义性，可表示不同的意思，进而导致整体结构的歧义。

同形导致的内部歧义还发生于述补结构下属小类之中，典型的例子是趋向补语[①]和结果补语[②]内部的语义偏离现象（参见陆俭明，1990，2001；李小荣，1994；王红旗，1996；马真、陆俭明，1997a、b、c；熊仲儒，2004a；彭国珍，2006；沈阳、彭国珍，2010），如例（40）~例（43）。

（40）走下去

语义解读一：表时间，有“继续”义：“漫漫人生路，他会和妻子携手走下去。”

语义解读二：表示动作造成的空间方位变化：“过了十字路口，再走下去一点就是学校。”

（41）爬起来

语义解读一：表时间，有“开始”义：“他丢掉背包，在地上爬起来。”

语义解读二：表示向上、向高处：“他爬起来拍了拍身上的灰。”

（42）挖深了

语义解读一：表示结果的实现：“已经按要求挖深了矿洞。”

语义解读二：强调结果的偏离：“这比要求的挖深了 10 米。”

（43）放大了

语义解读一：表示结果的实现：“显微镜放大了肉眼看不到的细节。”

语义解读二：强调结果的偏离：“照片尺寸放大了，得缩小一点。”

例（40）和例（41）是同形的趋向补语内部语义发生偏离的情况，“下

① 根据朱德熙（1982：128）的定义，趋向补语指由趋向动词充任补语的述补结构。

② 这里参考朱德熙（1982：126）的定义，仅讨论黏合式述补结构内部表结果义的 VA 式述补结构，学界通常称之为“述结式”或“动结式”。

去”“起来”这类趋向动词本身就可表示多义，充任补语时既可指空间方位上的变化，又可以指动作事件的时间信息，故导致歧义。这类由趋向动词的多义性带来的内部歧义也属于词汇歧义。

例（42）和例（43）则是同形的结果补语内部语义发生偏离的情况，首先“了”位于表状态的述补结构后表示动作事件或动作行为带来的状态变化已经完成，其次补语成分由“高”“大”“深”等量度形容词充任，[①]但状态变化的结果并不一定符合施事的预期或要求，所以存在歧义。此外，正像马真、陆俭明（1997a、b、c）和彭国珍（2006）等学者所指出的，强调结果偏离预期的结果补语不可省略“了”，但通常允许对动词进行拷贝形成重动结构，比如“挖坑挖深了”“放照片放大了”，此时句子不存在歧义。也就是说，表示结果实现的结果补语是不可转换为重动结构的。可见，结果义的实现与偏离不仅是词义或词类的问题，更是句法问题，即表实现的结果补语和表偏离的结果补语虽然在表层形式上同形，但在深层结构方面却存在差异，本质上不是一类述补结构（参见沈阳、彭国珍，2010）。

4. 述补结构的分类与归一性问题

在上述关于各种歧义问题讨论的基础上，我们可以对述补结构的分类问题做一点思考。

马庆株（2000）指出，学界对补语的分类有时并不处在同一平面，其命名角度往往不尽相同，分类标准存在随意性，甚至某些补语小类能否立类都有待商榷。比如，凡是趋向动词充任补语成分的结构就可划分为“趋向补语”，这无法规避带“得”的趋向补语与可能补语界限不清的问题。又如，通行分类标准下的状态补语、结果补语、程度补语强调从不同角度对所述动作事件进行说明，但三者在实际应用中却存在表义相近或重合的情

① 除量度形容词，“VA 了”结构中会产生歧义的形容词还包括颜色形容词、味觉形容词等不含褒贬义的中性形容词（参见陆俭明，1990、2001；王红旗，1996；马真、陆俭明，1997a、b、c）。

况，也属于同形述补结构的内部歧义。当前对结果补语的定义与划分基本没有考虑到表实现和表偏离的述结式内部存在的句法差异，值得再作考虑。

我们应当认识到歧义本质上是结构同形造成的（参见王红旗，2020），并且要注意反思当前对语法结构的分类是否太过于依赖表层形式或语义表达方面的异同。我们应当采用更一致的、更能反映述补结构和其他结构本质区别的分类标准。例如，在组合式述补结构中，表状态的“V 得 C”结构相对侧重于描绘动作行为本身的状况特征或所述事件本身的具体情形，表结果的“V 得 C”结构则通常包含明显的“致使-结果”关系，涉及动作行为或事件所导致的结果，表程度的“V 得 C”结构会强调所述状况已达到一个很深的程度，有时带有夸张的意味。如前文所述，就结构本身而言，这些“V 得 C”结构实际均包含“致使-达成”范畴，其语义关系如（44）所示［参见例（31）］。

（44）［Agent：NP_1 CAUSE［Patient：NP_2 BECOME（state：XP）］］

这就是三类“V 得 C”结构的一致性或归一性。有时候施事 NP_1 可以不出现，有时候又存在明显的施受事和致使关系（多体现于强调结果的 V 得 C 结构），这就体现出结构之间的差异。也就是说，在本质上，这三种“V 得 C”结构具有一致性，应当归为同一类，都是表示“致使-达成”状态的组合式述补结构。真正与这种“致使-达成”结构形成对立的是前文提到的表可能性的同形“V 得 C”结构，二者在底层结构方面存在共性——都包含有“致使-达成”范畴，这是内部歧义产生的基础。在此基础上，我们主张把“V 得 C”结构划分成述补结构下属不同小类，即述状型组合式述补结构和述能型组合式述补结构。

总之，分析述补结构的内外部歧义，有助于我们加深和完善对述补结构整体的认识，对下属小类进行更准确的划分，使建基于分类之上的研究更加清晰可靠。

5. 结语

本文借鉴马庆株（1985）对述宾结构歧义的分类标准，从外部歧义和内部歧义的角度考察了与述补结构相关的歧义问题。

我们认为，“同形”是歧义产生的基础，这既包括表层形式的“同形”，即结构所选用的成分在词形、词类、词序和虚词等语法手段上存在一致性，也包括底层结构方面的“同形”，即特定范畴之间的包含关系。

述补结构的外部歧义主要存在于述补结构与同形的非述补结构之间，体现出同形的语法结构各组成成分的语法功能、性质与联系，反映了述补结构与其他语法结构的差异与共性。述补结构的内部歧义既体现为述补结构内部语义指向不明的问题，又产生于表层同形但深层结构存在差异的述补结构之间。我们发现，存在歧义的黏合式述补结构带宾句“NP_1VC 了 NP_2”与典型的组合式述补结构嵌宾句“NP_1V_1 得 NP_2V_2P”在语义解读方面受到了相同的限制：当述语中心动词 V 指向 NP_2 时，补语成分不能指向 NP_1。又如，组合式述补结构“V 得 C”有时存在表状态和表可能两种解读，是因为两类结构内部都包含“致使-达成”范畴。这些歧义本质上都是结构本身的特征导致的。此外，述补结构内部组成成分的语法性质也有可能导致歧义，通常是述语动词或补语成分本身所具有的多义性造成的，属于词汇歧义。

在此基础上，我们主张从同形结构的歧义角度反思述补结构下属小类的划分问题，要从结构本身对不同的语法结构进行划分，采用一致的、能反映本质特征的分类标准。

参考文献

陈刚：《汉语动结式的歧义规律研究》，《合肥工业大学学报》（社会科学版）2019

年第 6 期。

程工：《句法构词理论中的语素和词》，《语言学研究》2019 年第 1 期。

程工、池杨琴：《“得”=变得+使得?》，《外语教学与研究》2017 年第 4 期。

程工、杨大然：《现代汉语动结式复合词的语序及相关问题》，《中国语文》2016 年第 5 期。

程工、周光磊：《分布式形态学框架下的汉语动宾复合词研究》，《外语教学与研究》2015 年第 2 期。

方甜、彭家法：《“NP1+V 得+NP2+VP”句式歧义分析》，《齐齐哈尔大学学报》（哲学社会科学版）2019 年第 9 期。

郭继懋、王红旗：《粘合补语和组合补语表达差异的认知分析》，《世界汉语教学》2001 年第 2 期。

李小荣：《对述结式带宾语功能的考察》，《汉语学习》1994 年第 5 期。

陆俭明：《“VA 了”述补结构语义分析》，《汉语学习》1990 年第 1 期。

陆俭明：《“VA 了”述补结构语义分析补议——对读者意见的回复》，《汉语学习》2002 年第 6 期。

马庆株：《述宾结构歧义初探》，《语言研究》1985 年第 1 期。

马庆株：《含程度补语的述补结构》，载《语法研究和探索（四）》，北京大学出版社，1988a。

马庆株：《自主动词与非自主动词》，《中国语言学报》1988b 年第 3 期。

马庆株：《结合语义表达的语法研究》，《汉语学习》2000 年第 2 期。

马真、陆俭明：《形容词作结果补语情况考察（一）》，《汉语学习》1997 年第 1 期。

马真、陆俭明：《形容词作结果补语情况考察（二）》，《汉语学习》1997 年第 4 期。

马真、陆俭明：《形容词作结果补语情况考察（三）》，《汉语学习》1997 年第 6 期。

彭国珍：《偏离类动结式的句法特性》，《华中科技大学学报》（社会科学版）2006 年第 4 期。

沈家煊：《现代汉语“动补结构”的类型学考察》，《世界汉语教学》2003 年第 3 期。

沈阳、彭国珍：《结果偏离义“VA 了”结构的句法和语义分析》，《汉语学习》2010 年第 5 期。

宋文辉：《现代汉语状态、程度补语结构中“得”的意义、性质与功能》，《世界汉语教学》2021 年第 3 期。

孙天琦：《试析“V+个+VP”结构的句法属性及生成机制——兼议汉语的“隐性述补结构”》，《中国语文》2020 年第 6 期。

孙天琦、郭锐:《论汉语的"隐性述结式"》,《语言科学》2015年第5期。

孙银新:《同形异构的"NS+V+得+NP+VP"句式》,《励耘学刊(语言卷)》2005年第1期。

汪昌松:《句法—形态接口视域下的"得"字结构研究》,《语言教学与研究》2024年第2期。

王红旗:《谓语充当结果补语的语义限制》,《汉语学习》1993年第4期。

王红旗:《动结式述补结构的语义是什么》,《汉语学习》1996年第1期。

王红旗:《存在歧义格式吗》,《汉语学习》2020年第3期。

王璐璐、袁毓林:《述结式与"把"字句的构式意义互动研究》,《语言教学与研究》2016年第3期。

熊仲儒:《"VA了"述补结构的语义分类略说》,《南开语言学刊》2004a年第1期。

熊仲儒:《现代汉语中的致使句式》,安徽大学出版社,2004b。

熊仲儒:《当代语法学教程》,北京大学出版社,2013。

熊仲儒:《状态补语中的达成"得"》,《语言科学》2014年第3期。

杨大然、程工:《从动结式的产生过程看句法生成机制的演化》,《世界汉语教学》2024年第1期。

袁毓林:《述结式配价的控制—还原分析》,《中国语文》2001年第5期。

张全生、王宇轩:《述结式致使语义范畴》,《汉语学报》2008年第2期。

张晓雯、李梓:《英汉动结式的比较及汉语动结式歧义现象的句法学研究》,《萍乡学院学报》2022年第4期。

周光磊:《从分布式形态学看汉语VV型复合词的生成机制》,《外语研究》2019年第4期。

朱德熙:《汉语句法中的歧义现象》,《中国语文》1980年第2期。

朱德熙:《"在黑板上写字"及相关句式》,《语言教学与研究》1981年第1期。

朱德熙:《语法讲义》,商务印书馆,1982。

Borer, H., 2013. *Taking Form: Structuring Sense Volume* 3. Oxford: Oxford University Press.

Chomsky, N., 1995. *The Minimalist Program*. Cambridge: MIT Press.

Embick, David, 2004. On the Structure of Resultative Participles in English. *Linguistics Inquiry* 35 (3): 355-392.

Haiman, J., 1983. Iconic and Economic Motivation. *Language* 59 (4): 781-819.

Hashimoto, A., 1971. *Mandarin Syntactic Structures*. Unicorn (Chi-Lin) Princeton: Princeton University Press.

Huang, C-T. James, Li, Y-H. Audery & Li, Yafei., 2009. *The Syntax of Chinese*. Cambridge: Cambridge University Press.

Huang, C-T. James., 1982. Logical Relations in Chinese and the Theory of Grammar. Ph.

D. dissertation, MIT.

Huang, C-T. James., 1988. *Wo pao de kuai* and Chinese Phrase Structure. *Languages* 64 (2): 274-311.

Huang, C-T. James., 1997. On Lexical Structure and Syntactic Projection. *Chinese Languages and Linguistics* 3: 45-89.

Li, Charles & Sandra Thompson, 1981. *Mandarin Chinese: A Functional Reference Grammar*. Berkeley, CA: University of California Press.

Tsai, W-T. Dylan., 2001. On Subject Specificity and Theory of Syntax-Semantics Interface. *Journal of East Asian Linguistics* 10 (2): 129-168.

Wang, Changsong., 2014. Exploring the Interface between Syntax and Morphology—A case Study of *de*. Ph. D. dissertation. Beijing Language and Culture University.

Wang, Changsong., 2017. On Some Asymmetries and Derivation of Potential *de* Construction in Chinese. *Language and Linguistic* 18 (4): 647-698.

Wang, Changsong., 2021. Asymmetries in Two Types of *de*-related Verb-Copying Constructions in Chinese. *International Journal of Chinese Linguistics* 8 (2): 241-290.

Washio, Ryuichi., 1997. Resultatives, Compositionality and Language Variation. *Journal of East Asian Linguistics* 6 (1): 1-49.

Wu, C-H. Teresa., 2004. On *de/bu* and the Syntactic Nature of Resultative Verbal Compounding. *Language and Linguistics* 5 (1): 271-329.

Ambiguity Issues Related to Chinese Predicate-Complement Structures

WENG Shuo　ZHANG Heyou

Abstract: Chinese predicate-complement structure has complex components and rich forms, and sometimes it leads to multiple interpretations at the semantic level, which results in"ambiguity". The ambiguity of structure can be divided into two types, which are external ambiguity and internal ambiguity. The external ambiguity mainly exists between predicate-complement structure and those isomorphic non-predicate-complement structures. Internal ambiguity is not only reflected in the problem of unclear internal semantic direction of the predicate-complement structures, but also exists between subcategories of homomorphic predicate-complement structures. "Isomorphy"is the basis for ambiguity. By investigating the isomorphic ambiguity phenomenon of predicate-complement structures, this paper deepens the overall understanding of predicate-complement structures, further considers on the classification standards of predicate-complement structures, and emphasizes the importance of classifying from the structural characteristics.

Keywords: predicate-complement structure; external ambiguity; internal ambiguity; isomorphy; complement types

现代汉语“V+透”多义格式研究*

——从常规到非常规格式变体的扩展

王连盛

（上海财经大学国际文化交流学院）

提　要　本文对现代汉语“V+透”多义格式的形成过程进行探究。“V+透”多义格式包含五个成员，它们之间存在典型程度的差异，根据典型动补式的语义句法特点对成员的身份进行判定，发现“V+透$_1$”和“V+透$_2$”为典型成员，“V/A+透$_4$”“V/A+透$_5$”为边缘成员，而“V+透$_3$”则介于典型成员与边缘成员之间，为次典型成员。“V+透”多义格式的形成包含两条路径：一条是“V+透$_1$”在转喻机制的作用下扩展出“V+透$_2$”，“V+透$_2$”又在隐喻和类推机制作用下形成“V/A+透$_4$”；一条是“V+透$_1$”通过隐喻机制转化为“V+透$_3$”，“V+透$_3$”借助类推机制产生了“V/A+透$_5$”，便最终形成了“V+透”多义格式。在这一过程中，“V+透”实现了由常规到非常规格式变体的扩展。

关键词　“V+透”多义格式　非常规格式变体　隐喻　转喻

0. 引言

在现代汉语中，“V+透”具有十分丰富的语义类型[①]，例如[②]：

---

* 基金项目：上海市社科规划青年项目“现代汉语非常规动补式句法语义演变研究”（2020EYY008）；上海财经大学中央高校基本科研业务费专项资金“现代汉语非常规动补式句法语义演变研究”（2020110263）。

① “V+透”中述语除动词外还包括部分性质形容词，出于表述方便，文章中统称为“V+透”。

② 本文语料来自北京大学CCL语料库、北京语言大学BCC语料库和微博。

（1）可是众人看见那边士兵要拔下箭来却不容易，原来这一箭已经射透了厚实的木板。（徐业兴《金瓯缺》）

（2）与泥沙混在一起，汗水渗透了他的军服。（新华社 2001 年 7 月份新闻报道）

（3）嫣红的早霞映透了窗幔，刘诗昆发现钢琴上摆着一束郁金香，鲜艳美丽。（《读者（合订本）》，总第 42 期）

（4）他好像是猜透了我的想法，打着手势画了一个神圣的十字，用这种方法向我表示，他是一个虔诚的天主教徒。（歌德《一个男孩的奇遇》）

（5）丁香，放火上烧煮至飘出香味时，加入白糖搅溶并离火，放一边待凉透后加入醋精，成为甜酸适宜的卤汁。（龚勋《菜谱大全》）

（6）他恨透了日本人，总想长大了当兵打日本，报仇雪恨。（《当代文摘》）

（7）她眯起眼睛，避着夏天耀眼的阳光，推着自行车慢慢走着，心情坏透了。（张承志《北方的河》）

上述例句中，共包括五种“V+透”结构。具体来说，例（1）为第一种，此时“透”为具体结果义，表示“物体穿过”，记为“$透_1$”；例（2）（3）是第二种，“透”仍为具体结果义，语义为“光线、流体穿过”，记作“$透_2$”；例（4）则是第三种，“透”呈现为“透彻、明白”义，不再是具体结果义，而表达抽象义，是为“$透_3$”；例（5）则为第四种，“透”表达“充分、完全”的状态义，记为“$透_4$”；例（6）（7）是第五种，“透”表示“达到极量”的程度义，为“$透_5$”①。

① 本文对“透”语义的划分参考了宗守云（2010），对“透”语义的划分依据为搭配的述语类型和述补式后接宾语的语义类型，在此基础上将“光线穿过”和“流体渗透”合并为“光线、流体穿过”。此外，林华勇、甘甲才（2012）将“透”的意义概括为结果、状态和程度三种类型，我们赞同这一分类，本文将“透”的语义进一步细化，是为了更好地展现“V+透”多义格式的形成过程以及常规格式变体到非常规格式变体的扩展过程。感谢评审专家指出这一点。

目前对“V+透”的研究①，主要集中在对“透”作补语时词性和语义指向的研究，如吕文华（1982）、刘月华（1983）、马庆株（1992）、邢福义（1996）、张谊生（2000）等对“透”作程度补语时词性和语义指向的研究，李临定（1992）、王红旗（1993）、吕叔湘（1999）、齐沪扬（2000）等对“透”作结果补语时词性和语义指向的研究，而对“V+透”结构中“透”语义的整体性研究则比较少。宗守云（2010）对补语“透”的泛化和虚化进行了研究，认为“V/A透”可以表达六种意义，表现为语义的泛化和虚化；林华勇、甘甲才（2012）认为“V/A透”格式中谓词的语义特征或语义类别与“透”的功能密切相关，“透”的意义存在“结果>状态>程度”的发展趋势。他们的研究很有启发意义，但对补语“透”语义类别以及不同语义之间的联系，还有进一步可挖掘的空间。

上述“V+透”的五种结构形式则为格式变体，它们之间存在着同构异义的关系，共同构成“V+透”多义格式。在此基础上，我们对“V+透”多义格式的形成过程和发挥作用的机制进行探究。

1.“V+透”多义格式成员典型程度的判定

常规格式是指汉语历史上早已形成并固定下来的最典型、最具有代表性的若干组合格式，常规格式的常规搭配及其语义关系是汉语语法的通则和典型特点，是使用该语言的人头脑中的完形，而非常规格式则是常规格式的超常组合，包括组合成分的词类变异、义类变异、词义变异以及组合成分的省略、添加、紧缩、叠合等（江蓝生，2016）。二者处于一个动态的连续统之中，存在着由常规格式到非常规格式的转化。具体到“V+透”多义格式，作为原型范畴，包括典型成员、次典型成员和边缘成员，它们之间有着典型程度的差异。可见，在“V+透”多义格式中存在着常规格式变体和非常规格式变体，“V+透”多义格式作为动补式，对其成员身份的判

① 对“V+透”结构的相关研究可参看范雨静（2008）。

定，则是根据典型动补式的特点。

至于典型动补式的特点，包括语义和句法两个方面。语义方面，典型动补式动词和补语之间具有理据性，理据性是指补语表示的语义与动词所表示动作行为之间具有相关性，如"撞倒"中，补语"倒"是动词"撞"引发的结果中的一种，可用"因……而……"结构式进行判定。句法方面，典型动补式动词和补语可以扩展和变换。扩展方面，典型动补式不仅可以加"得/不"进行扩展，还可以进入"一……就……"结构式，如"砍断"可以扩展为"砍得/不断""一砍就断"；变换方面，动词和补语可以分别充当两个小句的谓语，构成两个独立的小句，例如"小红摔碎了杯子"可以变换成"小红摔杯子，杯子碎了"。在此基础上，我们对"V+透"多义格式五个成员的典型程度进行判定。

1.1 "透$_1$"表示"固体穿过"具体结果义

在"V+透$_1$"中，"透"表示"固体穿过"的具体结果义，所搭配动词均为强动作性、强致使性动词，如"刺、插、凿、捣、挖、钉"等，后接宾语均为具体名词宾语。分析发现，"V+透$_1$"动词和补语之间具有理据性，能扩展和变换。以"刺透"为例，可以进入"因……而……"结构式构成"因刺而透"，能扩展为"刺得/不透"；可以进入"一……就……"形成"一刺就透"，而且能变换，"刺"和"透"分别充当两个小句的谓语。例如：

(8) 约押用3杆短枪刺透了押沙龙的心脏。(改自《圣经故事》)

(9) 约押用3杆短枪刺了押沙龙的心脏，押沙龙的心脏透了。

可见，"V+透$_1$"满足典型动补式的所有特点，典型程度最高，是典型成员，为常规格式变体。

1.2 “$透_2$”表示“光线、流体穿过”具体结果义

在“V+$透_2$”中，“透”仍为具体结果义，呈现为“光线、流体穿过”，此时所搭配动词主要为动作性、强致使性动词，动作性有所降低，光线穿过如“照、映、射［照射］”等，流体穿过如“渗、淋、浇、泡、洇”等。通过分析发现，“V+$透_2$”动词和补语间具有语义理据性，能扩展，但不能变换。分别以“照透”“泡透”为例，都可以进入“因……而……”结构式构成“因照而透”“因泡而透”，可以扩展为“照得/不透”“泡得/不透”，也能进入“一……就……”形成“一照就透”“一泡就透”，但是变换后，句子的可接受度大为降低。例如：

（10）嫣红的早霞映透了窗幔，刘诗昆发现钢琴上摆着一束郁金香，鲜艳美丽。（《读者（合订本）》，总第42期）

（11）？嫣红的早霞映了窗幔，窗幔透了。

（12）用开水泡透杏核，剥去外皮，用纱布包好待用。（龚勋《菜谱大全》）

（13）？用开水泡杏仁，杏仁透了。

可以发现，“V+$透_2$”满足典型动补式的大部分特点，只是不能进行变换，相较于“V+$透_1$”典型程度有所降低，但仍是比较典型的动补式，是典型成员，为常规格式变体。

1.3 “$透_3$”表示“透彻、明白”抽象义

在“V+$透_3$”中，“透”不再表达具体结果义，而是表达“透彻、明白”的抽象义，所搭配的动词为动作性、致使性动词，动作性进一步降低，如“说、学、讲、读、钻［钻研］”等。通过分析，“V+$透_3$”动词和补语间并无语义理据性，不能加“得/不”进行扩展，除“看透、点透、猜透”个别成员，大部分不能进入“一……就……”结构式扩展，并且不能进行变

换。以“说透”为例，不能进入“因……而……”结构式形成“？因说而透”，动词和补语很难说具有语义理据性，能扩展为“说得/不透”，但不能进入“一……就……”构成“＊一说就透”，而且不能进行变换。例如：

(14) 福建省邵武市洪墩镇水口寨村的农民“网虫”黄德红快人快语，几句话便说透了上网的作用。（新华社 2002 年 3 月份新闻报道）

(15) ＊黄德红说了上网的作用，上网的作用透了。

因此，“V+$透_3$”相较于“V+$透_2$”，满足典型动补式特点的数量进一步减少，典型程度进一步降低，为次典型成员，不再是常规格式，而是介于常规和非常规格式变体之间。

1.4 “$透_4$”表示“充分、完全”抽象义

在“V/A+$透_4$”中，“透”呈现“充分、完全”的抽象义，与其搭配的主要是性质形容词，如“干、冷、熟、黑”等，以及少数弱动作性、致使性动词，如“湿、淋”等。前者以“干透”为例，不能进入“因……而……”结构式形成“＊因干而透”，动词和补语并不具有语义理据性。语法方面，“干透”不能扩展成“＊干得/不透”，也不能进入“一……就……”构成“＊一干就透”，而且不能进行变换。后者以“湿透”为例，不能进入“因……而……”结构式构成“＊因湿而透”①，动词和补语不具有语义理据性，不能扩展成“＊湿得/不透”，也不能进入“一……就……”构成“＊一湿就透”，而且不能进行变换。分别举例如下：

(16) 衣服终于干透了，穿在身上清爽爽的。（《人民日报》1993

---

① 这里的“湿透”，“透”表示“完全、充分”的状态义，与“透”表示“液体穿过”的“湿透”不同，后者能进入“因……而……”结构式，能进行扩展和变换。

年 7 月份)

(17) ＊衣服终于干了，衣服终于透了。

(18) 4 大叔雨中奔跑为医护人员撑“蓝天”，自己全身都湿透了。(微博)

(19) ＊4 大叔全身都湿了，全身都透了。

可以发现，“V/A+透$_4$”格式完全不满足典型动补式的语义、句法特点，典型程度很低，为边缘成员，是非常规格式变体。

1.5 “透$_5$”表示“到达极量”高程度义

在“V/A+透$_5$”中，“透”表示“到达极量”的高程度义，所搭配的是心理动词和部分性质形容词，前者如“恨、爱、伤、讨厌、感激”等，后者如“坏、烦、差、虚、腻”等。分别以“恨透”和“坏透”为例，都不能进入“因……而……”结构式构成“＊因恨而透”“＊因坏而透”，动词和补语之间并无语义理据性。此外，“恨透”和“坏透”都不可以扩展为“＊恨得/不透”“＊坏得/不透”，也不能进入“一……就……”形成“＊一恨就透”“＊一坏就透”，并且均不可以进行变换。例如：

(20) 伍子胥恨透了楚平王，刨了他的坟，还把平王的尸首挖出来狠狠鞭打了一顿。(《中华上下五千年》)

(21) ＊伍子胥恨了楚平王，楚平王透了。

(22) 她们都坏透了，那学校的一些人，但不是那种坏。(《洛丽塔》)

(23) ＊她们都坏了，她们都透了。

可以看到，“V/A+透$_5$”格式完全不满足典型动补式的语义、句法特点，典型程度很低，同样为边缘成员，为非常规格式变体。

1.6 “V+透”多义格式成员的典型程度

通过上述分析，可以看到“V+透”多义格式的成员满足典型动补式特点的数量并不相同，它们之间存在着典型程度的差异。典型程度和非常规程度成反比，一个成员的典型程度越高，其非常规程度就越低，越倾向于常规格式；相应地，一个成员的典型程度越低，其非常规程度就越高，越接近于非常规格式，具体情况如表 1 所示。

表 1 “V+透”多义格式成员典型程度情况

成员	动词和补语具有理据性	能够加“得/不”进行扩展	能够进入“一……就……”结构式	能够进行变换
“V+$透_1$”	+	+	+	+
“V+$透_2$”	+	+	+	-
“V+$透_3$”	-	+	+（部分可以）	-
“V/A+$透_4$”	-	-	-	-
“V/A+$透_5$”	-	-	-	-

通过表 1 可以发现，“V+$透_1$”的典型程度最高，为常规格式变体。“V+$透_2$”的典型程度虽有所降低，但仍是常规格式变体。“V/A+$透_4$”和“V/A+$透_5$”的典型程度最低，为非常规格式变体，而“V+$透_3$”的典型程度则介于两者之间，处于常规格式变体向非常规格式变体演化的中间阶段。

2. “V+透”多义格式形成过程与作用机制

以上我们探讨了“V+透”多义格式各成员的典型程度，发现它们满足典型动补式特点的情况并不相同，存在典型程度的差异。而“V+透”多义格式的形成，则是格式不同成员之间拓展的结果，而对格式扩展机制的探析只有落实到隐喻、转喻、重新分析以及类推等具体作用机制上，才能具有较强的解释力（施春宏，2016）。此外，在动词性语境中，对其词义影响最大的是其主体角色和客体角色。主体角色又称主事，包括施事、致事、感事；客体角色又称客事，包括受事、与事、对象、结果和系事。具体到“V+透”多义格式中的“透”，除与其相关的主客体角色，还包括与其搭配的动词，可以形式化为：

S主体+[（V+透）+O客体]

基于此，我们对成员之间的语义关联以及“V+透”多义格式的形成过程进行探究，并找出在这一过程中发挥作用的相关机制。

2.1 典型成员“V+透$_1$”

“透”的本义为“跳也，过也，从辵秀声”（《说文解字》：36下），与此处讨论的“V+透”格式无关，我们不予讨论。而与“V+透”格式密切相关，最早出现的意义为“通，穿”，晋朝时已经出现，此时“透”的主要用法有两个，一是独立充当谓语，二是用在其他动词之后，共同组成连动式。例如：

（24）或入瓶内，或处囊中，越牖透垣，曾无障碍。唯于刀兵，不得自在。（唐·般刺密帝《首楞严经》）

（25）芦穿透膝，顶鹊为巢。（五代·潘重规《敦煌变文集新书》）

根据宗守云（2010），动补式“V+透$_1$”最早出现于五代，宋代时用例增多，此时所搭配动词均为强动作性、强致使性动词，客体皆为具体名词受事，主体是生命体施事。例如：

（26）大石室面平野，室左右皆有径隧，各数十百步，穿透两傍，亦临平野。（宋·范成大《桂海虞衡志》）

（27）时提婆达多显自威力挽弓前射透一多罗树。（宋·法贤《佛说众许摩诃帝经》）

可见，“V+透$_1$”格式的形成，经历了外部成分和格式体、韵律界面和语义界面以及语义和句法界面的相互作用。具体来说，当连动式“V+透”后接具体名词客体时，客体对“V+透”连动式形成压制，拉近了二者之间的语义距离。而韵律双音节化则在此基础上对“V+透”连动式进一步进行压制，促使二者的语义发生融合，语义重心向后移动，从而导致“透”的动作整体性降低，而逐渐凸显出表示结果的一面，语义界面对句法界面进行压制，促使“透”的句法地位降低，“透”不再与连动式的前一动词地位平等，而是处于次要地位，连动式“V+透”最终实现了向动补式的转变，形成了“V+透$_1$”。

在这一过程中，发挥作用的机制主要是转喻和重新分析。转喻是认知的基本特征之一，人们利用某一事物容易感知的或者被人熟知的部分来代替该事物的其他方面或者整体（Lakoff，1987：77），具有凸显性（金江、魏在江，2019：127）。动词“透”由表示动作的完整过程到表示前一动作产生的结果，由连动式的后一动词到动补式的补语，是部分转喻整体的结果。具体来说，动作的过程中必然包含结果，结果是动作过程的一部分，而且是被凸显的部分，因为人们对于动作过程的关注往往聚焦在结果上，而忽略了其他方面。可见，“V+透”由连动式转变为动补式“V+透$_1$”，是用被凸显的部分即结果来代替整体动作即过程的结果，转喻机制在其中发挥了重要作用，而且，在这一过程中，“V+透”的外部形式并未发生改变，而是内部的句法结构和语义关系发生了改变，而重新分析是没有改变外在表层表达形式的结构（Langacker，1977），只改变句法结构的底层结构却不涉及表层表现的任何直接或内在的调整的机制（Harris & Campbell，1995：50），可见重新分析同样在这一过程中发挥了重要作用。因此，“V+透$_1$”的形成，是转喻和重新分析两种机制合力作用的结果。

2.2 典型成员“V+透$_2$”

根据收集的语料，随着“V+透$_1$”使用频率的增加，宋代还出现了与“透$_1$”搭配的主体为非生命体的情况，最开始的时候，搭配的动词主要是

“穿”，例如：

(28) 时方初夏，一日忽大雷雨，火光穿透洞中，飞走不定。（宋·周密《癸辛杂识》）

(29) 孤轮穿透碧潭心。（宋·赜藏《古尊宿语录》卷十九）

随着使用频率的增加，一些动作性不是很强的动词如“湿、淋、泡、浸、照、映”等进入格式中。例如：

(30) 恰恨一番雨过，想应湿透鞋儿。（南宋·石效友《清平乐》）

(31) 我有末尼上珍，匿曜在嵩严山，脱辟秘藏，宜照透三千界，何十二乘足之道哉！（清·陆心源《唐文拾遗》）

可以发现，“V+透$_2$”的形成是外部句法成分和格式体、格式体和组构成分以及不同组构成分之间相互作用的结果。具体来说，当“V+透$_1$”搭配的主体由生命体扩展到非生命体，非生命体为光线和流体，此时“V+透$_1$”不能和非生命体主体搭配。因此，非生命体主体对“V+透$_1$”进行压制，促使其语义发生转变，在此基础上，一些与光线和流体搭配的动词如“照、映、渗、湿”等进入格式中，这些动词又对构件“透$_1$”进行压制，使“透$_1$”转变为表“光线、流体穿过”义的“透$_2$”，“V+透$_2$”最终得以形成。

至于发挥作用的机制，则是同位类推（朱彦，2010）。具体来说，固体、流体和气体是空间实体下的不同小类，都处于空间域。在“V+透$_1$”格式中，与其搭配的都是固体，如“箭、刀”等，由于固体、流体和气体之间是同位关系，人们便在同位类推机制的作用下，将“V+透$_1$”搭配的主体由固体扩展至流体和气体，既然固体穿过固体是“透”，推而广之，流体和气体穿过固体也是“透”，便形成了“透$_2$”，“V+透$_2$”得以形成。同位类推是基于同位关系，即同位邻接，而在转喻机制中，其源域和目标域处于同一认知域中，其本质是同域指称（刘涛，2018），转喻与邻接相对应，是建立在邻接性基础上的认知关联（罗曼·雅各布森，2000：238~243）。可见，同位转喻是转喻的一种特殊形式，即同位邻接的转喻。因此，在“V+透$_2$”形成过程中，从本质上来说作用机制是转喻。

2.3 次典型成员“V+透$_3$”

如前所述，“V+透$_1$”只与具体名词客体搭配，此时所搭配动词均为强动作性、强致使性动词。根据收集的语料，随着时间的推移和使用频率的增加，“V+透$_1$”所搭配的客体由只能是具体名词扩展到抽象名词，宋朝时已经出现。例如：

（32）忽被学人横穿凡圣，击透玄关时，又作么生？（南宋·普济《五元灯会》）

（33）老子颇更事，打透利名关。（宋·唐圭璋《全宋词》）

例（32）（33）中“击透”“打透”搭配的客体“玄关”“名利关”均是抽象名词。在此基础上，一些动作性、致使性不是很强的动词如“看、说、讲、读、猜、悟”等动词进入格式中，所搭配的动词类型得到扩展。例如：

（34）先生甚喜，以谓某四十岁，方看透此段意思。（北宋·朱熹《朱子语类》）

（35）李甲原是没主意的人，本心惧怕老子，被孙富一席话，说透胸中之疑。（元·程毅中《元话本选集》）

可以看到，“V+透$_3$”是外部句法成分和格式体、格式体和组构成分以及不同组构成分之间相互作用的产物。具体来说，当“V+透$_1$”与抽象名词客体搭配时，此时“透$_1$”表示具体结果义，不能与抽象名词客体搭配。因此，抽象名词客体对“V+透$_1$”进行压制，促使其整体语义抽象化，在此基础上，格式体又对补语“透$_1$”进行压制，导致“透$_1$”的语义变得抽象，而抽象化的“透$_1$”又反过来对格式体进行压制，促使格式体对能进入格式动词的语义要求降低，从而导致一些动作性和致使性不是很强的动词如“看、说”等也进入格式中，而这些新进入格式中的动词又对“透$_1$”进行压制，使其语义进一步虚化，由表示“物体穿过”的具象义转变为表示“透彻、明白”的抽象义，实现了由“透$_1$”到“透$_3$”的转变，形成了“V+透$_3$”。

至于发挥作用的机制，则是隐喻机制。隐喻产生的基本条件是语义冲突，语义冲突又叫作语义偏离，是指语言在语义组合的过程中违反常理或者语义选择限制的现象（束定芳，2002），例如：

（36）炮弹击透了坚硬的钢板，把艇底打出一个大洞。（自拟）

（37）父亲的呵斥一遍又一遍地击透着我的灵魂，阻止着我的沉沦。（蔡骏《水晶骨头》）

例（36）中“击透钢板”符合语义选择限制，是正常的语义组合，而例（37）中“击透灵魂”则违反了语义选择限制，不符合常理，便产生了语义冲突。隐喻的语义冲突是隐喻得以成立的基本条件，是一种外在的形式特征，真正的工作机制则存在于听话人对隐喻含义进行推断的这一过程中，这一理解过程涉及源域和目标域之间带有方向性的互动，即映射（mapping），一般是源域的结构系统地映射到目标域中。具体到由“击透钢板”到“击透灵魂”的隐喻过程中，源域是“钢板”，目标域是“灵魂”，其映射过程如图 1 所示。

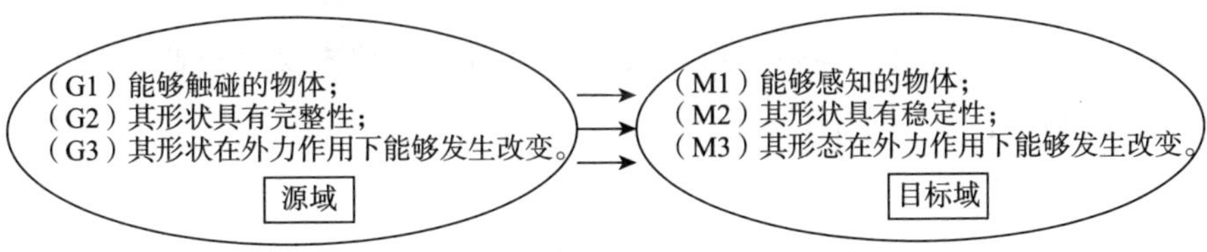

图 1　“击透钢板”到“击透灵魂”的映射过程

如图 1 所示，在隐喻理解的过程中，源域“钢板”的各种显著结构特征，被系统地映射到了目标域“灵魂”上，在此基础上，人们实现了对“击透灵魂”的识解，即说话人要表达的是父亲的呵斥对“我”产生了很大的影响，从而形成了“V+透$_3$”。可见，“V+透$_3$”的形成是隐喻机制作用的结果。

2.4 边缘成员“V/A+透$_4$”

根据收集的语料，随着时间的推移，能进入“V+透$_2$”中的谓语进一步增加，不再局限于动词，一些性质形容词如“冰、熟、干、冷、香”等也进入格式中，最早出现于元末明初①。例如：

(38) 步苍苔冰透绣罗鞋，畅好是冷、冷、冷。(元·高文秀《全元曲》)

(39) 这里没人家化饭，那南山有一片红的，想必是熟透了的山桃，我去摘几个来你充饥。(明·吴承恩《西游记》)

可以发现，“V/A+透$_4$”的形成是组构成分之间以及组构成分和格式体之间相互作用的结果。具体来说，在“V+透$_2$”中，随着能与光线和流体搭配动词的增加，动词对补语“透$_2$”进一步压制，促使其由表示结果义向表示状态义转变，而“透$_2$”的转变，反过来又对格式体产生压制，促使格式体对能够进入的前一成分语义要求进一步降低，不再局限于动词，一些性质形容词也进入格式体中，这些新进入的性质形容词再次对“透$_2$”进行压制，最终实现了“透$_2$”向“透$_4$”的转变，不再表示“光线、流体穿过”的结果义，而是表示“透彻、明白”的状态义，至此，“V/A+透$_4$”便已形成。

① 林华勇、甘甲才（2012）指出元、明大量出现“V 透”用法，V 为 V_2（如讲、煮）、V_3（如恨）或 A_1（如湿），本文认可这一观点，在对形容词进入“V 透”格式的时间认识上与林文具有一致性，认为三种述语出现的时间基本一致，在此基础上细化了先后顺序。

在这一过程中，发挥作用的机制则为隐喻和类推。在“V+透$_2$”扩展至“V/A+透$_4$”的过程中，“湿透”起到了至关重要的作用。“湿透”可以表示两种意义，一种是客体部分被液体渗透了，但并没有全部湿了；另一种是客体整个都被液体渗透了，全部湿了。例如：

（40）直到离开了庆春的家，他才觉出背上的衣服，已被汗水湿透。（海岩《永不瞑目》）

（41）玩的过程中，我一个不小心掉到了湖里，搞得全身湿透。（曹彦博译《杰克·韦尔奇自传》）

例（40）中庆春的衣服只有后背部分被汗水弄湿了，其他地方并没有湿，而例（41）中的“我”的衣服则是全部弄湿了，完全湿了。在这一过程中，隐喻发挥了重要作用。具体来说，隐喻的运作机制是事物之间的相似性，涉及两个概念领域的映射（束定芳，2004），“透”由表示液体穿过的结果义到表示充分、完全的状态义，液体穿过一定是完全穿过，如例（40）中庆春的衣服一定是内外都湿了，内外都湿透了，这与充分、完全的状态义具有很大的相似性，在此基础上便实现了由空间域向状态域的转变，便形成了“V+透$_4$”。类推机制在其进一步扩展的过程中发挥了重要作用。类推包括完全类推和创造性类推两种，完全类推是指原式和类推式在语音、语义和结构形式等方面的属性完全一致，并且不同成分间一般具有反义或者类义关系；创造性类推又称作“不完全类推”或“部分类推”，是指原式和类推式在语音、语义和结构形式等方面的属性只有部分相同，并且不同成分间没有对义、类义关系（朱彦，2010）。由“湿透”类推出“干透”，是完全类推的结果，“湿”和“干”之间具有反义关系。通过完全类推，人们将与“湿”相对应的“干”以及其他一些性质形容词如“熟、红、凉”等纳入格式中，便最终形成了“V/A+透$_4$”。因此，“V/A+透$_4$”是隐喻和类推共同作用的产物。

2.5 边缘成员“V/A+透$_5$”

根据收集的语料，随着时间的推移和使用频率的增加，清朝、民国时期，能进入“V+透$_3$”中的谓语动词进一步扩展，一些心理动词和性质形容词也得以进入格式中，前者如“恨、冤枉”等，后者如“坏、累、快活”等。例如：

(42) 我恨透了你们这种东西了。(清·张贺芳《小五虎演义》)

(43) 这个坏透心肠的畜生，自己没有本领去将荆州取来……(民国·徐哲身《汉代宫廷艳史》)

可以看到，“V+透$_5$”的形成是外部句法成分和格式体、格式体和组构成分以及组构成分之间相互作用的结果。具体来说，“V+透$_3$”在抽象事物客体的压制下，语义不断虚化，而格式体又对补语“透$_3$”产生压制，促使“透$_3$”的语义进一步虚化，而虚化的“透$_3$”又对格式体形成压制，促使格式体对能进入格式的前一成分的语义要求进一步降低，不仅使部分心理动词得以进入格式中，甚至部分性质形容词也进入格式中，而这些心理动词和性质形容词又对补语“透$_3$”产生压制，促使“透$_3$”转变为表示“达到极量”义的“透$_5$”，便形成了“V+透$_5$”。

在这一过程中，类推机制发挥了重要作用。类推又称类比，在语言使用和发展的过程中具有重要作用，具体表现为对某个规则、模式进行概括，并将其作为可供借鉴或者模仿的原模型扩展到其他单位，从而帮助说话人依据熟知的词库创造新的形式（张金忠，2008）。如前文所述，类推有完全类推和创造性类推两种形式。从“V+透$_3$”扩展到“V+透$_5$”，就是创造性类推的结果。在现代汉语谓词中，存在一个强动作性、强致使性动词到动作性、致使性动词再到心理动词最后到性质形容词的连续统，例如由“打”到“看”再到“恨”最后到“坏”，人们在类推机制的作用下，将动作性、致使性较弱的心理动词和性质形容词纳入“V+透$_3$”中，便创造出了“恨透”“坏透”等新的形式，从而形成了“V/A+透$_5$”。心理动词“恨”、性质形容词“坏”和“看、说”等动词之间并没有语义联系，不存在反义、类义的关系，因此，“V/A+透$_5$”格式的形成，是创造性类推的结果。

3. 结论

通过上述研究可以发现，“V+透”多义格式的形成过程与作用机制如图2所示。

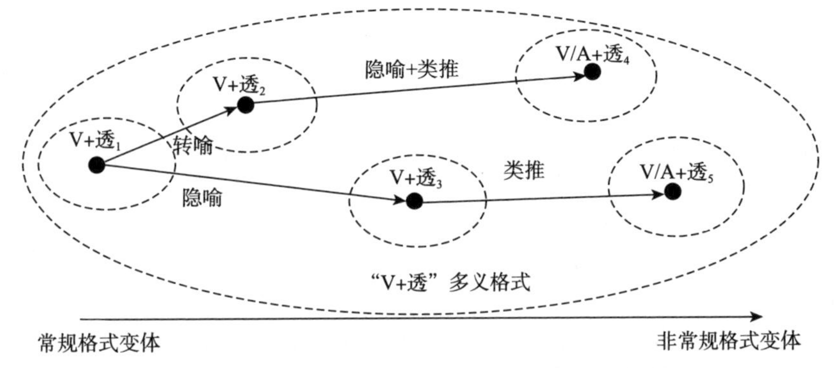

图2 “V+透”多义格式的形成过程与作用机制

具体来说，“V+透$_1$”在转喻和重新分析机制的作用下，由连动式“V+透”演变而来，其进一步扩展包含两条演化路径：一条是“V+透$_1$”在转喻机制的作用下扩展出“V+透$_2$”，而“V+透$_2$”又在隐喻和类推机制的作用下演化出“V/A+透$_4$”；另一条是“V+透$_1$”在隐喻机制的作用下演化出“V+透$_3$”，而“V+透$_3$”则在类推机制的作用下形成了“V/A+透$_5$”。至此，便形成了“V+透”多义格式，各成员之间按照家族相似性排列，不同成员间存在典型程度的差异。

在演化的过程中，成员的典型程度越来越低，而非常规程度却不断提高。具体来说，“V+透$_1$”和“V+透$_2$”为常规格式变体，但“V+透$_2$”的常规程度相较于“V+透$_1$”已有所降低，“V/A+透$_4$”和“V/A+透$_5$”为非常规格式变体，而“V+透$_3$”则介于常规和非常规格式变体之间，从而实现了由常规格式变体到非常规格式变体的扩展。

参考文献

蔡淑美：《构式浮现的研究现状和发展空间》，《语言教学与研究》2020 年第 5 期。

范雨静：《现代汉语“X+透”结构研究》，上海师范大学硕士学位论文，2008。

江蓝生：《超常组合与语义羡余——汉语语法化诱因新探》，《中国语文》2016 年第 5 期。

金江、魏在江：《转喻性与体验性：构式压制的两个维度——以动词为例》，《新疆大学学报》（哲学·人文社会科学版）2019 年第 4 期。

李临定：《从简单到复杂的分析方法——结果补语句构造分析》，《世界汉语教学》1992 年第 3 期。

李宗江：《近代汉语“推论”类语用标记及其演变》，《励耘语言学刊》2016 年第 1 期。

刘涛：《隐喻与转喻的互动模型：从语言到图像》，《新闻界》2018 年第 12 期。

林华勇、甘甲才：《“V/A 透（了）”格式与谓词的类》，《世界汉语教学》2012 年第 1 期。

刘月华：《实用现代汉语语法》，外语教学与研究出版社，1983。

陆俭明：《构式语法理论有待深究的三个问题》，《东北师大学报》（哲学社会科学版）2016 年第 4 期。

罗曼·雅各布森：《隐喻和转喻两极》，载张德兴主编《二十世纪西方美学经典文本》（第一卷），复旦大学出版社，2000。

吕叔湘：《现代汉语八百词（增订本）》，商务印书馆，1999。

吕文华：《谈结果补语的意义》，《语言教学与研究》1982 年第 3 期。

马庆株：《汉语动词和动词性结构》，北京语言学院出版社，1992。

齐沪扬：《现代汉语短语》，华东师范大学出版社，2000。

束定芳：《论隐喻的运作机制》，《外语教学与研究》2002 年第 2 期。

束定芳：《隐喻和换喻的差别与联系》，《外国语》2004 年第 3 期。

施春宏：《“招聘”和“求职”：构式压制中双向互动的合力机制》，《当代修辞学》2014 年第 2 期。

施春宏：《构式压制现象分析的语言学价值》，《当代修辞学》2015 年第 2 期。

施春宏：《互动构式语法的基本理念及其研究路径》，《当代修辞学》2016 年第 2 期。

王红旗：《谓词充当结果补语的语义限制》，《汉语学习》1993 年第 4 期。

王连盛:《动结式的词汇化及其机制——以“V破”为例》,《汉语学习》2018年第1期。

邢福义:《汉语语法学》,东北师范大学出版社,1996。

许慎:《说文解字》,中华书局,2013。

张和友:《概念域、功能投射与插入语的句法结构》,《汉语学报》2016年第2期。

张金忠:《语言的类推机制与俄语教学》,《黑龙江高教研究》2008年第3期。

张谊生:《程度副词充当补语的多维考察》,《世界汉语教学》2000年第2期。

朱彦:《创造性类推构词中词语模式的范畴扩展》,《中国语文》2010年第2期。

宗守云:《补语“透”语义的泛化和虚化》,《汉语学习》2010年第6期。

Goldberg, Adele E. 1995. *Constructions: A Construction Grammar Approach to Argument Structure*. Chicago: University of Chicago Press.

Harris, Alice C. & Campbell, Lyle. 1995. *Historical Syntax in Cross-linguistic Perspective*. Cambridge: Cambridge University Press.

Lakoff, G. 1987. *Women, Fire, and Dangerous Things: What Categories Reveal about the Mind*. Chicago: University of Chicago Press.

Langacker, R. 1977. *Syntactic Reanalysis*//In C. N. Li(Ed.), *Mechanisms of Syntactic Change*. Austin: University of Texas Press.

A Study on Formation of “V+*tou*(透)” Polysemous Structure
—From Conventional to Unconventional Structure Variants

WANG Liansheng

Abstract: The article explores the formation process of the V+*tou*(透) polysemy structure. The V+*tou* polysemous structure contains five members, and there is a typical degree of difference between them. According to the semantic and syntactic characteristics of the conventional verb-complement constructions, the identity of the members is judged. The article finds that V+tou_1 and V+tou_2 are typical members, V/A+tou_4 and V/A+tou_5 are marginal members. And V+tou_3 is an atypical member, which is between them. The formation of V+*tou* polysemous structure involves two paths. One is that V+tou_1 expands to V+tou_2 under the influence of metonymy mechanism. And V+tou_2 is transformed to V/A+tou_4 under the influence of metaphor and analogy mechanism. The second one is that V+tou_1 is transformed to V+tou_3 through metaphorical mechanism. V+tou_3 is transformed to V/A+tou_5 by analogy mechanism. Finally, V+*tou* polysemous structure is formed. In this process, the expansion from the conventional structure variants to the unconventional structure variants is realized.

Keywords: V+*tou* polysemous structure, unconventional structure variants, metaphor, metonymy

现代汉语语用小品词研究的回顾与展望

霍兴宇　祁　峰

（华东师范大学国际汉语文化学院/
国家语委全球中文发展研究中心）

提　要　汉语语用小品词本体研究成果丰富，但从互动语言学视角出发，综合运用功能语言学、会话分析、人类语言学、社会学等跨学科的研究范式对汉语语用小品词的互动研究仍有较大空间。本文具体梳理了以往具有代表性的研究成果，就研究内容、研究方法以及现有研究的不足之处进行简要述评，并从互动功能、位置分布、语音特征、研究视角、教学实践、多模态构式等方面指出汉语语用小品词互动研究的若干拓展方向。

关键词　语用小品词　互动语言学　语气词　会话分析　多模态视角

0. 引言

语用小品词[①]（pragmatic particles）研究一直是现代汉语语法研究的一

① 本研究采用“语用小品词”，而不采用国内学界的惯用术语“语气词”，有两个原因：一是国内学界根据句法、读音、位置将这类词分为叹词和语气助词，同时对于语气词是否包括叹词，学界也存在一定的争论，因此“语气词”这一术语难以准确描述该类词的全部对象；二是在汉语自然口语对话中，“吧、啊、呢、呀”这类词往往不仅承担“语气”的功能，还具有其他语用功能，例如：言者情感立场标示、话轮组织标记、互动（转下页注）

个热点。因为研究侧重点的不同，已有研究对这类词的命名略有不同，如：交际小品词（interactional particles）（Maynard，1993；Xiang，2011）、情感小品词（affective particles）（Hsu，1996）、语用小品词（pragmatic particles）（刘锋，2015；刘锋、张京鱼，2018、2020）、话语小品词（utterance particles）（Luke，1990；Wu，2004；刘锋、张京鱼，2017）、语气词（modal particles）（吕叔湘、朱德熙，1953；赵元任，1979；方梅，1994；孙汝建，2005）等。

语用小品词本身不传递语义或命题内容，只在交际互动中表现出高度交际性和语用功能多样性，如英语中的 well，oh，汉语中的吧、啊、呢、呀等（Cook，1992；刘锋、张京鱼，2020）。

综观国内对语气词的研究，主要围绕着“语气词是什么？由语气词构成的语气系统是什么？某个语气词具有哪些意义和功能？某个语气词的韵律特征是什么？使用语气词的语法限制有哪些？多个语气词叠用具有什么规律？某个语气词的话语功能如何？”等问题展开。

本文拟对现代汉语语用小品词的研究成果进行简要回顾，尤其是对现代汉语语用小品词的研究内容和研究方法进行总结概括，并分析现有研究中存在的一些具体问题，在此基础上，指出汉语语用小品词互动研究的若干拓展方向。

1. 现代汉语语用小品词研究的现状分析

在现代汉语语用小品词研究方面，学界发表了丰富的研究成果。从研

（接上页注①）功能等，现有研究的趋势不再局限于对这类词的本体研究，而逐渐转向面向多模态自然口语语料，以互动语言学理论为框架，研究这类词与互动交际之间的相互影响，同时，就目前检索到的文献来看，以语用小品词为关键词可以检索到的文献最多，使用范围较广，综上所述，本文采用“语用小品词”这一术语，一方面可以准确描述和界定本研究所讨论的对象，另一方面有利于推动研究视野的拓宽和视点的转型，为国内传统的“语气词”研究注入新的活力。为了综述方便，本文也使用“语气词”，国内学界对语气词范围的界定有不同观点，这里“语气词”为广义概念，包括“吧、啊、呢、呀”等语气助词和叹词。

究对象来看，大多数集中在汉语语用小品词本体研究上。根据搜集到的相关研究文献，这方面具有代表性的研究成果主要有以下几种。

第一，专著方面。（1）齐沪扬（2002a）把语气看作现代汉语语法的一个基本范畴，围绕语气词的意义和功能、位置和搭配、“的”“了”“呢”“吧”的语法化过程等问题进行讨论。（2）张彦（2009）研究了语气词如何凭借其在句子里特有的韵律特征来表达语气，用语音实验和语法分析相结合的方法，选取4类中性语气（陈述、疑问、祈使、感叹）及20类非中性语气，总结归纳出语气词韵律特征的语气表达功能。（3）齐沪扬（2011）着重描写语气成分的句法属性和语义属性，是一本有关语气成分使用情况的工具书和参考用书，读者对象主要为从事国际中文教育的教师和以汉语为第二语言的学生。（4）何文彬（2018）提出了一个新的主观性和主观化框架，认为语气助词全面、深入地表达了人的主观性——感性、理性和功能，“了”类语气助词反映了理性方面的认知主观性，“啊”类语气助词表达了感性方面的情绪主观性。（5）屈承熹（2018）在第六章对句末虚词“了、呢、吧、啊、嘛”进行研究，通过各种比对方法，找出每个虚词的基本功能，然后或由本句的实质意义，或由其相关语境，与其基本功能配合，衍生出不同的意义；在第二十三章从篇章的角度对“啊/呀，吧，呢”进行了分析，句末虚词在篇章连接上有不同程度的功能，依据其情态和连接上的差异，分别被称为“个人参与”“说话者的迟疑”“前后关联”“显著/执着”虚词。（6）赵春利（2019）根据语法语义理论，对语气、情态、句子功能和口气四个概念进行梳理和辨析，对句末助词研究方法进行了逻辑界定和全面分析，并以“吗、吧、呗、喽、呦、嘛、算了”七个句末助词为例，基于CCL语料库对其句法分布和语义分布进行了细致考察，分别提取语法意义，勾勒语义分布图及语义关联图，根据其独特的分布规律和语法意义，揭示其不同的认知、情感或意向等情感特征。（7）齐春红（2022）从语言类型学的视角出发，运用语料库语言学和实验语音学的方法，对语气词“呢”“吗”“吧”“啊”“的”“了”的功能类型特征进行研究，基于语音实验和跨语言对比研究了现代汉语典型语气词的韵律特征及其与语气语调之间的关系。(8) 汪敏锋 (2022) 将语气词放入语篇之中，采用形式意义相结合、最小差异对比、有无对比、句法测试等方法，运用系统功能语法和认知语用学的相关理论对语气词的人际语用功能进行系统研究。(9) 王珏 (2023) 用系统性的眼光观察、描写、解释普通话语气词，重构了语气词的聚合系统、功能系统、迭用系统和句式系统，并且对语气词进行了纵向的历时研究和横向的多方言对比研究。

第二，期刊论文方面。(1) 在语义研究上，邵敬敏 (1989) 运用“音义对应类比法”“语义层面分析法”等研究方法对叹词疑问句进行分类和语义剖析，将其语义分别纳入词汇义、语调义、位置义、语境义四个层面；储诚志 (1994) 以“啊”为例讨论了语气词语气意义的分析问题；高增霞 (2000) 对语气词“吧”的意义做进一步探讨，认为“吧”的作用是附在判断式或祈使式上缓和句子的语气，提出根据语气词不同的作用域，可以建立一个语气词系统；马清华 (2011) 以叹词的形义关系为研究对象，从叹词的缘起和继起效应出发研究了其形义关系的原始性；崔希亮 (2011) 讨论了语气词“哈”的情态意义；郭攀 (2014) 对叹词、语气词共现所标示的混分性情绪结构及其基本类型进行了研究。(2) 在语法研究上，方梅 (1994) 对句中语气词的功能进行了研究，讨论了语气词前句首成分的性质以及句中语气词的功能类别；齐沪扬 (2002a) 提出语气是一种语法范畴，并尝试建立适合于自然语言理解的语气系统；杨树森 (2006) 从语法功能、词类归属、表达功用、使用场合、语音特点等方面对象声词与叹词的差异进行了讨论；齐春红 (2007) 从主观量的角度讨论了语气副词与句末语气助词共现的内在动因；史冠新 (2008) 从能否被包容出发，以语气词的语法功能为标准，提出语气词界定方法；周士宏 (2009) 重新考察了语气词“吧”的语法意义；刘丹青 (2011) 认为叹词的本质是代句词，在词类中与代词的性质最接近：代词代替词语，叹词代替句子；王珏 (2012) 讨论了现代汉语语气词的界定标准，提出现代汉语语气词界定的两个新原则，即折中原则和词类参照系原则；刘丹青 (2012) 关注到实词的叹词化和叹词的去叹词化问题；周国光 (2016) 以现代汉语叹词为考察对象，对叹词的语法属性和句法表现重新进行描写，并提出叹词是动词中的一类，即声音动词。(3) 在语用研究上，冉永平（2004）以互动式会话语料为例，研究了小品词“吧”在语境条件下的语用功能；熊子瑜、林茂灿（2004）对“啊”的韵律特征与其话语交际功能之间的联系进行了研究；孙汝建（2005）对语气和口气做了区分，认为句末语气词在表达口气时，具有增添口气、消减口气、指明疑问点、暗示预设等四种语用功能；胡清国（2008）从句标记、完句功能、凸显情感三个角度讨论了汉语句末语气词的语用功能；李成团（2008）研究了“嘛”在语境条件下的语用功能；强星娜（2008）从知情状态的角度对汉语语气词“嘛”的话语特点进行了研究；杨才英（2009）讨论了汉语语气词“吗、的、吧、呢、啊、嘛”的人际意义；周士宏（2009）探讨了语气词“吧”的话语功能，指出其主要的语用功能为削弱句子的肯定性语气；强星娜（2010）对话题标记“嘛”与语气词“嘛”进行了研究；完权（2018）借助“信据力”这一语用概念对“呢”的交互主观性进行了分析。(4) 在二语习得及教学研究上，刘蕾（2002）从叹词的分类入手，对留学生叹词习得情况进行了调查与分析；齐沪扬（2003）从对外汉语教学和中文信息处理的角度出发讨论了汉语语气词的规范问题。

第三，学位论文方面①。(1) 语用小品词的语义、语法、语用研究。张小峰（2003）探讨了语气词在话语结构中的语用功能，该研究较早地关注到语气词的话语结构位置和语用功能，以话语结构为参照单位对语气词“吧”“呢”“啊”进行了研究。王巍（2010）对语气词“了”的隐现规律进行了研究，提出语法意义、语用因素（语用功能、语体差异、语境条件）、音节以及某些特殊句式因素都主宰着“$了_2$”的隐现，并对这些因素及其相互关系进行了深入剖析，在语义、语法、语用三个平面上建立起了一个“$了_2$”的全方位分布体系，为对外汉语教学提供了可操作性较强的科学依据。郭红（2010）基于汉语作为第二语言教学的语法偏误，以语义功

① 限于篇幅，本文没有介绍硕士学位论文方面的相关研究成果。

能语法理论为指导，对传信语气词“嘛”和“呗”、用于假设复句的语气词“吧”和“呢”的句法、语义及功能差异进行了研究。何鸣（2019）对汉语语气词“啊”进行研究，采用编码—推论模式，探究“啊”的核心语法义，及其语用意义与功能。(2) 语用小品词的互动研究。刘锋（2015）在互动语言学框架下，运用会话分析和语料库语言学对湖南吉首方言话语小品词展开研究，是国内学界较早将互动语言学的研究方法与话语小品词相结合的研究。陈天琦（2021）在互动视角下对现代汉语的叹词系统进行研究，分层级建立叹词的原型范畴，从综合典型功能性、总体使用率、使用普遍率三个维度计算出叹词系统的典型成员和边缘成员，同时基于电视剧《我爱我家》等视频语料，对包括多模态在内的叹词形式与话语功能的系统性互动关系进行了考察和分析。(3) 其他研究。李斌（2013）用 ELAN 软件自建了多媒体语料库，并应用该语料库对双峰方言语气词进行了研究。陈振宁（2018）用 11 个维度 42 个特征的多维特征对成都话语气词进行标注，用基于博弈的权重计算来确定关联（相似性），按偏向性策略进行层次聚类，得到各语气词的功能聚类关联情况，总结出每个语气词的核心功能，并研究各功能关联形成的有机整体。

第四，学术交流方面。(1) 方言语法博学论坛①。该论坛曾围绕汉语方言对应普通话句末“了$_2$”“吗”“呢”成分的句法—语义、句法—语音研究展开研讨和交流。例如，第六届方言语法博学论坛主题为“汉语方言对应普通话句末‘了$_2$’成分的句法—语义、句法—语音研究”；第七届方言语法博学论坛主题为“汉语方言对应普通话句末‘呢’的句法—语义、句法—语音研究”，相关文章发表在《中国语文通讯》或《汉语语言学》上，这里不做赘述。(2) 汉语语法专题系列国际学术研讨会②。第十届研讨会的

① “方言语法博学论坛”由香港中文大学和中山大学于 2015 年发起，2017 年起复旦大学加入，并由这三所学府轮流主办，作为促进方言语法比较研究的平台，着重粤语、客家、闽语、吴语等东南方言的比较研究，推动跨地区研究，并加强学术交流和对话，现已成功举办九届。

② 汉语语法专题系列国际学术研讨会是由教育部人文社会科学重点研究基地——华中师范大学语言与语言教育研究中心主办的大型学术会议，迄今成功举办了十届。

主题是"汉语语气及与语气相关的问题"，围绕语气的内涵与外延，语气的表达手段或使成因素，语气的各种类型及其区别，语气对语义表达的影响，语气的考察维度与精确描写，语气描写的方法和手段，古今汉语以及共同语与方言语气表达的差异等进行了深入的讨论。

从上述的研究成果来看，关于语用小品词本体研究成果众多，尤其是21世纪以来的二十多年间，这些专著或论文大多是围绕"吧""呢""啊"等典型语用小品词的语法、语义、功能、语音进行个案研究。下面我们从研究内容和研究方法两方面来进行总结概括，具体如下。

从研究内容来看，大致可以从宏观上分为历时研究和共时研究两个层面，前者包括对汉语语气词形成与发展的梳理与总结（钟兆华，1997；刘利、李小军，2013）。后者包括对"吧""呢""啊""嘛"等汉语语气词进行的个案研究，对语法、语义进行研究（胡明扬，1988；方梅，1994；卢英顺，2007；齐沪扬，2011；崔希亮，2019）、对意义和功能的研究（何鸣，2019）、语用层面上的话语功能研究（张小峰，2003、2009、2017；李成团，2008）、语音层面上的韵律特征分析（熊子瑜、林茂灿，2004；张彦，2006a、2006b、2008；江海燕，2006；陈玉东、任倩楠，2016）；对情态意义的研究（崔希亮，2011、2019、2020；赵春利、石定栩，2015）；对语气词叠用或共现现象的研究（王珏，2017、2020；王珏、毕燕娟，2018；郭攀，2014；刘佳，2019）；除了个案研究，也有研究从整体上对汉语语气系统的建立、语气的界定和分类及层次地位进行讨论（朱德熙，1982；高明凯，1986；黄国营，1994；齐沪扬，2002b；史冠新，2008；王珏，2012）。

从研究方法来看，早期对汉语语气词的研究主要围绕语气词的语法、语义进行描写和分析，运用三个平面理论，对汉语语气词的语法、语义和语用做详尽描写和归纳（储诚志，1994；孙汝建，1998；高增霞，2000；卢英顺，2007；江海燕，2008；周士宏，2009），这部分研究相对充分，研究成果丰富，这里不再一一展开。

此外，有研究关注到语气词的声音模态，围绕音高、时长和能量等多项声学参数考察语气词的韵律特征对情感和语气表达的作用（熊子瑜、林茂灿，2004；江海燕，2006；邵敬敏，2012；张彦，2006a、2006b；陈玉东、任倩楠，2016）。例如，熊子瑜、林茂灿（2004）比较了叹词、话语标记、语气助词这三类“啊”在韵律表现上的不同，认为不同话语交际功能的“啊”在韵律表现上具有很大差异，“啊”在语流中的实际韵律表现能在一定程度上反映其话语交际功能。张彦（2006a）通过实验分析了陈述语气的语气词，发现语气词的韵律特征大都会随所表达语气的不同发生相应变化，包括音高、时长和能量，其中音高和时长的变化比较稳定，能量则相对不太稳定。句末语气词可以以不同的韵律特征帮助表达不同的语气，具有表达语气的作用。陈玉东、任倩楠（2016）研究了带“呢”句子的韵律特征。其基于语料库选取带“呢”的 191 个句子，以陈述句为参照，对特指问、选择问、反问、感叹和顿歇五种句子类型，从音高、时长和音强三方面进行对比分析。舒炎昕、王军锋、拓江敏、李悦（2018）研究了 a 系语气词特殊发音基频的情感表现，从发音的基频角度出发，认为特殊音调能适用于一类情感的表达，提取特殊音调的基频数据，发现其在基频上的线性变化特征以及发音规律。

对汉语语气词语用功能的研究也受到一定的重视，很多学者不再仅仅以句子为参照单位进行研究，还将汉语语气词置于话语结构或具体语境中，从语用层面进行考察（张小峰，2003；冉永平，2004；李成团，2008；杜建鑫、张卫国，2011；宗晓哲，2015；何鸣，2019）。例如，李成团（2008）研究了话语标记语“嘛”的语用功能，该研究以互动式真实会话语料为例，重点探讨“嘛”在语境条件下的语用功能，比如缓和标记功能、明示标记功能、命题表态功能及形象构建功能，旨在揭示它在交际语境条件下的语用理据。杜建鑫、张卫国（2011）研究了语气词“嘛”的用法及语用功能。语气词“嘛”的核心人际功能是“强传信”，核心语篇功能是“要求继续”；两者与具体交际语境结合产生“提醒”“劝请”等派生人际功能和“标示话轮转换”“标示主位”等派生语篇功能；在不同语境中，又可以衍生出不同的附加义。宗晓哲（2015）以疑问句中语气词“啊”为研究对象，从语用层面对其功能进行分析。通过考察单独成句的语气词“啊”和依附于疑问句句末的语气词“啊”，其发现疑问句中语气词“啊”作为一个显性的互动标记，在会话语体中用以引导听话人参与对话，并在此基础上展开“互动”交际。

当然，尽管学界对现代汉语语用小品词的研究已有一定积累，但是这方面的研究还存在一些问题，具体如下。

一是研究方法仍较为传统，大多以研究者为中心、依赖研究者直觉的内省方法，通过省略法、对比法、替换法、分布法等方法对语气词的语法、语义和功能进行分析。总体上缺乏对交际互动时自然口语对话中语用小品词真实使用情况的关注，多为脱离动态交际语境的静态研究方法（吴亚欣，2022）。语料也多为研究者凭借语感杜撰，或者来自文学作品的书面语料，或者电视剧表演等艺术创作语料，只有部分研究在会话交际中对语用小品词进行考察，但是这部分研究仍数量较少，尚待深入。

二是研究对象主要集中于对语用小品词本体的研究，如对其韵律特征、语义功能、话语功能的分析，而不同程度上忽视了互动交际中韵律、身体位置、肢体活动、面部表情等因素与语用小品词之间的相互影响。事实上，本体研究固然重要，但搞清楚人们使用语用小品词的真实交际意图同等重要。在互动语言学视角下，综合运用会话分析、多模态分析等研究方法对语用小品词进行研究，国外语言学界在这方面成果颇丰（Luke，1990；Wu，2004；Wu，2014；Xiang，2012），但国内对此相关研究还没有足够重视，只有少量研究对“吧”“啊”等个别语用小品词的话语功能、序列位置、语音特征进行了讨论（高增霞，2016；王咸慧，2019、2021；周士宏，2022），还有较多语用小品词尚未涉及，互动语言学视角下汉语语用小品词研究仍有较大探讨空间。

三是研究结论上，现有研究发现缺乏对汉语语用小品词互动功能的整体考察和系统研究。一方面，现有从互动语言学角度对汉语语用小品词进行的考察仍不够充分，很多对常用语用小品词互动功能的考察尚未涉及；另一方面，以往研究或者从话轮构建切入，或者从韵律特征切入，或者从立场构建切入，研究角度各异，内部缺乏联系性，缺乏整体且全面的考察，尚未对自然口语对话中汉语语用小品词（韵律、结构、意义、功能等）与互动交际之间的相互塑造和影响做出全面解释，研究发现不够系统化。

2. 汉语语用小品词研究的发展趋势

国内学界对汉语语用小品词的研究，从早期侧重对语法、语义的客观描写，到近年来对语用功能研究的重视，关注其在具体语境中的不同意义和用法，再到对交际过程中交际参与者的交际意图和情感态度等的研究，汉语语用小品词的研究逐步走向深入，同时与互动语言学的理念走向会合。很多研究虽然没有明确提出互动语言学的理论概念，但是其内核已经体现出互动语言学的语言观，即强调意义、功能、句法之间存在互动性，且三者在会话互动中“浮现”（emergence）且不断变化（Couper & Selting，2001：1）。

国外学界已有不少研究者在互动语言学框架下，探讨了不同语言自然口语中语用小品词（pragmatic particles）的意义、功能和句法结构的多样性，并尝试对多样性背后的条理性与规律性做出解释，旨在直观、系统地呈现语用小品词的运作机制（Luke，1990；Wu，2004；Wu，2014；Xiang，2012）。互动语言学与语用小品词的结合已具雏形，而国内对汉语语用小品词的互动研究仍处于起步阶段，仍有很大进步空间。具体来讲，汉语语用小品词的互动研究有以下拓展方向。

第一，汉语语用小品词与会话交际之间的互动关系研究。语用小品词具有明显的交互属性，其意义、功能、句法结构的多样性在人际互动中得以完全展现（Wu，2004：128），而传统的本体论研究往往将汉语语用小品词定义成一种抽象且规则被事先既定的静态、封闭系统，这就导致对汉语语用小品词语义、功能、句法等方面的研究常常出现与实际使用情况不完全一致的情况，结论难以完全得出。因此，聚焦于互动交际与语用小品词之间的关系，一方面研究语言对互动的影响，例如，语用小品词的位置分布、语音特征、多模态表现对话语功能（话语意义、话语组织、人际意义）有何影响，在言谈互动中，交际参与者需要执行的社会行为和完成的交际意图是如何通过语用小品词实现的。另一方面研究互动对语言的塑造，例如，不同语用小品词的语言结构（连用现象、重叠现象等）、语义发展（扩展、缩减）等有何特点，这些特点的形成过程与互动交际之间的关联性，等等。总之，将汉语语用小品词的研究与互动语言学的研究范式相结合，有利于对汉语语用小品词研究进行一种“互动综观”（an interactive perspective on linguistic research），考察语用小品词与交际互动之间的互相塑造及影响，更加直观、系统地呈现语用小品词的运作机制，有利于为汉语语用小品词的本体研究带来新的进路。

第二，汉语语用小品词的位置分布与话语功能之间的互动研究。方梅（2016）指出汉语语气词（即语用小品词）可以分为互动类和非互动类两种类型，其中互动类是言者即时交际的手段，语境里有其他交际参与者，言者希望听者有所回应，如：要求证实、呼而告之、警告、提醒、寒暄、宣告、责备，这类语用小品词具有线性分布多样性的特点。已有学者对其位置分布与功能之间的互动关系进行了探索（张小峰，2017；徐晶凝，2018；吴亚欣，2022），但这方面的研究仍处于起步阶段，其话语功能及交际意图的实现与语用小品词的话轮位置、序列位置等位置分布情况之间的关系和规律仍有待深入探讨。如果说语言学是对语言系统的横组合关系（syntagmatic relation）和纵聚合关系（paradigmatic relation）的研究的话（Saussure，1965），那么会话分析就是对会话系统的横组合关系和纵聚合关系的研究，这里的横向关系是指一个话轮中不同话轮构建单位或一个话轮构建单位中不同的话轮构建成分间的关系；纵向关系指的是话轮与话轮间的组织结构关系（吴亚欣，2022）。具体到汉语语用小品词的研究上，需要将其放置到由话轮设计和序列位置构成的坐标系中，对应的这两个坐标轴上的值共同决定了某种话轮设计在某种序列位置所执行的具体社会行为，正如 Schegloff（1995）所指出的“话轮设计+序列位置=社会行为”，这三者之间不是割裂的关系，孤立地看任何一个都没有意义。因此，汉语语用小品词研究有必要基于大量自然发生的真实语料，采用自下而上的归纳法，强调语言使用的序列语境和位置敏感性（position sensitive）（Schegloff，1996），对不同汉语语用小品词在话轮和序列中的具体位置进行确认和统计，从而在具体的序列语境中探讨相关语用小品词分别执行什么社会行为或具有什么互动功能，研究其位置分布对话语互动功能实现的作用和影响。

第三，汉语语用小品词的语音特征与功能之间的互动研究。互动类语气词（即语用小品词）因语调不同而体现出不同的功能属性（方梅，2016），对汉语语用小品词的韵律特征、停顿、轻音等语音特征与功能之间的互动研究也是语用小品词研究的重要拓展方向之一。已有研究从韵律特征的角度对汉语语用小品词进行考察（熊子瑜、林茂灿，2004；张彦，2006a、2006b；陈玉东、任倩楠，2016；舒炎昕、王军锋、拓江敏、李悦，2018；王咸慧，2019）。韵律特征又称超音质特征、超音质成分或超音段成分，指的是音色以外的其他三个语音要素：音高、时长和音强（林焘，2001）。王咸慧（2019）以会话语料为分析对象，借助实验语音学的测量方法，考察占据独立语调单位的"啊"在交际中的语音特征及功能，提出"啊"具有话语标记的功能，认为其与相邻韵律单位的对比音高是影响互动功能的因素之一。这部分研究虽然关注到语用小品词的声音模态，围绕音高、时长和能量等多项声学参数考察其韵律特征对情感和语气表达的作用，但是从互动交际的角度考察语用小品词的韵律特征与交际互动之间是如何相互塑造和影响的，这方面仍有很大研究空间。同时，除韵律特征，汉语语用小品词在实际使用中的停顿、轻声等其他语音特征与其话语功能之间的关系和规律的相关研究仍非常有限。

第四，从会话参与者视角切入对汉语语用小品词的互动研究。现有研究多处于研究者视角，即由上而下的俯视视角，研究的关注点主要在"言者—内容—听者"中的"内容"以及语境这一层面。部分学者认识到"言者—内容—听者"中"言者"对语用小品词用法和功能的影响，从"言者"知情状态以及"言者"态度等角度对汉语语用小品词进行了研究。例如，强星娜（2008）从知情状态的角度研究了"嘛"的话语特点，认为"嘛"的强确定性以及附带的"不满"情绪都来源于它所标记的说话人的知情状态。崔希亮（2020）认为语气词（即语用小品词）与言者态度（包括言者立场、观点、判断和预设等）的关系非常密切。现有研究虽然关注到真实言谈互动中“言者—听者”的交际参与者的角度，自下而上动态地分析汉语语用小品词的互动功能及使用特点，但是更多地偏重于对“言者”使用语用小品词的交际意图和语用功能的考察，而“听者”如何在交际互动中影响语言的结构和用法，如何与“言者”共同建构言语行为，这方面的研究仍不多见。如何将“言者”和“听者”联系起来，从交际双方的身份地位、交际意图、人际关系、认识立场等角度对汉语语用小品词进行研究，有待继续深入。

第五，汉语语用小品词互动功能与二语教学研究。语用小品词是自然口语对话交际中的一种语言资源，可以被用来表达情绪（孙锡信，1999）或者口气（孙汝建，2005），吴亚欣（2022）指出语气词多出现在口语语篇，被用来完成复杂的交际任务，在很多情况下与更加准确地执行特定的社会行为有关。语用小品词在互动交际中高频使用，且对于交际意图的表达和识解具有重要意义。国际中文教育有必要重视对汉语语用小品词的教学和练习，尤其重视对其互动功能的理解和运用，一方面可以帮助二语学习者准确识别言谈交际中语用小品词所承载的交际意图和话语功能，提高信息识解效率；另一方面可以帮助二语学习者正确掌握并在交际中灵活使用汉语语用小品词，辅助情绪和语气的表达，完成复杂的交际任务。因此，汉语语用小品词的互动研究成果如何更好地应用到汉语二语教学中、二者如何更好地结合起来，有待进一步深入研究。

第六，汉语语用小品词的多模态研究。Wu（2004）基于自然口语语料，考察了台湾地区句末小品词“哦”和“啊”。该研究对交际参与者的手势、身势、面部表情、交谈中所处位置和距离等进行了细致的刻画和分析。陈天琦（2021）基于电视剧《我爱我家》等视频语料，从视觉模态（交际参与者的表情、动作等）出发研究了不同叹词与非语言模态组配的规律性；从听觉模态（叹词的语音形式，包括升降调、轻重音等）出发研究了语音形式与情感内容、色彩、强度、权势地位之间的关系。以上研究关注到对语言资源及非语言资源等多种模态的分析。国内学界对语用小品词的多模态分析仍不多见，这些研究做出了有益的尝试，为后续研究提供了一定的借鉴和参考。但是，目前从多模态视角出发关于汉语语用小品词的研究成果仍十分有限，很多语用小品词的多模态研究尚未涉及，对语言模态和非语言模态在会话交际过程中的互动和影响关注不够，因此这方面的研究也是汉语语用小品词互动研究的重要拓展方向之一。建立中文多模态自然口语语料库，围绕汉语语用小品词的多模态表现，包括身体位置、面部表情、肢体活动，研究多模态交际资源与汉语语用小品词之间共现的组配规律，并据此讨论这些语用小品词的多模态构式对话语互动功能（如话语意义、话语组织、人际互动）实现的作用和影响，对汉语语用小品词的互动功能进行对比，分析多模态构式在互动中的特殊意义，有利于为汉语语用小品词互动研究的继续深入提供新的思路。

3. 结语

汉语语用小品词研究成果丰富，本文具体梳理了以往具有代表性的研究成果，就研究内容、研究方法以及现有研究的不足之处进行简要述评，并从位置分布、语音特征以及研究视角等方面指出汉语语用小品词互动研究的若干拓展方向。近年来，有学者受到国外运用互动语言学研究范式对汉语语用小品词（utterance particles）进行分析的启发，将对汉语语用小品词的研究从抽象封闭的静态研究逐步转向互动交际的动态研究，这也为后续研究提供了一定的基础。总体来说，国内学界在互动语言学框架下对汉语语用小品词的研究仍处于起步阶段，还有很多问题仍待进一步探讨。

参考文献

陈天琦：《互动视角下现代汉语叹词系统研究》，中国人民大学博士学位论文，2021。

陈玉东、任倩楠：《带“呢”句子的韵律特征分析》，《中国语文》2016 年第 1 期。

陈振宁：《基于语料库多维特征聚类关联的成都话语气词研究》，浙江大学博士学位论文，2018。

储诚志：《语气词语气意义的分析问题——以“啊”为例》，《语言教学与研究》1994 年第 4 期。

崔希亮：《语气词“哈”的情态意义和功能》，《语言教学与研究》2011 年第 4 期。

崔希亮：《汉语语气词“～嘛”的情态意义》，《语言教学与研究》2019 年第 4 期。

崔希亮：《语气词与言者态度》，《语言教学与研究》2020 年第 3 期。

杜建鑫、张卫国：《语气词“嘛”的用法及语用功能研究》，《湖北社会科学》2011 年第 5 期。

方梅：《北京话句中语气词的功能研究》，《中国语文》1994 年第 2 期。

方梅：《再说“呢”——从互动角度看语气词的性质与功能》，载中国语文杂志社编《语法研究和探索》（十八），商务印书馆，2016。

高明凯：《汉语语法论》，商务印书馆，1986。

高增霞：《语气词“吧”的意义再探》，《山东师大学报》（社会科学版）2000 年第 1 期。

高增霞：《从互动角度看“吧”的使用》，《福州大学学报》（哲学社会科学版）2016 年第 3 期。

郭红：《基于第二语言教学的汉语语气范畴若干问题研究》，南开大学博士学位论文，2010。

郭攀：《叹词、语气词共现所标示的混分性情绪结构及其基本类型》，《语言研究》2014 年第 3 期。

何鸣：《现代汉语语气词“啊”的意义和功能研究——语法—语用互动视角》，东北师范大学博士学位论文，2019。

何文彬：《现代汉语语气助词的主观性与主观化研究》，科学出版社，2018。

胡明扬：《语气助词的语气意义》，《汉语学习》1988 年第 6 期。

胡清国：《句末语气词的语用功能》，《宁夏大学学报》（人文社会科学版）2008 年第 4 期。

黄国营：《句末语气词的层次地位》，《语言研究》1994 年第 1 期。

江海燕：《语气词“呢”负载疑问信息的声学研究》，《首都师范大学学报》（社会科学版）2006 年第 4 期。

江海燕：《语气词“吧”和疑问语气的传达》，《语言文字应用》2008 年第 4 期。

李斌：《用 ELAN 自建汉语方言多媒体语料库及其应用研究——以双峰方言语气词的研究为例》，湖南师范大学博士学位论文，2013。

李成团：《话语标记语“嘛”的语用功能》，《现代外语》2008 年第 2 期。

林焘：《汉语韵律特征和语音教学》，《林焘语言学论文集》，商务印书馆，2001。

刘丹青：《叹词的本质——代句词》，《世界汉语教学》2011 年第 2 期。

刘丹青：《实词的叹词化和叹词的去叹词化》，《汉语学习》2012 年第 3 期。

刘锋：《互动语言学框架下的湖南吉首方言语用小品词研究》，陕西师范大学博士学位论文，2015。

刘锋、张京鱼：《互动语言学对话语小品词研究的启示》，《外语教学》2017 年第 1 期。

刘锋、张京鱼：《互动语言学对语用小品词研究的启示》，《语言与翻译》2018 年第 3 期。

刘锋、张京鱼：《语用小品词研究的互动语言学框架搭建》，《外语学刊》2020 年第 4 期。

刘佳：《句末语气词与情态动词及副词共现分析》，《汉语学习》2019 年第 1 期。

刘蕾：《叹词习得情况的调查与分析》，《语言教学与研究》2002 年第 2 期。

刘利、李小军：《汉语语气词历时演变的几个特点》，《北京师范大学学报》（社会科学版）2013 年第 6 期。

卢英顺：《“吧”的语法意义再探》，《世界汉语教学》2007 年第 3 期。

吕叔湘、朱德熙：《语法修辞讲话》，中国青年出版社，1953。

马清华：《论叹词形义关系的原始性》，《语言科学》2011 年第 5 期。

齐春红：《语气副词与句末语气助词的共现规律研究》，《云南师范大学学报》（哲学社会科学版）2007 年第 3 期。

齐春红：《现代汉语语气词的功能特征研究：以类型学视角》，中国社会科学出版社，2022。

齐沪扬：《语气词与语气系统》，安徽教育出版社，2002（a）。

齐沪扬：《论现代汉语语气系统的建立》，《汉语学习》2002（b）年第 2 期。

齐沪扬：《与语气词规范有关的一些问题》，《语言文字应用》2003 年第 2 期。

齐沪扬：《现代汉语语气成分用法词典》，商务印书馆，2011。

强星娜：《知情状态与直陈语气词“嘛”》，《世界汉语教学》2008 年第 2 期。

强星娜：《话题标记“嘛”与语气词“嘛”》，《汉语学习》2010 年第 4 期。

屈承熹：《汉语功能篇章语法》，商务印书馆，2018。

冉永平：《言语交际中“吧”的语用功能及其语境顺应性特征》，《现代外语》2004 年第 4 期。

邵敬敏：《叹词疑问句语义层面分析》，《语文研究》1989 年第 2 期。

邵敬敏：《论语气词“啊”在疑问句中的作用暨方法论的反思》，《语言科学》2012 年第 6 期。

史冠新：《现代汉语语气词界说》，《山东社会科学》2008 年第 10 期。

舒炎昕、王军锋、拓江敏、李悦：《a 系语气词特殊发音基频的情感表现》，《应用声学》2018 年第 6 期。

孙汝建：《语气和语气词研究》，上海师范大学博士学位论文，1998。

孙汝建：《句末语气词的四种语用功能》，《南通大学学报》（社会科学版）2005 年第 2 期。

孙锡信：《近代汉语语气词：汉语语气词的历史考察》，语文出版社，1999。

完权：《信据力："呢"的交互主观性》，《语言科学》2018年第1期。

汪敏锋：《语气词的人际语用功能研究》，中国社会科学出版社，2022。

王珏、毕燕娟：《语气词句末迭用顺序研究》，《语言教学与研究》2018年第1期。

王珏：《现代汉语语气词的界定标准》，《徐州师范大学学报》（哲学社会科学版）2012年第6期。

王珏：《语气词句末迭用式及其系统研究》，《当代修辞学》2017年第4期。

王珏：《由语调/疑问标记和语气词的共现关系构建述题的语气结构》，《语言教学与研究》2020年第2期。

王珏：《普通话语气词系统论》，商务印书馆，2023。

王巍：《语气词"了"的隐现规律研究》，吉林大学博士学位论文，2010。

王咸慧：《从互动角度看"啊"的话语标记功能》，《汉语学习》2019年第2期。

王咸慧：《语气词"嘛"背景信息共识化功能初探》，《中国语文》2021年第6期。

吴亚欣：《汉语语气词的会话分析研究路径》，《外国语（上海外国语大学学报）》2022年第6期。

熊子瑜、林茂灿：《"啊"的韵律特征及其话语交际功能》，《当代语言学》2004年第2期。

徐晶凝：《普通话口语中"啊、呀、哪、哇"的分布》，《语言文字应用》2018年第2期。

杨才英：《论汉语语气词的人际意义》，《外国语文》2009年第6期。

杨树森：《论象声词与叹词的差异性》，《中国语文》2006年第3期。

张德禄：《汉语语气系统的特点》，《外国语文》2009年第5期。

张小峰：《现代汉语语气词"吧"、"呢"、"啊"的话语功能研究》，上海师范大学博士学位论文，2003。

张小峰：《关联理论视角下语气词"吧"在祈使句中的话语功能探析》，《南京师大学报》（社会科学版）2009年第5期。

张小峰：《"呢"问句的话语功能及语气词"呢"的隐现》，《南京师大学报》（社会科学版）2017年第6期。

张彦：《陈述语气的语气词实验分析》，《语言文字应用》2006（a）年第4期。

张彦：《句重音与句末语气词的音高》，《汉语学习》2006（b）年第2期。

张彦：《语气词韵律特征研究综述》，《语言教学与研究》2008年第2期。

张彦：《北京话语气词韵律特征研究》，吉林文史出版社，2009。

赵春利、石定栩：《"呗"的态度取向及其语义基础》，《语言教学与研究》2015年第4期。

赵春利：《现代汉语句末助词研究》，商务印书馆，2019。

赵元任：《汉语口语语法》（吕叔湘节译），商务印书馆，1979。

钟兆华：《论疑问语气词“吗”的形成与发展》，《语文研究》1997 年第 1 期。

周国光：《叹词的语法功能、语义功能及其定位》，《语言科学》2016 年第 3 期。

周士宏：《“吧”的意义、功能再议》，《语言教学与研究》2009 年第 2 期。

周士宏：《从序列位置与认识不对称看问、答行动中“吧”的立场表达》，《世界汉语教学》2022 年第 3 期。

朱德熙：《语法讲义》，商务印书馆，1982。

宗晓哲：《汉语疑问句中语气词“啊”的语用功能研究》，《河北大学学报》（哲学社会科学版）2015 年第 4 期。

Cook, H. M. 1992. Meanings of non-referential indexes: a case of the Japanese particles ne. *Text* 12: 507-539.

Couper-Kuhlen, E. &M. Selting. 2001. Introducing interactional linguistics. *Studies in Interactional Linguistics*, Amsterdam: John Ben jamins.

Hsu, K. 1996. Joint attention in a father-child-mother triad: A Chinese-American case study. *Issues in Applied Linguistics*7(1): 77-90.

Luke, K. 1990. *Utterance Particles in Cantonese Conversation*. Amsterdam/Philadelphia: John Benjamins.

Maynard, S. K. 1993. *Discourse Modality: Subjectivity, Emotion, and Voice in the Japanese Language*. Amsterdam/Philadelphia: John Benjamins.

Saussure, F. de. 1965. *Course in General Linguistics*. McGraw-Hill Humanities/Social Sciences/Languages.

Schegloff, E. A. 1995. Discourse as an interactional achievement Ⅲ: the omnirelevance of action. *Research on Language and Social Interaction* 28(3): 185-211.

Schegloff, E. A. 1996. Turn organization: one intersection of grammar and interaction//Ochs, E., Schegloff, E. A. & S. A. Thompson. *Interaction and Grammar*. Cambridge: Cambridge University Press.

Wu, R. 2014. Managing turn entry: The design of EI-prefaced turns in Mandarin conversation. *Journal of Pragmatics* 3(66): 139-161.

Wu, Ruey-Jiuan R. 2004. *Stance in Talk: A Conversation Analysis of Mandarin Final Particles*. Amsterdam/Philadelphia: John Benjamins Publishing Company.

Xiang, X. H. 2012. External information processing versus property ascentaining: A discourse-pragmatic study of three yes/no question particles in Shishan(Hainan Island, P. R. China). *Text & Talk* 32(2): 255-280.

Xiang, Xuehua. 2011. Constraint reality: Linguistic expressions of restrictivity and emotive stances. A discourse-pragmatic study of utterance-final la-h in Shishan(Hainan Island, China). *Lingua* 121(8): 1377-1400.

Review and Prospect of the Study of Modern Chinese Pragmatic Particle Words

HUO Xingyu　QI Feng

Abstract: There are abundant achievements in the ontology research of Chinese pragmatic particle words. However, from the perspective of interactive linguistics, there is still a large research space for the interactive study of Chinese pragmatic particle words by comprehensively applying interdisciplinary research paradigms such as functional linguistics, conversational analysis, anthropological linguistics and sociology. This paper reviews the previous representative research results, briefly reviews the relevant research content, research methods and the shortcomings of existing research, and points out some directions for the development of the study of Chinese pragmatic particle words from the aspects of interactive function, location distribution, phonological features, research perspective, educational practice and multi-modal construction.

Keywords: Pragmatic particle words, interactive linguistics, modal particle, conversational analysis, multimodal research perspective

上海土白《约翰传福音书》1847年译本与1913年译本之异*

——兼议上海土白《圣经》译本的利用

林素娥

（上海大学文学院）

提　要　晚清《圣经》及其单卷书的方言土白译本是方言史研究的重要文献，便于开展方言共时和历时研究。关于译本文献，对其语料须做语体区分。上海土白《约翰传福音书》1847年译本和1913年译本词汇、语法两方面相比较表明：二译本存在语体正式程度之别。前者多用方言俚俗词和结构，语体偏俚俗；后者虽以方言土白为基础，但多夹杂文理色彩词汇和结构等，语体偏平正。不同语体特征的语言成分为从不同理论视角开展方言史研究提供了语料。

关键词　《约翰传福音书》　上海土白　语体

0. 引言

《圣经》方言译本为方言史研究提供了重要的文献。游汝杰（2021：

* 该研究获得国家社科基金一般项目"基于域外文献的明清以来宁波方言发展演变研究"（21BYY079）、国家社科基金重大项目"晚明以来吴语白话文献语法研究及数据库建设"（21&ZD301）、国家社科基金重大项目"吴语语料库建设和吴语比较研究"（20&ZD301）等支持。感谢审稿专家提供宝贵意见！文中不足自负。

27，50）认为“《圣经》的方言译本不仅对于研究方言历史是极宝贵的文献资料”，“也便于各地方言的比较研究”和“同一方言的历时比较”。不过，陈泽平（2010：20）也指出“土白《圣经》是翻译的文本”，“使用《圣经》译本中的语料来研究方言语法，必须仔细筛选”。可见，作为译本类文献，其语言受到底本语言、翻译原则等影响，使用时须对语料进行甄别。目前，仅以《圣经》土白译本开展方音史、词汇史和语法史尤其是后两者的研究不多，如戴黎刚（2007）、田志军（2013）、田志军和谢葆兰（2016）、张雪（2015）、阮咏梅（2015，2019）、蔡佞（2018）、林素娥（2020）等，可见，《圣经》土白译本仍未得以充分利用，尤其是对其语料特点及如何用于开展方言史研究的讨论仍不够。本文拟选取上海土白《约翰传福音书》1847 年译本和 1913 年译本，列举二者词汇、语法特点，重点讨论二者差异及其成因，兼议《圣经》上海土白译本的利用。

《约翰传福音书》为《新约》四福音书第四卷书，本卷书主要阐述耶稣的神性、信他得永生等基督教核心教义。上海土白 1847 年译本（以下简称“译本 A”）和 1913 年译本（以下简称“译本 B”），二者存在出版年代、译经时代背景、译者等不同，二译本文献语料也存在显著差异。分析二者词汇语法特点及其差异成因，便于后续研究中上海土白《圣经》译本语料的甄选和利用。

引用说明：文中用例皆出自两译本，原译本为汉字版，直接引用原文汉字，句后括号标明经文章节，如 10：10，表示《约翰传福音书》第 10 章第 10 节经文，不再列出经文具体所在文献页码。两译本全文只用顿号和句号，引用时保持原貌，标点不做改动。此外，为便于比较或理解，必要时列出北京官话（1874）、官话和合本（1919）对应译文。

1. 译本 A 与译本 B 简介

译本 A 由英国伦敦会传教士麦都思译出，成书于官话《圣经》译本之前，而译本 B 译者不详，但成书于官话《圣经》译本流行之后，很可能受到了官话译本的影响。

1.1 译本 A（1847 年）

译本 A 是最早的汉字译本，也是最早的方言译本。主要译者为伦敦会传教士麦都思，全书译文由他最后改定（游汝杰，2021：135），译于官话《圣经》译本之前。

麦都思（W. H. Medhurst）（1796~1857 年），英国传教士，自号墨海老人，1843 年至 1856 年居沪，主持伦敦会上海事务。他是早期用汉语撰写基督教小册子最多的人之一，如《神天十条圣诫注解》（1826，巴达维亚）、《耶稣赎罪之论》（1829，巴达维亚）、《论善恶人死》（1829，1835，马六甲）等，也是积极参与《圣经》翻译者之一，如《新遗诏书》（麦都思、郭实腊、裨治文、马儒翰等，1837，巴达维亚）、文言"委办译本"（麦都思、理雅各、施敦力、米怜《新约全书》，1852；《旧约》，1854）、最早的官话译本"南京官话译本"（麦都思、施敦力，1856），还编纂《汉语教本》（1828，巴达维亚）、《地理便童略传》（1819，马六甲）、《汉语福建方言辞典》（1832，澳门）、《华英语汇》（1842~1843，巴达维亚）、《英华辞典》（1847~1848，上海）等课本和词典，撰写《中国：现状与前景》（1838，伦敦）、《中国杂记》（1849，上海）等，在《中国丛报》《北华捷报》以及同时期其他刊物上发表大量作品（参见伟烈亚力，2011：32~47）。

由麦都思和施敦力译"南京官话译本"（1856）是第一部官话译本，也是"基于官话口语"或"偏重口语化的语言"的译本（赵晓阳，2013，刘立壹、刘振前，2017）。文中多使用感叹词"哟""呢""呵""咯"等，使用大量方言地道口语词"明日""城头城""自家""晓得知道""嚇杀吓坏""招寻寻找""讲说""撂扔""把用"等，甚至杂有更俚俗的地方土语"脸袋子"等。该译本对晚出的官话译本也产生了极大影响。据刘立壹、刘振前（2017）考证，北京官话译本《约翰福音》（"北京官话译本"翻译委员会译，1864）承袭其术语译名，句子翻译也受它启发，口语化特征非常显著。

"南京官话译本"的语体特征表明 19 世纪中期《圣经》译本语言由文

言转向通俗口语，以便“不需要非常高的文化素养”（F. W. Baller，1919）就能读懂。据此推知，由麦都思主持译于权威官话译本之前且无书面语形式的上海土白译本A，极可能是一本以通俗口语为基础的上海话译本，且未受到官话口语译本的影响。

1.2 译本B（1913年）

译本B（1913年）节选自上海土白《旧新约全书》，该译本是上海土白第一本《圣经》全译本。译本扉页正中竖排写“旧新约全书”，右侧竖排写“耶稣降生一千九百十三年，上海土白”，左侧竖排写“中华民国二年岁次癸丑，上海大美国圣经会印行”，下方有英文二行，为Shanghai Colloquial，American Bible Society，1913。全书分旧约和新约两部分，旧约1396页，新约438页，其译者不详。不过，该译本出现在权威官话译本“北京官话译本”（1872，1874）和官话和合本新约全书（1908）之后，很可能受到了官话译本的影响。游汝杰（2021：136）指出1897年美英传教士合作据和合本曾译上海土白《新约》。可见，19世纪末20世纪初上海土白译本很可能以此时流行较广的官话译本为参照本，且西儒为表达严肃、庄重的宗教主题，选择带文理色彩的官话同形、同构成分，使得语体“平白”而又不失“正式、规范”。

下面试以《约翰传福音书》（1：1-2）为例，比较译本A、译本B与官话译本的关系。

太初有道、道与天主同在、道就是天主。这道太初与天主同在。（北京官话本，1874）

太初有道、道与神同在、道就是神。这道太初与神同在。（官话和合本，1919）

起头道已经有拉个、第个道忒上帝两一淘个、道就是上帝拉。第个道勒拉起头忒上帝一淘个拉。（译本A，1847）

起初有道、道是搭上帝一淘拉、道就是上帝。第个道起初是搭上帝一淘拉。（译本B，1913）

由以上平行语料可见，译本 A 在用词造句上与官话译本明显不同，如：起头、第、忒、一淘、勒拉等土俗词，话题句“道有拉个”、指量名结构“第个道”、表示存在的持续状态“拉个”、框式结构“忒……两”等。译本 B 与官话译本对应较整齐。如，用更正式的词“起初”对应“太初”，首句用“有”字存在句，而非话题句，用光杆名词回指上文的“道”，而非指量名结构，可见，尽管译本 B 仍以上海土白为基础，但很可能受到了官话译本的影响。

综上可知，译者和翻译时代背景不同，二译本语料存在较显著差异。为进一步明确二者之间语料差异以及对上海话乃至吴语史研究的价值，下面拟具体从词汇、语法角度进行比较。

2. 译本 A 与译本 B 的词汇、语法之异

二者词汇差异主要包括三个方面，一是二者所用方言词不同，或同一词使用频率有别；二是译本 A 用方言词语，译本 B 则用书面语词语；三是译本 A 用方言词语，译本 B 用官话词语。语法差异主要体现在形态、句法结构、虚词等方面。下面逐一论述。

2.1 词汇差异

2.1.1 所用方言词

译本 A 和译本 B 都使用方言词，但用词不同或词的使用频率有别，如表 1 所示。

表 1 译本 A 和译本 B 所用方言词（语）

①		②				③		④			
表处所义名词		指示词及表处所语素				第二人称复数		介词			
A	B	A	B	A	B	A	B	A	B	A	B
户堂	场化/地方	故	第	故搭	伊块	自伽/伽	伽	勒拉	拉	担	拿

如表1，译本A和译本B方言词差异主要有两种情况：一是对立型差异，如①，A用“户堂”，不用“场化、地方”，反之亦然；④也属此类。二是使用频率差异，如②、③，译本A常用兼指示词“故”，译本B则常用带距离义的近指和远指指示词，译本A见用第二人称代词强调式“自倗”，译本B未见，并非“自倗”已消亡，只是译本B未用而已。

2.1.2 方言词语（译本A）与书面语词语（译本B）

译本A使用地道的方言词，译本B使用文雅的书面语词语，见表2。

表2 方言词语（译本A）与书面语词语（译本B）

译本A	手下人	第头	样样物事	勿拘啥人	讨饭	请酒	磕头	病好
译本B	臣子	此地	万物	凡是	求乞	预备筵席	俯伏	痊愈
译本A	样样晓得	拆脱	园好	换铜钱	葛列	替	勒拉	叫
译本B	无所不知	拆毁	存留	兑银钱	洁净	为之	在于	使得

表2所示译本B中词语是为增强译本的典雅色彩借用了书面语成分，这些词语也出现在官话译本中。也可以说，译本B通过官话译本承袭了这些词语。

2.1.3 方言词语（译本A）与官话词语（译本B）

译本A使用方言词，而译本B使用官话词语，后者在语体上更显正式，具体见表3和表4。

表3 方言词语（译本A）与官话词语（译本B）（N或NP）

译本A	祖上	男人	小囝	家主公	阿哥	两家头	辰光	夜头	故歇
译本B	祖宗	丈夫	童子	主人	兄弟	两个人	时候	夜里	现在
译本A	屋里	末末脚日子	清天白日里	老古套话	水罐头	吃局	烂泥	坟	啥户堂
译本B	房子	末日	日里	俗语话	水瓶	饭粮	泥	坟墓	哪里

表4 方言词语（译本A）与官话词语（译本B）（非N或NP类）

译本A	寻死路	落船	喜欢	睃	戤	安	各到落处	装满	放	板要	淘里
译本B	寻死	下船	爱	看	靠	放	散落	充满	释放	必要	当中

续表

译本 A	恸清爽	作恶	归去	打发	收物事	话丑话	懂得	讨	到手	常恐	担
译本 B	明白	犯罪	回到	差	收成	批塌	晓得/明白	求	得着	恐怕	用
译本 A	缚	奢跎	起头	跑路	吃喜酒	当心	接	信	推头	哪能	勒拉/打
译本 B	裹	吃力	起初	走	做亲	顾着	接待	相信	隐瞒	难道	从

由表3和表4所示，名词、动词、形容词、副词、介词等，译本 A 皆用上海土俗词语；译本 B 用语体偏正式的官话词或已借入方言的官话词。

2.2 语法差异

二译本在形态、句法和词类等方面也存在显著差异。

2.2.1 形态

译本 A 常用形容词、动词、量词重叠式表达，译本 B 少用。如：

（1）A. 做贼个来、不过要偷咾杀、吾来相帮羊活性命、而且活来好好里拉。(10：10)

B. 贼来末、无非是要偷、要杀咾弄坏、我来末、是使伊拉得着生命、并且富足有余。

（2）A. 后来耶稣清清爽爽告诉伊拉话、拉撒路死拉者。(11：14)

B. 所以耶稣明白告诉伊拉话拉撒路死个哉。

（3）A. 众人口介多睃睃、约归话啥人。(13：22)

B. 门徒大家看来看去疑心所话个是啥人。

（4）A. 西门彼得罗朝前走去、担网拖到岸上、满网全是大鱼、数个数、一百五十三个鱼末多、网倒也勿曾破拉。(21：11)

B. 西门彼得上船去、拖之网咾上岸、网里满来、有大鱼一百五十三条、鱼虽是实盖多、网倒勿破。

（5）A. 非立答应话、担十两银子去买塌饼、众人牙分勿着一眼眼。(6：7)

B. 腓力回头话、就是买廿两银子个塌饼、使每人吃一颜、还勿够事。

如例（1）~（5）所示，译本A较译本B更常用重叠式。译本A用形容词生动形式或口语性更强的量词和动词重叠式，“庄重、正式的场合不能使用动词重叠”（冯胜利、施春宏，2018：16），可见，译本B较少用重叠式，符合其偏正式语体的特点。

2.2.2 句法

2.2.2.1 小句词序

小句词序上，译本A较B更多采用受事前置的话题结构（TV），译本B较A更多用动宾结构（VO）。如：

（6）A. 耶稣话、吾老实告诉㑚、㑚寻我、勿是为看见异样事体咾、是为塌饼吃饱之拉。（6：26）

B. 耶稣回头伊拉话、我实在对㑚话、㑚来寻我、勿是为之看见异绩、是为之吃饱塌饼咾。

（7）A. 耶稣听见伊赶之出来、碰着之伊、告诉伊话、侬信上帝个儿子否？（9：35）

B. 耶稣听得伊拉赶之伊出去、碰着之伊、对伊话、侬相信上帝个儿子否？

（8）A. 上帝叫伊拉眼瞎、心肠硬个、免之眼睛亮、心肠软之末、可以懊恼罪恶、我医得好伊拉。（12：40）

B. 主使伊拉瞎之眼睛、硬之心肠、免之伊拉眼睛看见，心里明白，回转咾我医好伊拉。

例（6）受事为普通名词时，译本A和B分别采用TV式和VO式，例（7）受事为高生命度的人称代词“伊”，译本A与B表达差异也如例（6），例（8）“眼”“心肠”为身体部位义名词，译本A用TV式或主谓式，译本B仍用VO式。

此外，译本 A 受事还可用处置介词提宾式，译本 B 仍用 VO 式。如：

（9）A. 西门彼得罗朝前走去、担网拖到岸上、满网全是大鱼、数个数、一百五十三个鱼末多、网倒也勿曾破拉。（21：11）
B. 西门彼得上船去、拖之网咾上岸、网里满来、有大鱼一百五十三条、鱼虽是实盖多、网倒勿破。

（10）A. 忒伊话别人家总是先担好酒出来、等到客人有点醉者、难没担出丑酒来、独是侬担好酒留到故歇拉。（2：10）
B. 对伊话、凡是人先摆好酒、等客人吃足之、难末摆淡酒、独是侬留好酒到现在。

例（9）、（10）译本 A 用“担”字处置式，译本 B 用 VO 式。

由例（6）~（10）可见，译本 A 受事前置倾向较译本 B 更常用。

2.2.2.2 双及物句

译本 A 见倒置双宾句“VO 直接 O 间接”，而译本 B 不用。如：

（11）A. 有一个女人、打撒马里亚来吊水、耶稣告诉伊话、拨点水我吃吃。（4：8）
B. 有一个撒马利亚女人来吊水、耶稣对伊话、请侬拨我吃。

译本 A 和 B 两种双及物句式都为上海话通俗口语用法，但倒置式为老派用法。

2.2.2.3 有生自移事件表达模式

有生自移事件，译本 A 常用“V 方式+趋向补语”表达，而译本 B 则常直接用趋向动词表位移路径。如：

（12）A. 耶稣话、跑来看、就看之耶稣个住处、已经到之申时者、故日上一淘住拉。（1：40）

B. 耶稣对伊拉话、俙来看、伊拉就来看伊所住个场化、伊日上、搭伊一淘住拉、伊个时候、约酌第十个时辰。

（13）A. 故一个人、就走出去、告诉犹太人晓得、医好伊个病、是耶稣拉故。（5：15）

B. 伊个人就出去告诉犹太人、医好伊个是耶稣。

例（12）、（13）译本 A 分别用"跑""走"表位移方式，趋向补语表路径，译本 B 则直接用趋向动词。

2.2.2.4 "到+L（处所）+后置词"与"上/进+L"

译本 A 用介词"到"或框式结构"到+NP+后置词"引介终点，译本 B 则用单音节趋向词带处所宾语，具有书面语特点。如：

（14）A. 尼哥底母话、人已经老者、那能再生出来呢、那能再到娘个肚皮里之咾再生出来呢。（3：4）

B. 尼哥底母对伊话人已经老之末、那哩能彀再养呢、岂能再进娘胎咾养出来否。

（15）A. 以后犹太人个节上、耶稣到耶路撒冷。（5：1）

B. 第个事体以后有犹太人个一个节期咾耶稣上耶路撒冷去。

2.2.2.5 VP 关系从句和"所"字结构之别

译本 A 用"VP 个"直接修饰 NP，而译本 B 用书面语"所"字结构。如：

（16）A. 但是耶稣话个堂、是话伊自家人个身体。（2：21）

B. 但是耶稣所话个殿、是指点自家个身体。

（17）A. 还有耶稣做拉个、多好别样事体。（21：25）

B. 耶稣所做个事体、还有多化。

2.2.3 词类

2.2.3.1 前后置词的句法功能

译本 A 常省略前置词，如，引介动作发生场所、源点、工具等介词皆可不用，后置词句法功能更活跃，具有句法强制性，译本 B 则前置词以出现为常，后置词句法功能强制性不如译本 A。如：

（18）A. 耶稣话、叫众人坐下来、故搭户堂草多个、所以众人坐下来、约归五千个人拉。（6：10）

B. 耶稣话、叫众人坐下来、拉伊块有多化草个、实盖末、众人坐之下来、数目约酌五千人。

（19）A. 约翰话、勿是天上来个、勿能成功拉。（3：27）

B. 约翰回头话、若勿是从天上赐拨个末、人是勿能受着啥。

（20）A. 风凭空吹来、可以听见伊响声、但是勿晓得那里来那里去、勿拘啥人打圣神生出来个牙（也）实盖个拉。（3：8）

B. 风随之意思咾吹听之伊个声音、倒勿晓得伊从那哩来到那哩去、凡系从圣灵咾养个末、也实盖个。

（21）A. 上帝是唔没形像个、勿拘啥人拜上帝个、一定要意思心肠、老老实实拜个。（4：25）

B. 因为爷要实盖个人拜伊、上帝是灵、拜伊个人必要用灵性咾诚实来拜个。

例（18）~（21）译本 A 与译本 B 皆存在前置介词使用与否的差异，这种对立现象在文献中十分常见。

“户堂”为译本 A 中表示处所的名词，它也常出现在地名或处所词后，处所义成为冗余成分，句法上主要对前面处所名词起标记作用。如例（22）（23）“户堂”分别在地名和处所指代词后起标记作用。此外，单音节形式“里”虽然在两种文献中都常用作后置词，但译本 A 中“里”的句法强制性更典型，如例（24）。

（22）A. 以后耶稣到加利利各户堂、单单勿肯到犹太户堂、因为犹太人算计要杀耶稣拉。（7：1）

B. 第个事体以后耶稣周游拉加利利、勿要走拉犹太、因为犹太人打算要杀伊咾。

（23）A. 耶稣话、叫众人坐下来、故搭户堂草多个、所以众人坐下来、约归五千个人拉。（6：10）

B. 耶稣话、叫众人坐下来、拉伊块有多化草个、实盖末、众人坐之下来、数目约酌五千人。

（24）A. 耶稣话、吾老实告诉倻、到羊棚里去、勿搭门里走、打别场下偷伴进来个、是做贼个拉。（10：1）

B. 我实在对倻话、人进羊圈咾勿从门里走、倒从别处爬上去个末、是贼咾强盗。

2.2.3.2 “来”的用法

译本A有“V得来”“V勿来”表示可能或能力，译本B无此用法，译本A“来”作状态补语标记较常见，译本B少用。如：

（25）A. 侬做拉个异样事体、唔啥人做得来个拉。（7：2）

B. 因为侬做拉个异绩、若勿是上帝一淘末、无人能够做个。

（26）A. 爱惜朋友、勿顾自家性命、是比勿来个爱惜拉。（15：13）

B. 人为之朋友咾舍脱性命、比第个爱再大是勿有个哉。

（27）A. 比方别人做勿来个事体、若是我勿会做出来个、伊是唔啥罪孽个拉。（15：24）

B. 我若然勿拉伊拉当中、勿做别人所勿曾做过个作为末，伊拉是无罪。

（28）A. 做贼个来、不过要偷咾杀、吾来相帮羊活性命、而且活来好好里拉。（10：10）

B. 贼来末、无非是要偷要杀咾弄坏、我来末、是使伊拉得着生命、并且富足有余。

(29) A. 耶稣勒拉礼拜堂里、教训人个辰光、声音闹来、话……(7：28)

B. 所以耶稣拉殿里教训、喊咾话……

例（25）~（27）“来”充当可能补语，表义虚化，动词后表示可能或能力。赵元任（1979：210）称其为“傀儡可能补语”，“其作用在于使可能式成为可能”。“来”也作助词，有带状态补语和不带补语两种形式，不带补语时表示程度深，如例（28A）和（29A）。江蓝生（1995）将带状态补语的称为A式，不带状态补语的称为B式，A、B式深层语义关系一致，即表程度之深，B式是A式的省略式。

2.2.3.3 “得”的体标记用法

译本A“得”在静态动词后表持续，也可用于动词和趋向补语之间表动作实现。如：

(30) A. 照犹太人揩净规矩、勒拉故答摆六只石水甏逐一只甏放得两三桶水。(2：6)

B. 照犹太人洁净个规矩、拉伊块有六个石甏放拉、每甏放水约酌两三桶。

(31) A. 耶稣话、吾老实告诉侬、人弗再生得出来、弗能到上帝国图（度）拉。(3：3)

B. 耶稣回头伊话我实在对侬话、人若勿是再养末、勿能彀见上帝国个。

例（30）译本A静态动词“放”后“得”可分析为完成或完成后状态的持续，例（31）表假设的条件小句中“得”在动趋式中，表示先行动作的实现。译本B无类似用法。

2.2.3.4 主从复句关联词

译本A主从复句常用意合式，译本B则常用显性关联词。如：

（32）A. 听听耶稣个说话、信个人越发多拉。（4：41）

B. 为之耶稣个说话、相信个人更加多哉。

（33）A. 风响起来、浪头大来。（6：18）

B. 当时海里个浪头涌起来、因为起之大风咾。

（34）A. 耶稣话、吾老实告诉俤、勿吃人个儿子个肉、勿嗑伊个血个、勿能活个拉。（6：53）

B. 耶对伊拉话我实在对俤话、俤若然勿吃人个儿子个肉咾勿呷伊个血、盖末俤里向无没生命。

（35）A. 所以耶稣告诉相信伊个犹太人、话、常庄勒吾道理上个、实在是我个徒弟拉。（8：31）

B. 耶稣对相信伊个犹太人话、俤若然常庄照我个道理咾行、盖末真正是我个门徒哉。

例（32）、（33）为因果复句，译本A按照前因后果组织句子，不用关联词；译本B，无论原因从属小句在前或在后，皆用关联词。例（34）、（35）条件或假设从句，译本A用意合式，译本B在条件小句中用表假设的关联词“若然”，结果小句用“盖末”标记。

2.2.3.5 指示词

译本A常用中性指示词表示当前指、回指和认同指等，译本B则常用带距离义的近指或远指指示词。例如：

（36）A. 吾勿勒拉故搭、恭喜俤、因为俤可以相信、故歇起来、一淘到故搭去罢。（11：15）

B. 我勿拉伊块、是为之俤个缘故咾快活、使俤可以相信、然而伲要到伊头去。

(37) A. 约翰牙（也）行洗礼、勒拉哀嫩户堂、就是相近撒冷县拉、因为故搭水多、人到故答领受洗礼。(3：23)

B. 约翰拉相近撒冷个哀嫩也行洗礼、为之伊块水多哓、众人来受洗礼。

(38) A. 因为故个辰光、约翰勿曾收监里。(3：24)

B. 伊个时候、约翰还勿曾收监。

(39) A. 吾祖上耶哥伯搭之伊个子孙中牲、全吃第个水、就传拨故只井勒我个拉、侬还比之伊大么。(4：12，13)

B. 尼个祖上雅各傅第只井拉尼、伊自家搭之儿子哓中牲全吃个、难道侬比伊大否。

例（36）“故搭”指说听双方都明确的处所；例（37）“故搭”用作回指，指上文所述处所；例（38）指“故个辰光”也用作回指；例（39）“故只井”为言语现场直指，这些用法都无须明确或强调距离，译本 A 皆用中性指示词“故”，而译本 B 则用带距离义的近指或远指指示词。

以上仅罗列出二译本在词汇和语法上的部分差异，已足见其文本语料的不同。

3. 浅析二译本语料差异的成因及利用

二译本语料差异与翻译的时代背景、官话译本的影响等相关，此外，也与半个多世纪以来上海话词汇、语法的演变有关。梳理差异的不同成因，便于利用不同性质的语料开展上海话乃至吴语词汇语法史研究。

3.1 二译本语料差异的成因

形成二译本差异的原因主要有二。一是语言变迁。上海开埠以后语言演变加速，译本 A（1847）与译本 B（1913）发行相差半个多世纪，且处于语言发生演变的重要历史时期，二译本语言差异反映了这一时期的语言变迁。二是译本语言的语体差异。西儒们早于 17 世纪（Francisco Varo，1703）就清晰地意识到汉语存在不同语体，所以他们用文言、浅“文理”和官话等翻译《圣经》。《圣经》方言译本是为向目不识丁的底层百姓宣传教义而译，要求语言通俗易懂，但作为宗教经典，主要为阐释生命、信仰等庄重严肃的主题，其语言要求正式，甚至典雅。因此，方言土白译本语言自然也存在正式度要求，而使用已被方言区受教育阶层运用于正式交际场合源于官话的成分是增强译本语体正式度的主要途径。这些成分虽借自官话，但已被方言区人们接受，用于日常较正式的表达，带有“文理”色彩（游汝杰、邹嘉彦，2009）。译本 B 较译本 A 更多使用此类词汇，句法结构上也更倾向于采用与官话一致的表达，整体上使其语体表现出“平正”特点。“‘平’是指不加文饰，也不追求古雅，‘正’是指不俚俗，也不完全直白，语法和词汇都比较正规。这种语体使用频率最高，一般正规场合的讲话和通常的叙事、议论都是这种语体。”（蒋绍愚，2019）

3.1.1 语言变迁

由表 1 可知，表“地方”义的处所名词，译本 A 用“户堂”，译本 B 用“场化”，甚至“地方”。

(40) A. 耶稣又来加利利到之迦拿县、前头担水来变酒个户堂。(4：46)

B. 耶稣再到加利利个迦拿、就是伊从前拿水变酒个地方。

(41) A. 今朝看见有船打提庇哩亚开来、到之故搭、悬空耶稣担塌饼分拨众人个户堂近者。(6：23)

B. 然而有几支小船、从提比利亚来、相近伊垃拉主祝谢之咾吃塌饼个场化。

译本 A“户堂”出现 66 次，译本 B“场化”出现 48 次、“地方”出现 28 次。

19 世纪下半叶至 20 世纪上半叶各课本文献中“户堂”（也作“户荡”）、

"场化"和"地方"使用情况见表5。

表5 19世纪下半叶至20世纪上半叶"地方"义名词在课本文献中的分布情况①

单位：次；%

年代	课本	户堂/户荡	场化	地方
19世纪下半叶	《油拉八国》1849	9	0	24
	《蒙童训》1857	36	14	58
	《集锦》1862	12	10	13
	《松江话词汇集》1883	5	0	8
	《地理志问答》1892	9	6	162
	《中西妙法》1899	2	2	0
	合计及百分比	73（19.7）	32（8.6）	265（71.6）
19世纪末至20世纪初	《沪语便商》1892	0	9	0
	《沪语津梁》1907	0	27	1
	SHANGHAI DIALECT EXERCISES 1910	3	10	114
	合计及百分比	3（1.8）	46（28.0）	115（70.1）
20世纪上半叶	*LESSONSIN THE SHANGHAI DIALECT* 1923	0	13	93
	《鹦笑楼语录》1934	0	56	44
	《中日会话集》1936	0	2	31
	《增补实用上海话》1939	0	15	39
	合计及百分比	0	86（29.3）	207（70.6）

由表5可见，19世纪下半叶至20世纪上半叶口语性强的上海话课本中大多"户堂/户荡"、"场化"和"地方"三词并存，三者的分布反映了它们之间的竞争关系。19世纪下半叶，"户堂/户荡"（19.7%）较"场化"（8.6%）更常用，19世纪末至20世纪初近二十年中"户堂/户荡"的使用明显下降，甚至不用，20世纪上半叶完全退出"地方"义名词行列。

由上可知，译本A使用"户堂/户荡"是选择了19世纪最常用的方言

① 表5至表7中数字为词语在文本中的出现次数，百分比为各词语在总使用次数中的占比。

土俗词，译本B用“场化”“地方”则选用了20世纪初最常用的方言词。二者“地方”义名词使用差异反映了上海话词汇的历史变迁。

19世纪末20世纪初“户堂/户荡”在“地方”义名词的竞争中为何失败呢？这可能与苏州话的接触影响有关。“场化”是苏州一带北部吴语本土和西儒文献中的常用词。如：

（42）a. 格里是哉。让吾去认得点，是个常化要让我朱二伯伯得来。（《缀白裘》5卷2集）（引自石汝杰、宫田一郎，2005：65）

b. 若使人流呍笃个血、就是呍笃个性命、我必要讨还个、拉走兽场化、要讨还个、拉人场化、要讨还个、拉人弟兄场化、我也要讨还人个性命。（《创世记》9：5，1908，苏州土白）

例（42a）《缀白裘》写作“常化”，例（42b）选自苏州土白《旧约》译本，“地方”义名词“场化”还可后接名词或名词性短语。

19世纪下半叶至20世纪初苏州话文献中“地方”义词为“场化”和“地方”，其分布如表6所示。

表6　19世纪下半叶至20世纪初苏州话文献中“地方”义词的分布

单位：次；%

文献	场化	地方
《路加传福音书》1860	45（97.8）	1（2.1）
《海上花列传》1894	55（96.5）	2（3.5）
《天路历程》1896	60（24.2）	188（75.8）
《旧约》1908	213（27.6）	559（72.4）

由表6可知，“场化”（《海上花列传》写作“场花”）是苏州话常用土俗词，而“地方”则常用于更正式的语体中。例如：

（43）a. 亚自便进国回来，踅过横波槛，顺便转步西行。原来这菊

花山扎在鹦鹉楼台之前，那鹦鹉楼台系八字式的五幢厅楼，前面地方极为阔大。(《海上花列传》第 60 回)

b. 亚白道："该搭一径无拨信，要末别场花去问声看。"(《海上花列传》第 61 回)

例（43a）"地方"用于叙述语体，更为正式；例（43b）"场花"（即"场化"）用于人物土白对话。"地方"和"场化"在苏州话中的语体差异也说明，前者由官话进入文献，后者为方言土俗词。

1843 年上海开埠之后，上海经济贸易得到快速发展，吸引了苏南浙北大量人口移入，作为优势方言的苏州话也随苏州移民进入上海，对上海话产生影响，导致上海话中苏沪共同的土俗词在竞争中胜出，不同的则消亡。

此外，表 1 中译本 A 用处置式"担"字句、译本 B 用"拿"字句，二者的差异也是语言演变的结果，其也与苏州话的影响有关（参见林素娥，2015）。

3.1.2 语体不同，用词造句有别

由表 2、表 3 和 2.2 节可见，译本 A 用词偏土俗，常用零散小句，句间重意合，少用显性关联成分，多用重叠式和地道虚词，反映当时真实的口语面貌。译本 B 则弃用方言土俗词，借用官话或偏"文理"的官话同形词，混杂少量书面语词，常用整句，多用显性关联成分明确句间从属关系，少用重叠式，结构和虚词也多用与官话相同的形式，语体更偏平正。

由官话借入词汇，与本方言土俗成分构成"文理"与"土俗"的语体之别，多为受教育群体用于较正式场合，会在较长一段时间内与方言土俗词并存共用。下面以"时候"和"辰光"为例，如：

(44) a. 侬约规啥时候来？Núng yah-kway sa z-eu lay? About what time will you come?(《集锦》，1862：160)

b. 侬约规啥辰光去？Núng yah-kway sa zung-kwong che? About what time will you go?(《集锦》，1862：161)

c. 现在啥辰光拉哉？Yen-dzay sa zung-kwong la dzay? What time is it now?（《集锦》，1862：161）

（45）a. 现在时候勿比前头哉。Yen-dzay z heu veh pe sen deu tsay. The present cannot be compared with former times.（《集锦》，1862：46）

b. 现在辰光古玩打宋朝传下来个还有否？Yeu-dzay zung-kwong koo ngwan tang sung dzau dzay au lay kuh wan yeu va? Are there at present any antiquities of the sung dynasty?（《集锦》，1862：111）

（46）a. 反乱时候百姓苦恼。Fan lön z-heu pak-sing k'oo-nau. In times of rebellion the people are unhappy.（《集锦》，1862：173）

b. 反乱个辰光地皮勿值啥价钱。Fan lōn kuh zung kwong te be veh dzuh sa ka den. In times of rebellion land is exceedingly cheap.（《集锦》，1862：77）

c. 垃垃结亲个时候点个叫花烛。Leh leh kyih t'sing kuh z-heu ten kuh kiau hwō tsōh. The candles which are burnt at marriages are called "hwō tsōh".（《集锦》，1862：101）

由例（44）~（46）可见，"辰光"和"时候"出现的语境在19世纪下半叶已十分接近，可构成"啥辰光/时候"，都可在时间词"现在"后出现，也都可在VP后取消其独立性。其分布情况如表7所示，"时候"和"辰光"长期共存，"时候"并未胜出，仍以"辰光"为主。

表7 19世纪下半叶至20世纪30年代课本中"时候"和"辰光"的分布情况

单位：次；%

课本	时候	辰光
《约翰福音》1847（译本A）	5	53
《蒙童训》1857	6	63
《集锦》1862	22	27

续表

课本	时候	辰光
《松江话词汇集》1883	43	10
《土话指南》1908	28	21
SHANGHAI DIALECT EXERCISES 1910	50	59
《约翰福音》1913（译本 B）	21	2
《阿里排排逢盗记》1921	38	3
LESSONS IN THE SHANGHAI DIALECT 1923	55	111
《中日会话集》1936	6	10
《鹦笑楼语录》1934	13	83
合计及百分比	287（39.4）	442（60.6）

译本 A 选择方言土俗词“辰光”，译本 B 弃用方言俚语词“辰光”而用偏文理的“时候”。

语法上，译本 B 也采取弃用或少用方言俚俗词和虚词表达，使表达更显正式。弃用老派的或口语中使用频率不高的虚词或结构，如，状态补语标记少用“来”，多用“得”；语篇中多用带距离义指示词表直指、回指、认同指等语用功能，而少用中性指示词；多用前置词，少用后置词，诸如此类，具体见 2.2.3 词类；不用“VO$_{直接}$ O$_{间接}$”的双宾句套兼语句的词序；少用高频使用的方言特有结构，如小句词序多用动宾式，而非话题结构；有生自移事件少用“V$_{方式}$+趋向补语”表达，多直接用趋向动词表位移；等等，具体见 2.2.2 句法。

3.2 浅析《圣经》上海土白译本文献的研究价值与利用

由以上两种译本可见，《圣经》或其分卷译本的确因内容相同便于开展方言史研究，但须注意译本语料的混合性问题，尤其是权威官话译本通行之后的方言土白译本，其语料混合了官话成分、少量书面语成分，或倾向于使用已借入方言的但带文理色彩的成分。本文认为需剥离或甄别性质各异的语料，从不同角度开展方言史研究。

译本 A 语料地道，是开展上海方言史研究的较理想的语料。如 3.1.1

所述，另如状态补语标记“来”，许宝华和汤珍珠（1988）、钱乃荣（1997：199）、游汝杰（2014）等先后描写或分析了上海话状态补语标记“来”、“得来”和“得”。钱乃荣（1997：199）、游汝杰（2014：388）先后指出早期方言土俗词“来”，今为老派用；旧时“得”为官话词或带文理色彩，今新派常用，或用“来”和“得”的叠加式。钱乃荣（2003：229）勾勒出该类标记演变更替过程为：“来>了>得来>得”。不过，“得”“得来”是如何实现对“来”的替代的及其原因仍未讨论。

译本 A 见“来”作补语标记，如例（28）“V+来+补语”、（29）“Adj+来”，同时期课本类文献也见“得”字标记，如例（47）：

（47）a. 鞋子要刷得亮。A ts yau she tuh lëang. You must brush the shoes bright. （《集锦》，1862：8）

b. 篷要扯得足。Pung yau t'sa tuh tsōh. You must set the sail. （《集锦》，1862：19）

例（47）“得”作补语标记，补语以单音节形容词居多，表结果但不强调状态。

19 世纪下半叶“来”作补语标记，其补语较复杂，多用于表结果呈现的状态，也用来表程度。例如：

（48）a. 一捆柴捆来勿好。I-k ‘oen za k ‘oen-lai vé-h ‘ao. Un fagot de combustible est mal lié. （《松江话》，1880：8）

b. 凶来无招架。Hiong-lai m-tsao-ka. Méchant, severe à l'excès. （《松江话》，1880：16）

c. 路远来啥能？Lou-yeu-lai sa-neng. Le chemin est fort long; c'est fort loin. （《松江话》，1880：16）

d. 第条河深来交关。Ti-diao wou sen-lai kiao-koè. Ce canal est fort profond. （《松江话》，1880：16）

19 世纪下半叶“得来”一般只用于动词后，补语表结果状态。例如：

(49) a. 汗跑得来大来死。Heu pau tuh lay too lay se. To perspire a great deal with walking. (《集锦》, 1862：14)

b. 第回贼匪杀得来大败。Te way suh fe she tuh lay ta ba. The rebels this time have suffered a great defeat. (《集锦》, 1862：50)

c. 一本书写得来明明白白。Ih pung sû sëa tuh lay ming ming bah bah. The book is written plainly and clearly. (《集锦》, 1862：189)

由上可见，19 世纪下半叶“来”“得”“得来”并存，以“来”最常见。如《松江话词汇集》(1883) 中有“V/A+来+补语”100 处，不带补语的“A 来”21 处，补语表结果状态或结果所达到的程度，不表示预期或动作的必然结果；“得”则主要构成“V+得+结果”，有 40 处；“得来”有 4 例，但与“来”后补语一样，表结果状态或程度。

杨平 (1990) 将带“得”的状态补语结构分为结果补语、趋向补语和程度补语等三类。早期上海话“来”、“得”和“得来”后接补语的区别，验证了状态补语可细分为结果、程度等次类。蒋绍愚、曹广顺 (2005：336~337) 指出结果、状态、程度和趋向可归为一大类，看作在广义结果语义范畴之下的连续统。汉语史上“V 得 C”在宋元以后表结果逐渐被“VC”式淘汰。上海话“V/A+来+补语”发展中，“V 得 C”有了另一发展途径，即构成“得来”，同时其补语在广义结果义内进一步扩散，“得”也就开始替代“来”。据此，我们可推测“得”对“来”的更替演变并非直线式的“来>得来>得”，而更可能是“得来”“得”同时对“来”更替。

译本 B 则为从语言接触角度观察方言发展史提供语料。游汝杰、邹嘉彦 (2009：49，51) 指出地点方言向共同语靠拢是方言历史演变的宏观取向之一，这种宏观取向通过仿效优势方言得以实现，即不断借用和模仿共同语，使一种方言的语音、词汇和语法结构逐渐得以改变。译本 B 用词造句多借用权威官话或早已借入的官话成分，观察它们与方言土俗成分之间的竞争，可讨论方言的发展动态。这里仍以表地方义名词和表时候义名词为例。由表 4 和表 5 可见，19 世纪下半叶“地方”已较土俗词“户堂/户荡”“场化”更常用，今上海话中“地方”已完成对土俗词的替代。钱乃荣（2008：5）指出“场化、户荡都是老派用词，表地方”。我们整理了“学上海话公众号”（2017~2019 年）上发布的各类上海话文献，合计近 40 万字。检索得到“户荡”出现 5 次、“场化”出现 3 次、“地方”出现 200 次，三者使用频率相差悬殊，可见，表地方义名词，原来的方言俚俗词已呈式微状，由官话借入的“地方”已成为常用的核心词汇。而“时候”与“辰光”的竞争并未出现“官胜土败”现象。今苏沪吴语“时候”仍带文理色彩，口语通常说“辰光”。在近 40 万字语料中，仅见“时候”3 处，而“辰光”则高达 1276 处，这种分布比例表明上海话仍以“辰光”为表时间义的常用词。

“地方”“时候”与上海方言固有词竞争为何结果迥异？我们推测这与官话成分借入方言的时长、区域方言（尤其是接触频繁的地点方言）的共同选择等相关。由表 4、表 5 和表 6 来看，“地方”自 19 世纪中叶以来已成为苏沪吴语最常用的处所义名词，而“时候”在文本分布中一直处于弱势，这种情形并未随着普通话的强势影响发生改变，至今苏沪皆仍用“辰光”。“地方”“时候”皆为基本词汇中成员，分别表空间和时间，空间义相比时间义更为具体，所对应词在系统中更基础，但苏沪吴语与官话接触中表空间义的方言土俗词更早发生更替演变，其成因也值得进一步思考。

由上可见，译本 A 和译本 B 年代、语料语体有别，但对于方言历时演变研究都有一定的价值。年代更早、语体偏土俗的译本 A 为从历史比较语言学角度讨论上海话词汇、语法演变提供了可贵的语料，译本 B 年代较晚、语体偏正式，其语料实则记录了权威官话对方言的影响和渗透，为从语言接触视角探究方言动态发展提供了材料。因此，在甄别语料性质的基础上，土白《圣经》译本可为我们从不同视角开展方言史研究提供语料。

4. 结语

《圣经》及其单卷书的方言土白译本不仅可作为方音史研究的重要语料，也可以作为词汇史和语法史演变研究的语料。结合《约翰传福音书》上海土白1847年译本和1913年译本词汇和语法的初步对比，可观察到前者大量使用方言土俗词语和语法，语体偏俚俗，而后者则弃用土俗词汇，更多用带文理色彩的官话同形词汇，语法选用更正式的结构或虚词，语体偏平正，后者语体特征的成因与参照译本即通行的《圣经》官话译本的影响有关。因此，利用这类《圣经》土白译本语料时，须甄别语料的性质及其语体特征，在此基础上，可用此类文献语料从历史比较语言学和语言接触角度开展方言史研究。

参考文献

博马利亚：《地理志问答》，上海美华书馆，1896。

蔡佞：《苏州土白〈马可福音〉中的介词》，载陈忠敏、陆道平主编《吴语研究——第九届国际吴方言学术研讨会论文集》，上海教育出版社，2018。

陈泽平：《19世纪以来的福州方言——传教士福州土白文献之语言学研究》，福建人民出版社，2010。

戴黎刚：《莆田话〈新约全书附诗篇〉（1912年）所见音系》，《中国语文》2007年第1期。

狄考文、富善、鲍康宁、文书田等译《圣经》（官话和合本），大英圣书公会，1919。

丁卓编《中日会话集》，三通书局，1936。

冯胜利、施春宏：《从语言的不同层面看语体语法的系统性》，载冯胜利、施春宏主编《汉语语体语法新探》，中西书局，2018。

龟山正夫：《鹦笑楼语录》，上海北四川路内山书店，1934。

韩邦庆：《海上花列传》，人民文学出版社，1894。

江蓝生：《吴语助词“来”“得来”溯源》，《中国语言学报》1995年第5期。

蒋绍愚：《汉语史的研究和汉语史的语料》，《语文研究》2019年第3期。

蒋绍愚、曹广顺主编《近代汉语语法史研究综述》，商务印书馆，2005。

来恩赐译：《天路历程》（苏州土白），上海美华印书馆，1896。

刘立壹、刘振前：《〈圣经〉"南京官话译本"考论》，《宗教学研究》2017年第2期。

林素娥：《早期吴语位移事件词化类型之比较——基于〈路加传福音书〉土白译本的考察》，《语言科学》2020年第1期。

林素娥：《一百多年来吴语句法类型演变研究——基于西儒吴方言文献的考察》，中国社会科学出版社，2015。

麦都思（W. H. Medhurst）译：《约翰传福音书》，江苏省松江府上海县墨海书版，私人印刷，1847。

麦都思、施敦力合译：《马太福音》（南京官话），江苏松江上海墨海书馆，1854。

慕姑娘：《油拉八国》（手稿），1849。

匿名：《新旧约圣经》（上海土白），上海美国圣经会，1913。

匿名：《阿里排排逢盗记》，上海土山湾印书馆，1921。

匿名：《路加传福音书》（苏州土白），1860。

钱乃荣：《上海话语法》，上海人民出版社，1997。

钱乃荣：《上海语言发展史》，上海人民出版社，2003。

钱乃荣：《上海话大词典》，上海辞书出版社，2008。

阮咏梅：《台州方言百余年来的语音变化》，《语言研究》2015年第2期。

阮咏梅：《从西洋传教士文献看台州方言百余年来的演变》，中国社会科学出版社，2019。

施约瑟、白汉理、艾约瑟、丁韪良、包尔滕等译：《北京官话旧新约译本》，上海大美国圣经会，1874。

石汝杰、〔日〕宫田一郎主编《明清吴语词典》，上海教育出版社，2005。

田志军：《五经富客话〈新约〉韵母系统及其特点》，《嘉应学院学报》2013年第7期。

田志军、谢葆兰：《五经富客话罗马字〈新约全书〉所记音系及其百年演变》，《宜春学院学报》2016年第7期。

〔西〕瓦罗（Varo，Francisco）：《华语官话语法》，姚小平、张又清译，外语教学与研究出版社，1703［2003］。

〔英〕伟烈亚力：《1867年以前来华基督教传教士列传及著作目录》，倪文君译，广西师范大学出版社，2011。

许宝华、汤珍珠主编《上海市区方言志》，上海教育出版社，1988。

游汝杰：《西洋传教士汉语方言学著作书目考述》，黑龙江教育出版社，2002。

游汝杰、邹嘉彦：《社会语言学教程（第二版）》，复旦大学出版社，2009。

游汝杰主编《上海地区方言调查研究》（四），复旦大学出版社，2014。

游汝杰：《西洋传教士汉语方言学著作书目考述》（增订本），上海教育出版社，2021。

御幡雅文：《沪语津梁·商贾问答》，上海作新社印刷局，1907。

御幡雅文：《沪语便商》，上海日本堂，1892。

杨平：《带“得”的述补结构的产生和发展》，《古汉语研究》1990年第1期。

赵晓阳：《汉语官话方言圣经译本考述》，《世界宗教研究》2013年第6期。

赵元任：《汉语口语语法》，吕叔湘译，商务印书馆，1979。

张雪：《清末温州方言音系研究——罗马字温州土白话〈新约全书：四福音书和使徒行传〉（1894）音系研究》，福建师范大学硕士学位论文，2015。

Anonymous. 1908. *T'ou-wo Tse-ne*《土话指南》, *Boussole du langage mandrin, traduit et romanisee en dialecte de Changhai.* 上海土山湾慈母堂。

Charles D. Tenney. 1857. 《蒙童训》，上海：浦东周凤翔刊印。

Davis, D. H. 1910. *Shanghai Dialect Exercises in Romanised and Character, with Key to Pronunciation and English Index*，上海徐家汇土山湾印书馆，1910。

Baller, F. W. 1919. The Revised Mandarin Bible (Union Version), China's Millions, British Edition, May, 57-59.

Fitch, Parker & Davis, J. W. 1908. 《旧约全书·苏州土白》，美国圣经会（A. B. S）讬印，上海美华书馆摆印。

Macgowan, John. 1862. *Collection of phrases in the Shanghai Dialect systematically arranged*, Shanghai: Shanghai Presbyterian Mission Press. （《上海方言短语集锦》，简称《集锦》）。

M. T. Yates, D. D. 1899. 《中西译语妙法》 *First Lessons in Chinese*, Shanghai: American Presbyterian Mission Press. （简称《中西妙法》）。

Rabouin, P. 1883. *Leçon ou exercices de langue chinoise. Dialecte de Song-kiang.* Zi-ka-wei: Imprimerie de la Mission Catholique, l'orphelinat de T'ou-sè-wè. （《松江话词汇集》）。

Parker, R. A. 1923. *Lessons in the Shanghai Dialect, in Romanized and Character with Key to Pronunciation.* Shanghai: the Shanghai municipal council.

The Difference between the 1847 and the 1913 Shanghai Tuba Translation of *the Gospel of John* —Discussing the Utilization of the Shanghai Vernacular Translation of the Bible

LIN Su'e

Abstract: The late Qing Dynasty translations of the Bible, including its individual volumes in regional dialects and Tuba, serve as significant documents for the study of dialect history. These translations prove invaluable for both horizontal and vertical studies in the field of dialectology. However, as translated documents, it is necessary to differentiate the linguistic styles within their respective corpora. Comparing the vocabulary and grammar of the 1847 Shanghai Tuba translation with the 1913 translation of *the Gospel of John* reveals differences in the formality of linguistic styles between the two translations. The 1847 Shanghai Tuba translation tends to employ more regional colloquial terms and structures, leaning towards an informal linguistic style. While the 1913 translation is grounded in the Tuba dialect, it often incorporates terms and structures with a more formal tone, resulting in a generally more neutral linguistic style. The linguistic components with distinct stylistic features provide valuable materials for conducting dialectal history research from various theoretical perspectives.

Keywords: *the Gospel of John,* Shanghai Tuba, linguistic style, comparison

万州方言语气助词“的个”的用法及形成*

王春玲　卢笑宇
（西南大学文学院）

提　要　“的个”在其他方言中用于定中之间，“个”为量词，“的”“个”分属两个结构层，而万州方言中“的个”是复合式语气助词。语气助词“的个”用于句首主语后，其功能主要是“提醒”，同时含有说话人的主观评判语气。“的个”的常态用法是用于陈述句末，含有“不过……而已”“……罢了”的语气，或具有表判断、确信、申明某信息的功能。与语气助词“个”不同的是，语气助词“的个”和定中之间的“的个”不存在语义上的关联，“的个”语法化和句末“的”“个”连用有关，当语气助词“的”不具有成句作用时，“的”经过“层次重组”和语气助词“个”复合为语气助词“的个”。

关键词　万州方言　语气助词　“的个”　“的”　“个”

1. 问题的提出

学界对语气助词“的”“个”均有深入研究（李讷、安珊笛、张伯江，

* 本文为国家社科基金一般项目“成都濒危客家方言岛语法调查研究”（23BYY066）、重庆市语言文字科研重点项目（yyk21107）的阶段性成果。本文曾在国家社科基金重大项目“清末民国汉语五大方言比较研究及数据库建设”开题研讨会暨第三届语言演变研究论坛上宣读，得到与会专家的指导与帮助，特此致谢！

1998；袁毓林，2003；张谊生，2003；林华勇，2015；完权，2016；李小军，2016）。“的”和量词“个”可连用为“的个”，居于定语和中心语之间，有的可位于句末。例如：

鲁南方言：二虎的个儿，真走运！|二楞的个家伙有两下子。（柏恕斌、丁振芳，1995）

大冶金湖话：辣霍的个［ta˧ ko˧］好。|光溜的个萝卜。（汪国胜，1991）

宣城方言：昨朝下的个［·tiʔ·kəʔ］雨。|你写的个字。（汪化云，2012）

烟台方言：她的个手机一天到晚都不开。|徐福记的个点心可好吃了。（刘探宙，2015）

西宁方言：那么大的个床。|颜色红红儿的个。（王双成，2015）

汪化云（2012）明确指出宣城方言“的个”没有发展出定语标记以外的用法，万州方言“的个［$ti^{33}ko^{33}$］”却有不同于其他方言的特殊用法，例如：

（1）啤酒的个，多喝点儿也不醉人。

（2）今年挣不倒两个钱的个。

（3）今天儿的事情多的个。

BCC微博也有“的个”用于句末的情况，但BCC文学部分没有发现语气助词“的个”的用法，例如：

（4）我们到时候可能也要去扫楼的个。（BCC微博）

（5）穿不到几回的个。（BCC微博）

（6）现在在车上的又要堵半个小时的个。（BCC微博）

以上例句“的个”的用法学界尚未报道，语气助词“的个”是否和定中之间的“的个”存在语义上的关联，是否和“个”有着相同的语法化路径，这些问题都尚待探讨。本文拟通过考察万州方言语气助词“的个”的用法来探讨这些问题。根据《中国语言地图集》(第2版)(2012)，万州方言属于西南官话—川黔片—成渝小片。

2. 万州方言“的个”的句法分布及功能

万州方言定中之间用“的”，“的个”用于句首主语后和陈述句句末。

2.1 句首主语后的“的个”

“的个”限用于陈述句的句首主语后，例如：

(7) 钱的个，用哒了就用哒。

(8) 小生意的个，挣不了几个钱。

(9) 衣服的个，多哒也穿不过来，够穿就行。

(10) 做生意的个，有点儿钱赚就行。

“的个”前的句首主语多为名词，也可以是动词短语，如例(10)“做生意”，动词短语作主语不表示具体动作，是用来表示一类事件，指“做生意”这件事。

“的个”能使主语话题化，其功能主要是“提醒”，包括陈述事件时唤起听话人的注意和充当话题标记，同时含有说话人的主观评判语气。如例(7)(8)“的个”使主语“钱”“小生意”话题化，若去掉“的个”也能成句，但句首主语可能不再是话题主语，同时述题部分含有说话人的主观评判或评价语气。若例(7)(8)去掉“的个”后句子成为“钱用哒了就用哒”“小生意挣不了几个钱”，从具体语境来看，“钱”“小生意”可以不看作话题主语。

此外，“的个”也可用“个”替换，但“的个”表达的说话人情态比“个”更强烈，也更能唤起听话人的注意。因此，“S+的个”和述题部分必须有明显的语气停顿，且“的个”本身有明显的延宕语气，而“S+个”和述题部分可以没有语气停顿，如“钱个用哒了就用哒”。“的个”除了比“个”的“提醒”功能更凸显，还限用于评述说明句，如例（7）~（10）。例（7）说话人认为“钱”虽然重要，但该用的时候得用，钱用了就用了，不要心疼；例（10）说话人认为“做生意”有点利润就行，不要贪多求大。

如果述题部分不是对主语进行评述说明，一般用“个”。例如：

（11）a. 筷子个，要落地上哒。

b. ? 筷子的个，要落地上哒。

（12）a. 碗个，要记得洗哦。

b. ? 碗的个，要记得洗哦。

例（11）（12）述题部分不是对主语“筷子”“碗”的评述或说明，而是提醒听话人要做某件事，如果主语后的“个”换成“的个”，则听起来很不自然。可见，“的个”限用于评述说明句，而“个”则不受此限制。

“的个”不具有句法强制性，去掉后不影响句子的基本义。例如：

（13）甲：你煮得来饭不？你会不会煮饭？

乙：a. 煮饭的个（嘛），哪个奈不何哟？煮饭，谁不会啊？

b. 煮饭哪个奈不何哟？

（14）甲：听说胖娃儿又在打牌。

乙：a. 胖娃儿的个，一天到晚光晓得知道耍玩。

b. 胖娃儿一天到晚光晓得耍。

（15）甲：娃儿要不倒东西就横哭闹。

乙：a. 娃儿的个，是呢这样的，你莫将就他。

b. 娃儿是呢样的，你莫将就他。

上述例（13）~（15）中 a、b 句都是针对同一问题作答，述题部分是对话题主语的评判或说明，内容基本相同，但 a 句因为有“的个”，而使句子表达出说话人的无所谓态度，b 句则是相对客观的描述。如例（13）甲问“会不会煮饭”，a 句的回答含有说话人认为“煮饭”这件事不值一提、微不足道的语气，有把“煮饭”这件事往小里、轻里说的意思。a 句“煮饭的个”也可单独成句，没有后续内容“哪个奈不何哟”，听话人也能感受到说话人认为“煮饭”不值一提的态度。例（14）a、b 句中“胖娃儿”是听说双方共知的信息，a 句含有说话人对“胖娃儿”轻视、不屑一顾的语气，b 句仅仅是叙述事实，较客观、冷静。当述题部分表述的内容不言而喻时，也可不说出来，如 a 句“胖娃儿的个”，没有后续句“一天到晚光晓得要”，听话人也能感受到说话人要传达的信息。例（15）a 句“娃儿的个”，传达了说话人劝慰听话人，“娃儿要不倒东西就横”这件事很常见。

2.2 陈述句句末的“的个”

“的个”的常态用法是用于陈述句句末，因具体对话语境不同而有不同的意义和用法。

2.2.1 “不过……而已”“……罢了”

“的个”用于陈述句末尾，报道的事件多处在交互作用（interaction）的话语环境中（李讷、安珊笛、张伯江，1998）。“的个”用在现实事件句末，表达了说话人把事情往小里、轻里说的态度，含有“不过……而已”或“……罢了”的语气，具有较强的主观性。例如：

（16）甲：你在外头做啥子？你在外面干什么？

乙：几个朋友在喝酒的个。几个朋友在喝酒而已。

（17）甲：你哪个一下买弄个多衣服呢？你怎么一次买这么多衣服呢？

乙：呢衣服便宜的个。这衣服便宜而已。

（18）甲：大大刚才给我打电话有啥事么？爷爷刚才给我打电话干什么？

乙：没得事，大大想你哒的个。没事儿，爷爷想你了而已。

（19）甲：你年终奖发哒好多？你年终奖发了多少（钱）？

乙：发哒两千的个。发了两千，而已。

例（16）乙句“几个朋友在喝酒的个”意思是“没做别的什么事，不过是几个好朋友在喝酒而已”。例（19）乙句“发哒两千的个”意思是“发了两千元而已”，去掉“的个”也可成句，但没有“不过……而已”的语气。

2.2.2 判断或确信

“的个”出现在表示意愿语气、必然语气的现实事件句末，有确认或判断的语气。例如：

（20）不用等她吃饭，肯定她还在忙的个。

（21）啥都舍不得买，他硬是抠门的个。

（22）你不用喊代驾，他开得来车的个。

（23）鼻子不通是感冒哒的个。

以上例句带有较强的主观性，在这些句子中，常常会与“肯定”“硬是”“会”等显性情态成分共现，句末“的个”的功能是加强对事实的判断或确信。“的个”也可用在非现实事件句的句尾。例如：

（24）呢衣服太不行哒，感觉穿不倒几回的个。

（25）坚持不下来，我估计瘦不下去哒的个。

例（24）（25）“的个”是对非现实事件的肯定或强调，可与表示说话人主观看法或态度的实义动词“感觉”“估计”等共现。

2.2.3 申明某信息

“的个”用在因果关系的分句中，有申明某信息的作用。例如：

（26）今天中午我要走人户儿的个。今天中午我要走亲戚呢。

（27）苹果买哩不多，我要给大大送几斤的个。苹果买得不多，我要给爷爷送几斤呢。

（28）车位你停嘛，我今天不得停的个。车位你停嘛，我今天不停。

例（26）背景信息是听话人邀请说话人要做某事或到某个地方，说话人用“的个”申明自己“今天中午我要走人户儿”这个信息。

3. 其他汉语方言中“的个”的用法

除了万州方言有“的个”，学界报道过鲁南、大冶、宣城、烟台等方言中也有“的个”，但这些用法均和万州方言语气助词“的个”用法不同。从句法分布看，其他方言点的“的个”多用于定语和中心语之间，西宁方言“的个”也有用于句末的情况；从性质上看，学界对定语和中心语之间的“的个”认识存在分歧。

3.1 句中“的个”的性质和用法

从已有文献报道看，“的个”位于定中之间，“个”为量词，“的”“个”分属两个结构层。大冶、鲁南、西宁、烟台方言都有这种用法。从句法分布看，“的个”多用于定中之间，也有用于句末的情况。

3.1.1 大冶金湖话

大冶金湖话（汪国胜，1991）的“的”“个”是跟北京话中“的”字相当的两个后附性语法成分，“的个”为“的”“个”的连用形式。例如：

（29）辣霍的个［ta˧ ko˧］好。

（30）光溜的个萝卜。

（31）长长的个脸。

汪国胜（1991）指出，“辣霍的个”是指“辣辣的菜”，“个”有使主语“×+的”名词化作用。此外，金湖话“×+的”不能直接作定语，作定语时后面要加“个”。但从句中“的个”用法看，“光溜的个萝卜”和“长长的个脸”中，“个”还有量词的用法，省略了数词“一”，即“光溜的一个萝卜”“长长的一个脸”。“辣霍的个”也可理解为“辣霍的一个”。

3.1.2 鲁南方言

鲁南方言定中之间“的个”相当于“这”或“那”（柏恕斌、丁振芳，1995），例如：

（32）二楞的个家伙有两下子。

（33）铁柱，你的个王八羔子！

柏恕斌、丁振芳（1995）指出，鲁南方言“的个”是复指短语，所表述的多是些粗话。“二楞的个家伙”可理解为“二楞这个家伙”；“你的个王八羔子”可说成“你这个王八羔子”。可见，鲁南方言定中之间“的个”的“个”仍是量词。

3.1.3 西宁方言

西宁方言（王双成，2015）的“个”与“的”连用有位于句中或句末的情况。定语和中心语之间的“的个”，“的”是结构助词，“个”是量词；句末“的个”的“的”有结构助词和语气助词两种情况。例如：

（34）胡都好的个主意。热别好的一个主意。

（35）那么大的个床，阿们睡不下呀！那么大的一张床，怎么睡不下！

从西宁方言句中“的个”功能来看，“的”为结构助词，“个”为量词，数词“一”省略了。

3.1.4 烟台方言

烟台方言定中结构中居中的“的”“个”分属两个结构层，“个”是量词（刘探宙，2015）。

（36）她的个手机一天到晚都不开。

（37）他的个徒弟前几天叫公安局抓去了！

烟台话“她的个手机”结构如下：[DP [DeP [DP 她] [De 的]] [DP 个手机]]。刘探宙（2015）指出，定中之间的“的”“个”分属两个结构层。当“个”与“的”形成共现形式“的个”时，这种“个”不是定语标记，而是前面带指示词或空数词“一”的量词。

3.1.5 宣城方言

汪化云（2012）指出，宣城方言的“的、个、的个［·tiʔ·kəʔ］”都可以充当定语标记，语法功能完全相同。例如：

（38）你写的文章不好讲懂/你写个文章不好讲＝你写的个文章不好讲。

（39）光讲不做的个人。

（40）将面刚才跟你讲的个事。

汪化云（2012）指出，宣城方言“的个”是定语标记“的”“个”的连用形式，“的个”可以用定语标记“的”或“个”替换。并存的三个定语标记分别代表了不同的发展层次，“的个”是老派的“个”和新派的“的”的叠加。刘探宙（2015）认为如果“的个”之后可以再补出指示、数量成分，也就是说“的个”整体后附于定语，而指示和数量成分结构上属于中心语部分，才能看作定语标记。

从宣城方言例句来看，“的个”前可以补充出指示或数量成分。如例（38）“个”前补充出“这”，即“你写的这个文章不好讲”，例（39）（40）

“个”前可补充出数词“一”，即“光讲不做的一个人”“将面刚才跟你讲的一个事”。可见，宣城方言定中之间“的个”的“个”仍具有量词性质，“的”“个”还没有完全复合为定语标记。

万州方言定中之间也有“的个”，但它的使用有一定的制约因素，当说话人想要表达强烈感情或情绪时才会用“的个”。例如：

(41) 随便发的/的个表情包都好看。

(42) 他的/的个手机一天到晚都打不通。

(43) 你洗的/的个碗哟，就像没洗过一样。

以上例句表达的主观感情强烈序列为：的个>的。例（41）~（43）中“个”仍是量词，“个”前省略了数词“一”或指代词“这”或“那”，如“他的个手机”可还原为“他的那个手机”，“你洗的个碗”可还原为“你洗的这/那个碗”。

3.2 句末“的个”

“的个”用于句末，除了万州方言，目前仅见大冶金湖话和西宁方言中有相应报道。

当金湖话“×+的”作谓语或补语时，“的个”用于句末（汪国胜，1991）。例如：

(44) 本来说得好好的个，又变卦了。

(45) 他一直油肌油气的个。他一直流里流气的。

句中“的个”分属两个结构层，应理解为：

[本来说得好好的] 个。| [他一直油肌油气的] 个。

汪国胜（1991）明确指出，句中还可以用“是”，即“是……的”句式，那么句末“个”既可理解为量词“个”，也可理解为语气助词“个”。综上所述，金湖话“的个”是“的”和“个”的连用，“个”有量词和语气助词的性质。

西宁方言的“的个”也可出现在句末（王双成，2015），但有两种情况：一是句末“的个”后可以不出现省略的名词性成分，“个”为量词；二是句末“的个”的“个”用作语气助词。例如：

（46）小张吵，胡都奸的个。

王双成（2015）明确指出，有些句子省略的名词可以补进，如“小张吵，胡都奸的个［人］”。由此可见，西宁方言句中或句末的“的个”也分属两个结构层，“个”是量词用法。

此外，西宁方言句末“的个”中的“个”也有用作语气助词的情况，例如：

（47）个子大大儿的个。个子高高的。

（48）颜色红红儿的个。颜色红红的。

“的个”出现在句末时，“个”不能省略，究其原因，王双成（2015）没有明确解释。我们认为“的”是表确认的语气助词，结构应分析为：［个子大大儿的］个｜［颜色红红儿的］个。西宁方言句末“个”不能省略，说明“的个”逐渐凝固化了。

值得注意的是，西宁方言句末的“的个”的表层结构和万州方言句末“的个”相同但实际功能不同。例如：

（49）小张吵，胡都奸的个。｜五公里块没有，四公里的个。（西宁方言，王双成，2015）

（50）小张噻，很狡猾的个。丨没有五公里，有四公里的个。（万州方言）

王双成（2015）指出，西宁方言的以上例句省略的名词可以添加，如“小张吵，胡都奸的个［人］”，“五公里呋没有，四公里的个［路］”。根据语感，万州方言句末“的个”后没有省略名词，借此验证了万州方言中“的个”是语气助词而不是其他性质的语法成分。

4. 复合语气助词“的个”的形成

通过考察万州方言“的个”和其他汉语方言“的个”的用法可以看出，万州方言句中、句末“的个”与其他汉语方言点“的个”用法均不同。李小军（2016）对量词“个”的语法化路径做了构拟，那么，语气助词“的个”的语法化过程是否和“个”相同，跟定中之间的“的个”是否存在语义演化方面的联系？

定中之间“的个”的性质是结构助词“的”和量词“个”连用，分属两个结构层次，不具备像量词“个”语法化为语气助词那样的条件。从目前文献看，还不能充分说明“的个”可用作定语标记。因此，“的个”不可能由定语标记/领属语标记演变而来，那就只有一种可能，语气助词“的个”跟句末“的”“个”连用有关，因为“的”“个”“的个”在万州方言里均可用作句末语气助词。

从万州方言“的个”的实际用法看，句末“的个”存在三种可能的情况：一是“SVP 的”在语气助词“个”的辖域之内；二是“SVP 的”是否在语气助词“个”辖域之内存在两解；三是“SVP 的”不在语气助词“个”的辖域之内。下面分别予以讨论。

4.1 ［（S）VP 的］个

“SVP 的”在语气助词“个”的辖域之内，句末“的个”是语气助词

“的”“个”的连用。

（51）a.（是）我去跟他说的个。
b.（是）我去跟他说的。
（52）a. 我（是）在路上碰倒他们的个。
b. 我（是）在路上碰倒他们的。

如果两个语气助词连用，那么前面的语气助词总是在后面的语气助词的辖域之内，如“SVP 了吗”，“吗”附着于“SVP 了”后（叶建军，2022）。从例（51b）（52b）句来看，句末语气助词“的”具有成句作用，a 句“（S）VP 的”在语气助词“个”的辖域之内，内部结构是［（S）VP 的］个。

4.2 ［（S）VP 的］个/［（S）VP］的个

“SVP 的”是否在语气助词“个”辖域之内存在两解，句末“的个”既可以理解为“的”“个”的连用，也可理解为复合语气助词。例如：

（53）a. 今晚要回来的个。
b. 今晚要回来的。/今晚要回来。
（54）a. 只要东西好就行，价钱贵不贵没关系的个。
b. 只要东西好就行，价钱贵不贵没关系的。/价钱贵不贵没关系。

例（53b）（54b）句末“的”可自由隐现，句法地位降低，去掉“的”之后，并不影响句子的合法性，也不会改变原句的语义。因此，例（53a）（54a）内部结构存在两种理解方式，句末“的个”既可以看作“的”“个”的连用形式，也可以看作语气助词“的个”。如例（51）（53）结构分析为：

（51′）［（是）我去跟他说的］个。

（53′）［今晚要回来的］个。≈［今晚要回来］的个。

4.3 ［（S）VP］的个

由于句末助词“个”前的“的”存在可以自由隐现的情况，即“SVP的”可不在语气助词“个”的辖域之内，这为“的”“个”发生“层次重组”而复合为语气助词“的个”创造了条件。“层次重组”指原本不是一个层次上的单位演变成一个层次上的组合单位（戴昭铭，2009）。

汉语方言中存在“了呀”“的呢”“呢吗”“着呢”这类语气助词，戴昭铭（2009）把这类语气助词称作叠合语气助词。例如上海方言（戴昭铭，2009）：

（55）复旦大学辣辣江湾个啦。复旦大学就在江湾的呀！

（56）电视机开辣海个呀！电视机开着呢！

戴昭铭（2009）指出，叠合语气助词是一种固化结构。叠合语气助词的构成单位，单独使用时是独立自由的语气词，而在叠合使用时则有次序上的限制，叠合语气词是一个结构化的单位。与之相比，万州方言“的个”内容结构更紧密。例如：

（57）我中午要走人户儿的个。我中午要走亲戚。

＊我中午要走人户儿的。

（58）怕啥子，最多离婚的个。怕什么，最多离婚。

＊怕啥子，最多离婚的。

（59）我不想吃啥子的个。我不想吃什么。

＊我不想吃啥子的。

（60）他一天只想去钓鱼的个。

＊他一天只想去钓鱼的。

例（57）~（60）句末不能单用语气助词“的”，当句末不能单用语气助词“的”，“的个”是附着在整个命题上的，内部结构只能是“（S）VP+的个”，“的”并不在“个”的辖域之内。如例（57）（60）应分析为：

（57′）［我中午要走人户儿］的个。

（60′）［他一天只想去钓鱼］的个。

综上所述，从内部结构和语法性质看，万州方言句末的“的个”，可能是语气助词“的”和“个”的连用，也可能是复合语气助词“的个”。本文考察的语气助词“的个”是指复合语气助词“的个”。

通过“的个”的性质和使用情况，我们推测语气助词“的个”的形成过程是：语气助词“的”和语气助词“个”先连用为“的个”，如例（51）（52）。当语气助词“的”不具有成句作用时，随着“的”句法地位降低，“的”经过“层次重组”和语气助词“个”复合为语气助词“的个”，如例（53）（54）句末的“的个”有两种理解，可看作过渡阶段，而例（57）~（60）句末“的个”为复合语气助词，不能拆分为语气助词“的”和“个”。

“的个”的语法化路径为：［（S）VP 的］个→［（S）VP 的］个/［（S）VP］的个→［（S）VP］的个。第一阶段：语气助词“的”“个”在句中是前后相连的形式，不在同一层次上；第二阶段：当“的”不具有成句作用时，随着“的”句法地位降低，其内部结构存在两种理解，这为“层次重组”创造了条件；第三阶段：“的”“个”发生了“层次重组”，“的个”为复合语气助词。

5. 结语

“的个”在其他方言中位于定中之间，“个”为量词，“的”“个”分属两个结构层，如大冶、鲁南、西宁、烟台方言都有这种用法。万州方言中“的个”可用于陈述句句首主语后和陈述句句末，从性质和功能上看，“的个”是复合式语气助词。“的”“个”在万州方言中都可单独用作语气助词，这是“的个”连用的前提条件。

语气助词“个”的语法化路径是：个体量词→定语标记/领属语标记→名词标记→语气助词（确认）（李小军，2016）。万州方言语气助词“的个”和定中之间的“的个”不存在语义上的关联，其语法化过程也不一样。“的个”的语法化和句末“的”“个”连用有关，当语气助词“的”不具有成句作用时，随着“的”的句法地位降低，“的”经过“层次重组”和语气助词“个”复合为语气助词“的个”。

发音人信息

万州城区方言：廖良佳，女，1940年出生，退休医生；龙大金，男，1957年出生，退休职工；牟益菊，女，1973年出生，老年公寓服务员；牟洪波，男，1985年出生，自由职业者。

参考文献

柏恕斌、丁振芳：《鲁南方言“的”“的个”及方位词的特殊用法》，《山东师大学报》（社会科学版）1995年第1期。

戴昭铭：《汉语叠合语气词的结构化》，《语文研究》2009年第2期。

李蓝：《西南官话的分区（稿）》，《方言》2009年第1期。

李讷、安珊笛、张伯江：《从话语角度论证语气词“的”》，《中国语文》1998年第2期。

李小军：《汉语量词“个”的语义演化模式》，《语言科学》2016年第2期。

林华勇：《广东廉江粤语的传信语气助词》，《语言科学》2015年第4期。

刘探宙：《烟台话定中结构中居中的“个”和“的”》，《语言科学》2015年第1期。

完权：《“的”的性质与功能》，商务印书馆，2016。

汪国胜：《大冶金湖话的“的”“个”和“的个”》，《中国语文》1991年第3期。

汪化云：《宣城方言的“的、个、的个”》，《中国语文》2012年第2期。

王双成：《西宁方言量词“个”的特殊用法》，《中国语文》2015 年第 5 期。

叶建军：《反诘句式“S 不 VP 呢吗”的来源及相关问题》，《中国语文》2022 年第 6 期。

袁毓林：《从焦点理论看句尾“的”的句法语义功能》，《中国语文》2003 年第 1 期。

张谊生：《从量词到助词——量词“个”语法化过程的个案分析》，《当代语言学》2003 年第 3 期。

中国社会科学院语言研究所、中国社会科学院民族学与人类学研究所、香港城市大学语言资讯科学研究中心编《中国语言地图集》（第 2 版），商务印书馆，2012。

The Usage and Formation of the Modal Particle *De*（的）*Ge*（个）in the Wanzhou Dialect

WANG Chunling　LU Xiaoyu

Abstract: In various dialects, *De*（的）*Ge*（个）operates between an attributive and central phrase, with *Ge*（个）serving as a measure word, and both De（的）and *Ge*（个）residing in distinct structural layers. However, in the Wanzhou dialect, *De*（的）*Ge*（个）transitions into a compound modal particle. modal particle *De*（的）*Ge*（个）is primarily placed after the subject at the beginning of a sentence, serving mainly as a reminder, and simultaneously conveying the speaker's subjective judgment. Typically, *De*（的）*Ge*（个）is utilized at the end of declarative sentences, embodying tone to“nothing more than...”or“just...”, or it may act to affirm, assert, or convey certain information. Unlike the modal particle *Ge*（个），modal particle *De*（的）*Ge*（个）does not have a semantic connection with *De*（的）*Ge*（个）used between a attributive and central phrase. The grammaticalization of *De*（的）*Ge*（个）is related to the end-of-sentence combination of *De*（的）and *Ge*（个）. When the modal particle *De*（的）does not participate in forming a complete sentence, it undergoes a“hierarchical recombination”with themodal particle *Ge*（个）to form the compound modal particle *De*（的）*Ge*（个）.

Keywords: Wanzhou dialect, modal particle, *De*（的）*Ge*（个），De, Ge

从话语修复到意外表达*

——粤语自然口语对话中"咩话"的功能解读

房绍丞

（中国社会科学院大学）

提　要　粤语的"咩话"通常被看作修复发起标记，即听话人没有听清说话人刚刚所说的话，使用"咩话"提请对方复述，以澄清存在接收或理解阻碍的该部分信息。本文对粤语自然口语对话材料考察发现，"咩话"在真实语境中结构类型复杂，除用于他发修复外，还具有旧知考问、意外表达等交际功能。在表达形式类似的情况下，言谈参与者的认识地位与交际意图是影响疑问式"咩话"功能解读的重要因素。从跨语言材料来看，韵律特征是这类修复标记意外表达功能的解读关键。基于此，文章做出推测：以韵律凸显为手段，"他发修复>意外表达"这一语用化方向或有类型学的共性意义。

关键词　"咩话"　话语修复　意外表达　韵律　互动语言学

*　本文初稿曾在"第五届互动语言学与汉语研究国际学术讨论会"（西安，2023年5月）上宣读，感谢方梅、陆镜光、张文贤、刘丞等先生的指点和鼓励。夏俐萍、方迪、原冰冰等师友通读全文并给予详细的修改意见，匿名审稿专家提出的宝贵意见也使本文避免了许多疏漏，谨此一并致谢。尚存错谬概由作者负责。

0. 引言

粤语的“咩话”［mε^{55} wa^{35}］，又可读作“乜嘢话”①，大致相当于普通话的“什么”。（饶秉才、欧阳觉亚、周无忌，2020：289）“咩话”的典型使用语境是听话人没有听清说话人刚刚说过的话，使用疑问式“咩话”提请对方复述，以澄清存在接收或理解阻碍的该部分信息。例如②：

（1）画星星（YipMatthews-AliciaCan-020728）				
145		Mic：	跟住：画：：诶：：	（然后画……嗯……）
146			咩好呢？	（什么好呢？）
147		Ali：	画：s：：↑<f<星>啰．	（画 s……星啰）
148	→	Mic：	**咩话**？	（什么？）
149		Ali：	星星．	（星星）

以往研究认为，“咩话”中的“咩（/乜嘢）”是疑问代词（郑定欧，1997：330），用于指代听话人在对话中未听清的部分。句末助词“话”［wa^{35}］一般认为是由言说动词“话”［wa^{22}］发展而来，邓思颖（2015：332）认为35调的“话”先由言谈动词虚化为标句词，再进一步虚化为疑问助词；林华勇、李敏盈（2017）则认为言说性语气助词“话”很可能源自转述框式结构“话/听讲……话”，言说动词后置是为了突出引述边界，后来逐渐隐去前头的动词“话/听讲”，句末助词“话”由此

① “咩”可看作“乜嘢”的合音（邓思颖，2015：19）。在我们检索的粤语口语语料库中，“咩话”被写作“乜嘢话”“咩嘢话”“咩 waa2”等形式，我们将其统一转写为“咩话”。有审稿专家指出，口语对话中“乜嘢话”或存在省去“嘢”的情况，即“乜话”，但根据我们的初步调查结果，“乜话”使用与否因人、因地区而异，不甚普遍。有关“咩话”“乜嘢话”“乜话”的分布规律及使用差异，我们将在后续研究中深化讨论，感谢审稿专家的指点。

② 粗体格式用于突出说明对象，无转写意义。

形成。[①] 虽然语法研究者对句末35调"话"语法化的具体过程存在不同见解，但对其基本功能和用法已达成共识，即35调的"话"只用于问句，用于追问对方不久前说过的话，希望对方予以澄清（麦耘，1998；方小燕，2003：131；邓思颖，2015：236/2021）。

在会话分析研究中，这种为确保接收或理解顺畅无碍而修复他人话语的行为被称作他发修复（other-initiation of repair，OIR）。"咩话"这类可独立使用、带上升调的开放型修复发起标记（open-class repair initiator）（Drew，1997）多为疑问代词，具有一定的跨语言普遍性，如英语的"what"（Schegloff et al.，1977）、德语的"was/wa"（Egbert et al.，2009：107）、韩语的"mwe"（Kim，1999）、日语的"nani"（Suzuki，2010）等。

汉语相关研究多限于普通话，主要聚焦在他发修复的序列位置、话轮转换、发起手段、交际功能等方面（李悦娥，1996；匡小荣，1997；谢心阳，2018；Guo & Yu，2023；等等）。有研究注意到普通话上升调叹词"啊""嗯"以及代词"什么"在日常和机构性会话中用作开放型修复发起标记的情况（Zhang，1998；张瑞祥，2022；贺小聃，2015），而从自然口语产出的角度考察粤语"咩话"的研究目前尚未见到。

先行研究发现，以往笼统归入他发修复的格式也有进一步厘清细化的空间。Wu（2006）指出，汉语普通话和英语中被看作他发修复的话语重复，还可以展现交际者惊奇、怀疑或不一致的立场。Kendrick（2015）也注意到，英语对话中的"what"有时并不表示交际者在接收或理解方面存在阻碍，而是用作负面评价表达，属于伪他发修复（pseudo OIR）。本文对粤

① 有审稿专家指出："跟其他疑问语气词相比，句末35调的'话'还不够成熟，省去后不影响句子表疑问。'话'的功能大概在'转述'和'疑问'之间。"我们认为，句末的"话"看似可以省去的原因在于："话"只用于特指问句，这类问句若包含疑问代词，即便不带语气词或上升语调也能表示疑问（麦耘，1998）。我们认同林华勇、李敏盈（2017）的观点，句末35调"话"的产生或与转述有关，但在当代粤语中，"话"的转述功能无法在陈述句中实现，如"*（佢头先讲他刚才说）要去图书馆话［wa^{35}］"。35调的"话"一般只用于问句，并且是对不久前说过的话语内容的追问，因此看作回声问助词（echo question particle）似乎更为妥切（Tang，1998；Yeung，2006）。感谢审稿专家启发我们对"话"的性质与功能做出进一步思考与说明。

语自然口语对话中的“咩话”进行考察，也发现了一些他发修复无法涵盖的语言事实。我们将探讨“咩话”从他发修复用法发展出的其他功能，并尝试从交际的动态过程分析影响其功能解读的因素。本文语料来源于 CHILDES 语料库（https://childes.talkbank.org）[①] 以及自行收录的粤语自然口语对话材料，整体时长逾 73 个小时。口语转写体例见文末。

1. “咩话”作为修复标记的结构类型与修复能力

1.1 结构类型

Dingemanse 等（2014）曾基于 11 种语言样本，归纳出他发修复的几种常见格式类型：一类是开放型修复发起标记，如带有疑问语调的叹词“huh?”、疑问代词“what?”、含致歉义的格式“sorry?”；另一类是限定型修复发起格式，包括带有特指疑问词的格式（如“who?”）、话语阻碍定位型重复（trouble-framing repeat）、话语阻碍呈现型重复（trouble-presenting repeat）以及展现候选理解（candidate understanding，如“you mean”+交际者揣度）等格式。

当交际过程中某一方的话轮出现造成接收或理解困难的修复源（trouble source）时，听话人可能会选择一种或多种格式发起修复。本文进一步考察发现，除了独立用作修复发起标记（以下简称“修复标记”），“咩话”还可与叹词叠加使用，或与回声话语（部分或完整重述先前话语）组合等，在真实互动中结构类型复杂多样。

1.1.1 独用修复

前已述及，“咩话”由疑问代词“咩（/乜嘢）”和回声问助词“话”构成，随着成分边界逐渐消失，词汇化基本完成[②]。在日常对话中，“咩话”

① 该语料库收录了儿童与成人之间无准备的粤语口语语料，本文仅关注由成年人产出的“咩话”。

② 已被《广州话词典》（饶秉才、欧阳觉亚、周无忌，2020：289）、《香港粤语大词典》（张励妍、倪列怀、潘礼美，2020：404）等辞书收录。

常作为修复标记独用，其修复对象也不再局限于“咩（/乜嘢）”所能替代的成分类型，可以是对方所述话语的一个片段，也可以是整个话轮。如例（2）中，Mot 1561 行的产出实际上是一个建议（suggestion），提醒 Ber 向“太婆”祝寿，但 1562 行 Ber 的回应显然偏离了当前的规程（agenda），Mot 一时无法理解，于是在 1563 行使用“咩话”对前面整个话轮发起修复。例如：

（2）过生日（LeeWongLeung-mhz-020016）				
1561		Mot：	你同太婆讲乜嘢呀？	（你跟太奶奶说什么?）
1562		Ber：	点蜡烛．	
1563	→	Mot：	**咩话**？	（什么?）
1564		Ber：	点蜡烛．	

交际过程中，言谈参与者可以连续发起修复进行追问，直到排除交际困难为止。这取决于其多大程度想追究、弄清对方的话语内容，也与交际另一方是否理解交际阻碍、是否愿意澄清修复源有关。我们注意到，“咩话”有时还会出现叠连的情况。例如：

（3）讲故事（YipMatthews-TimCan-030514）				
216		Tim：	Timmy 出嚟，	（Tim 出来）
217			係咁旅行喇．=	（就这样去旅行了）
218	→	Bel：	=>**咩话咩话**<?	（什么什么?）
219		Tim：	h-（0.3.）佢个（0.4）	（他的）
220			呢-呢个-个 Tima（.）	（这个 Tima）
221			Timmy 去：去=	
222		Bel：	=起床．	

上例 218 行的“咩话咩话”形成一个独立的语调单位，在韵律上具有时长压缩（compression）的特征，并以急接（latching）的方式产出。整个故事讲述过程中，听话人 Bel 能敏锐察觉到交际阻碍，以叠连形式的“咩

话”发起修复，并且在222行试图与说话人Tim进行合作共建，展现出积极的言谈参与状态。

1.1.2 重述修复

重述修复是指交际者发起修复的话语格式由“咩话”和回声话语组合而成。回声话语是听话人听得确切、较有把握的，“咩”则指代需要说话人复述的内容。下面的例子中，“好”是部分重复说话人说过的话，“咩”替代听话人没听清的内容，构成新的回声问句来发起修复。

（4）旅行（YipMatthews-TimCan-021125）

168		Tim：	去嗰度玩好快㗎.	（去那儿玩好快的）
169	→	Lin：	好**咩话**?	（好什么?）
170		Tim：	好快.	
171		Lin：	好快呀.	

需要注意的是，“咩话”与回声话语构成重述修复时，其组合形式与修复对象在话语中的线性顺序有关。对于话段中靠后成分的修复，“咩话”一般后置于回声话语，即“回声话语+咩话”；对于话段中靠前的成分，可将回声话语嵌于“咩话”之间，即“咩+回声话语+话”①。例如，交际者没听清“消防车”的前两个音节，可以用“咩车话?”发起修复，而不能将“车”后置于“咩话”。

1.1.3 引导成分显化

交际者还可在话语修复中显化引导成分，即言说主体（+时间名词）+言说动词。常见的形式是“S（头先）讲（/话）咩话?”②，意思是“某人（刚刚）说了什么?”。时间名词“头先”的位置比较灵活，可以出现在句首［头先S讲（/话）咩话］、句中［S头先讲（/话）咩话］和句末［S讲（/话）咩话头先］。引导成分也可以追补的形式出现在句末。例如：

---

① 在这种情况下，“咩”和“话”语音单位边界清晰，未发现合音、融蚀等现象。

② 感谢审稿专家提醒互换成分的标注形式，避免了给读者造成误解的可能。

(5) 坐车 (LeeWongLeung-0extra-ckt10907)				
1991		Chow:	be^{1} beng^{2}.	((意义不明的发音))
1992	→	Emma:	**咩话**你话?	(什么你说?)
1993		Chow:	be^{1} ping^{2} 呀.	

与其他聚焦于话语本身的修复形式相比，这类格式纳入了由言说主体和言说动词构成的引导成分，以更为显豁的方式提请产生修复源的交际者对所述话语进行修复。引导成分的言说主体“你”和“佢他/她”在我们考察的语料中分别有 40 例和 4 例。一般来说，话语修复的回溯直接指向修复源的产生者，指向其他言谈参与者的情况不多。对第二人称“你”的选择偏好或在于“你”具有呼语（vocative）的功能，可以提请听者注意、强调言者陈述内容（Biq，1991），亦能“强化整个结构的元话语性质”（方梅，2017），从而凸显话语修复的指向性。

1.1.4 组合修复

组合修复是指“咩话?”与其他几类修复手段组合在一起，共同构成修复格式的情况。如例（6）中，交际者向对方发起修复时，分别使用了“叹词+咩话”及重述修复来进行追问澄清。例如：

(6) 过家家 (HKU-2-021119)				
185		Jie:	返学.	(上学)
186			(0.5)	
187		Jie:	[〈XX〉].	
188	→	Li:	[吓]? **咩话**?	(哈? 什么?)
189			(0.5)	
190		Li:	返学啦¿	(上学啦?)

总体来看，与“咩话?”组合的格式主要有以下四种：1）疑问语调的叹词，如“吓哈?”；2）同形回声问句，即重复对方全部话语的疑问句；3）交际阻碍直陈，如“听唔到听不到/大声啲大点声/听唔明听不懂”等；4）理

解检验句（understanding check），如“你嘅意思係你的意思是/你係话你是说/即係就是+候选理解”等。

1.2 修复能力

我们在超过 73 个小时录音的自然口语语料中共收集到 1091 例“咩话”，用作话语修复的共 1051 例，其结构类型及数量分布如表 1 所示。

表 1 “咩话”作为修复标记的结构类型及数量分布

单位：例

格式类型	独用修复	“咩话”叠连	重述修复	引导成分显化	组合修复
语料数量	498	2	327	48	176

Schegloff（1997：369）曾指出，根据定位修复话语能力的强弱，他发修复的不同结构类型本身就有一个自然排序（natural order）。Sidnell（2010：118）对英语对话中不同类型格式的修复能力进行排序，修复能力由较弱到较强依次为：开放型修复发起标记<特指疑问词<重复+特指疑问词<重复<理解检验。基于跨语言材料的相关研究也验证了这一等级排序具有普遍意义（Benjamin，2013；Kendrick，2015；Enfield，2015；Dingemanse，2015）。

我们随机抽取 32 段粤语自然口语对话，对“咩话”不同结构类型的修复成功率进行考察[①]。如表 2 所示，不同结构类型的修复能力由弱到强依次为：独用修复<重述修复<引导成分显化<组合修复，总体上呈现出以下倾向性：形式越复杂、对修复源指向性越明确的类型，话语修复能力越强。Dingemanse 等（2015）探讨开放型和限定型修复的差异时指出，采用最简形式进行修复是一种利己行为，往往意味着让交际另一方做更多阐释工作，

① 判断标准是修复发起的后续话轮中产生修复源的交际者是否对交际阻碍进行复述、解释或说明，促进交际双方的互解。统计中剔除了多位交际者针对同一修复源紧邻发起修复的情况。另外，本文聚焦于“咩话”的话语修复表现，未考察其他特指疑问词的修复能力，这是今后需要深入研究的方向之一。

违背了会话最小协作努力原则。而根据表 1 的统计结果，在“咩话”作为语言资源实施的他发修复中，以独用形式发起修复的占比最高。我们认为，最简形式“咩话”的高频使用或许有其他解读思路：第一，从跨语言来看，开放型修复发起标记多为疑问代词、叹词或小品词，交际过程中许多心理层面的自然反应、应激状态往往就是借助这种最简形式脱口而出，因而未必是“利己”的体现；第二，在修复源极难识解或交际者较难参与共同协作的情况下，采用最简形式澄清交际阻碍，加快修复序列进程，反而是一种提高效率、节约成本的策略。

表 2　“咩话”不同结构类型的修复成功数量及修复成功率

格式类型	独用修复	重述修复	引导成分显化	组合修复
成功数量/总数	33/48	30/39	4/5	20/24
修复成功率	68.8%	76.9%	80%	83.3%

2. 不止于他发修复：“咩话”的交际功能

2.1　他发修复

他发修复是“咩话”的基础互动功能，主要是扫除接收或理解障碍所造成的交际困难，以保证交际者之间沟通顺畅，如例（1）~（6）。先行研究发现，大部分他发修复都会引发自我修复（Schegloff et al.，1977；Schegloff，2007：101）。这说明他发修复在帮助听话人澄清某一信息的同时，也会促使说话人反思自己的表述内容及方式是否得当。例如：

（7）汽车玩具（YipMatthews-TimCan-020818）				
213		Tim：	冇-冇个大嘢嘅？	（怎么没有那个大的东西？）
214	→	Win：	冇个**咩话**？	（没有那个什么？）
215		Tim：	冇个（.）冚（.）落去嘅嘢.	（没有那个盖下去的东西）

续表

(7) 汽车玩具 (YipMatthews-TimCan-020818)				
216		Win:	顶.	
217		Tim:	顶呀°=	
218		Win:	=有个车顶嘅，嗬?	(怎么没有车顶，是吧?)
219		Tim:	车顶啊.	

上面这条语料中的说话人 Tim 是一个两岁零九个月的小孩，但是当听话人 Win 听不清或不理解，使用“咩话”发起修复（214 行）后，Tim 能有意识地调整自己的话语，进行自我修复。从 215 行可以看到，说话人 Tim 修复过程中出现多次微停顿，对其认为表述可能不准确的“大嘢大的东西”进行指称窄化，调整为“冚落去嘅嘢盖下去的东西”，最终使听话人成功识解。这也从侧面反映出这个阶段的儿童已初步掌握一些较为基本的交际策略。

2.2 旧知考问

他发修复大多采用疑问形式，反映了交际者对话语信息的不确定，因而需要澄清交际阻碍，实现和维系交际双方的互解。但如果提问的内容是交际者本身已知的旧信息呢？在自然口语对话材料中，我们注意到这种“明知故问”的现象：

(8) 数动物 (YipMatthews-TimCan-020908)				
383		Win:	donkey 係 (.) 中文名係	(donkey 的中文是什么，知不知道)
384			乜嘢呀，知唔知道¿	
385			(2.0)	
386		Win:	中文名係:(0.4) 驴:仔:=	(中文是“小驴”)
387		Tim:	=驴仔呀.=	(“小驴”啊)
388		Win:	=係啦.	(对啦)
			((此处省略三个话轮))	
392	→	Win:	donkey 中文名係**咩话**?	(donkey 的中文是什么?)
393			(1.1)	

续表

(8) 数动物 (YipMatthews-TimCan-020908)			
394	Tim:	驴仔.	("小驴")
395	Win:	係呀，驴仔 (.) 喎.	(对啦，是"小驴")

例（8）中，说话人 Win 作为成年人，相较于只有三岁的听话人 Tim 显然更有认识权威（epistemic authority），因此在 386 行说话人 Win 将"驴仔"这个词教给听话人 Tim，在 392 行再次提问，并不是为了解决交际阻碍，也不是为了从听话人 Tim 那里获取信息，而是为了考查对方记忆力所做出的旧知考问。①

旧知考问的"咩话"虽与他发修复有很大的区别，但仍保留着他发修复的特性。他发修复是由结果（他发修复）确定源头（修复源）的反向回溯操作（operate retrospectively）行为。同样，用于考问的"咩话"所提问的内容必须是问者此前说过（一般时间间隔不会太长）或答者此前了解过、在交际当下可激活的旧信息。再以例（8）的 392 行为例，如果说话人 Win 自己也不知道"donkey"的中文是什么，应以"'donkey'中文名係咩（/乜嘢）呀 donkey 的中文是什么"进行真性问，此时只能使用疑问代词"咩（/乜嘢）"，而不能使用疑问式"咩话"。

2.3 意外表达

在"出现修复源—发起修复"的运行机制下，高度参与言谈的交际者对序列行进中产生的修复源格外敏感。当先行话语负载的不是带有交际阻碍的信息，而是未预期信息时，虽同样会触发交际者产出"咩话"，但此时标示的则是说话人的意外或惊奇立场。② 例如：

① 关于问句与信息流的关系、问句的解读标准等讨论可参看 Levinson（2012）和方梅、谢心阳（2021）。

② 有研究认为，与预期、信念产生矛盾的情况也是造成修复源的原因之一（Couper-Kuhlen & Selting, 2018: 188），但更多研究者认为意外表达不属于他发修复，交际者实际上是借助这种惯例来执行其他行为（Kendrick, 2015; Schegloff, 1997）。本文采纳后者的观点。

(9) 出门 (YipMatthews-AliciaCan-020915)			
05		Mic：	今日星期几呀？
06			(1.6)
07		Mic：	吓？
08			(1.1)
09		Ali：	星：期：↑<f<一>.
10	→	Mic：	<ff<咩>↑<ff<话>?
11			(0.3)
12		Ali：	星：期-
13			(0.7)
14		Mic：	星期<f<六>啊今日：
15		Ali：	星期六.

图1（09行）　图2（10行）

例（9）是交际者 Mic 对 Ali 的考问过程，Mic 的认识地位（epistemic status）显然是高位（K+），而 Ali 处于低位（K-）；Ali 在产出 09 行时，“星”和“期”有语音延宕，“一”发音清晰，音高和响度明显高于其他音节；问答双方距离非常近，Mic 全程注视着 Ali 的面部（图 1 和图 2），交际过程没有受到任何干扰。这些重要的语境细节可以帮助我们断定 10 行说话人 Mic 产出“咩话”不是因为没有听清而发起的修复行为。周末对于不用返校的小孩来说是比较特别、理应知晓的日子，这么简单的问题都能答错，令听话人 Mic 感到十分意外。这种意外反应直接表现在 10 行“咩话”的韵律特征上，试对比他发修复（上图）和意外表达（下图）的“咩话”：

图 3 是出自同一说话人 Mic 的两个韵律片段，上图是例（1）用作他发修复的“咩话”，下图是例（9）表达意外的“咩话”。可以直观地看到，用于意外表达的“咩话”无论是音高还是音强都大幅高于用作他发修复的“咩话”。这不难理解，因为意外是倏然而至的刺激所触发的生理和心理状态，往往会在语音、面部表情、身体活动等方面有所外显。

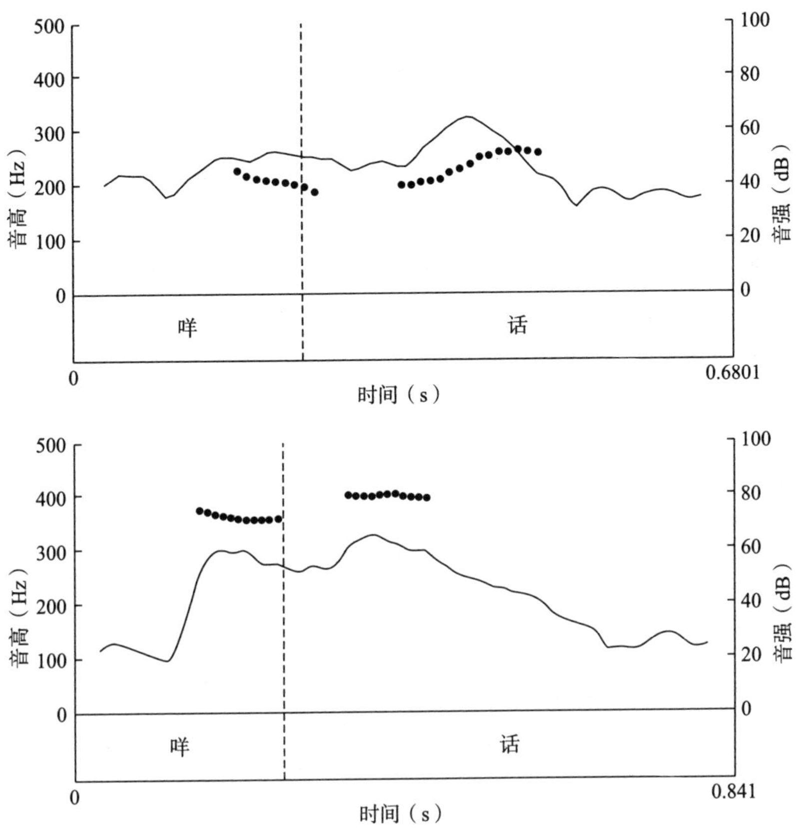

图3　他发修复（上）与意外表达（下）的"咩话"的音高、音强对比

3. 从话语修复到意外表达："咩话"的解读关键

前人研究注意到，提问、讲述、评价等交际行为和他发修复存在相似之处。Thompson 等（2015：61～64）进一步指出，许多行为在"最像话语修复"和"最不像话语修复"之间存在一个连续统，解读关键在于交际者自身是否认为对话中存在造成接收或理解困难的修复源，序列中是否有将该话轮视作发起修复的表现（Dingemanse & Enfield，2015）。

通过前文的分析，我们发现如果以结果（他发修复）确定源头（修复源）的回溯机制作为功能辨别的单一路径，或许可以厘清"咩话"的真他发修复（genuine OIR）与伪他发修复（pseudo OIR），但许多形式类似，实际功能如旧知考问、意外表达的语言事实依然无法得到充分的认识。

用于他发修复和旧知考问的“咩话”类似，都是带有上升调的疑问形式。前者要求言谈参与者在下一话轮对修复源做出修复，消除交际阻碍（Schegloff，2007：101）；后者不希求从答者这里获取任何新知，其意图在于检验对方是否记得此前述及的某些信息。厘清旧知考问与他发修复功能的另一关键是比较言谈参与者的认识地位。同样是占据认识梯度（epistemic gradient）的两端，交际者处于认识低位的是在发起修复[①]，如例（10）；处于认识高位的则是在进行考问，如例（11）。

（10）朋友（LeeWongLeung-ltf-020824）				
1038		Inv：	呢个係边个嚟架？	（这个是谁啊？）
1039		Lee：	我嘅朋友啰．	（我的朋友咯）
1040	→	Inv：	你头先话**咩话**？	（你刚才说什么？）
1041		Lee：	啲豆豆啊．	（这些豆豆啊）

（11）识物（HKU-3-030622）				
492		Lin：	呢度你有咁多嘢食：	（这里你有这么多东西吃）
493			（0.5）	
494	→	Lin：	你头先话呢个係**咩话**？	（你刚才说这个是什么？）
495			（1.6）	
496		Qia：	西<f<瓜>. =	
497		Lin：	=係啦，西瓜喎．	（对了，是西瓜）

上面的例子中，例（10）的“咩话”承接在一个“信息寻求—回应”序列之后，其间出现修复源，Inv 对未知信息进行追问，处于认识低位；例

① Dingemanse 等（2014）认为开放型修复发起标记（如“huh?”“Sorry?”）反映的是交际者毫不知情（claims no knowledge）的状态，但这与“咩话”的实际使用情况存在出入。当交际者先后使用“咩话”和重述修复格式时［如例（6）］，很难说交际者处于“毫不知情”的认识地位。我们认为，相较于修复源的产生者，发起修复的一方往往处于认识低位，因为认识地位的高低本身就是一个相对的概念（参看 Heritage，2012）。

(11) 中“西瓜”在先前语境中出现过，对 Lin 而言并不是未知信息，且通过下一话轮验证可知，Lin 是在有意考问对方，在对方回答正确后给予肯定，表现出明确的认识权威①。

相较之下，用作意外表达的“咩话”其实与言谈参与者的认识地位关系甚微，因为认识地位关涉言者认识占有量的多少，而意外是交际者强烈情感、立场态度的一种展示（Thompson et al.，2015：105）。“咩话”不同交际功能的特征表现整理如下（见表 3）：

表 3 “咩话”不同交际功能的特征表现

交际功能	交际意图	言者认识地位	韵律凸显
他发修复	修复阻碍	K-	-
旧知考问	检验记忆	K+	-
意外表达	立场展示	/	+

已有研究证明，自然口语对话中抬升的全局音高和骤增的响度等韵律升级（prosodic upgrading）与意外表达相关（Selting，1996；Local，1996；Wilkinson & Kitzinger，2006）。本文对粤语自然口语对话进一步考察发现，用于他发修复和意外表达的“咩话”形式类似，且都不具备序列特定性（sequence-specificity），其功能区分的关键在于韵律特征。

以韵律升级为手段，从他发修复向意外表达进行功能延伸是一种较为普遍的现象。Selting（1996）发现，德语中表道歉义的“bidde?”用于修复发起时韵律上无标记，而用作意外表达时音高骤然抬升，音强也大幅增强。例如（引自 Selting，1996）②：

---

① 在旧知考问过程中，答者的认识地位通常为 K-，也有可能是部分 K+（partially K+），但作为“考官”的问者则处于完全 K+（fully K+）状态，具有绝对的认识权威。（参看 Thompson et al.，2015：146）

② Selting（1996）所使用的转写系统与本文不同，现对目标行语料的标注作简单说明：“<<all>>”指快速说，字母大写表焦点重音，“<<h，f>>”表音高和音强大幅增强，“′”表重音音调走向为上升。

(12)	2		Nat：	ich war <<f>'slebm ˋJAHre mit ihm zuˋsAmmen. >
				（我们在一起七年了）
				(.)
	3	→	Ron：	<<all>'BIDde， >=
				（什么?）
	4		Nat：	=ich war ˋslebm ˋJAHre mit ihm zusammen. =
				（我们在一起七年了）
(13)	2		Ida：	ich hab n ˊZA [HNarzt=der ˋmAcht das.
				（我认识一个牙医愿意做这个）
	3		Ron：	[woZU:;
				（做什么?）
				(.)
	4	→	Ron：	<<h， f>'BITte? >
				（什么?!）
				(0.8)
	5		Ida：	?ˊJA （h） ich weiß ˋAu nich
				（嗯，我也不知道）
	6			ich hab immer PECH mit Är （h） ztn.
				（我和医生打交道总是运气不好）

上例需要着重关注的是目标行话语的韵律特征。例（12）为他发修复，除语速加快外，无韵律凸显；而例（13）中，说话人 Ida 认识的一位牙医提出可以帮她去掉文身，这种不寻常的做法于听话人 Ron 而言属于未预期信息，因此听话人 Ron 产出音高抬升、音强明显增强的有标记形式来表达自己感到意外。后续话轮中说话人 Ida 没有进行修复（5 行），可以证实 Ron 使用的“bitte”不同于例（12）他发修复的用法。

国际学术期刊 *Open Linguistics* 2015 年第一期曾围绕他发修复进行专题讨论。从跨语言来看，英语的“what?”（Kendrick，2015）、冰岛语的“ha↘”（Gisladottir，2015）、斯伍语（Siwu）的“m↗”（Dingemanse，2015）、耶里多涅语（Yélî Dnye）的“aa?”“êê?”（Levinson，2015）等开放型修复发起标记，都会通过抬升音高、增强音强等韵律手段来表达交际者强烈的意外反应[①]。对于这类句法表现几乎没有差别的语言形式，韵律特征是功能解读的关键所在。

4. 结语

言语互动中，倘若没有话语修复作为识解和消除交际阻碍的手段，人们将因为错听、误解和冲突而感到崩溃。（Schegloff，1992）因此，话语修复一直是会话分析和互动语言学的重要研究内容。本文通过对粤语自然口语对话中“咩话”的考察发现，对修复标记的功能刻画不能仅仅停留在消除交际阻碍这一维度，在表达形式类似的情况下，其浮现的交际功能可能不同，而言谈参与者的认识地位和交际意图是影响“咩话”功能解读的重要因素。从跨语言材料来看，在“咩话”这类开放型修复标记由他发修复发展为意外表达的过程中，韵律表现对其功能解读具有鉴别性作用。结合跨语言证据，我们做出推断：“他发修复>意外表达”这一语用化方向或具有普遍的类型学意义。希望随着不同语言（方言）自然口语对话研究的深入，可以验证这一推测。

Couper-Kuhlen 和 Selting（2018：201）曾将他发修复的跨语言研究成果总结为以下两点。第一，语言结构对他发修复具有塑造作用。不同语言特定的句法、形态和词汇特性会衍生出不同的修复格式。第二，特定的语言（和文化）有特定的修复手段。尽管从跨语言角度来看他发修复是一种普遍的惯例，但其实现方式可能因文化而异。

在粤语自然口语对话中，“咩话”不但可以用作他发修复，还具有旧知考问和意外表达等功能，这恰恰表明所谓“普遍的惯例”其实仍对自身的语言文化保有敏感性，也提示我们同样的语言惯例有可能执行不同的交际行为，而其功能解读需要回归交际互动这一语言原本所处的自然栖息地。

---

① 根据我们的初步考察，汉语普通话的“啊？”“哈？”“什么？”等开放型修复发起标记也有类似表现，值得进一步深入研究。

附录：转写体例

符号	含义	符号	含义
(.)	小于等于 0.2 秒的停顿	(时长)	长于或等于 0.3 秒的停顿
[ ]	话语交叠	:	语音拖长
=	急接	↑	语调急剧上升
°°	音量明显减弱	¿	微弱的疑问语调
-	词或音节未说完而中断	><	话语压缩，语速明显加快
<<f> >	次级重音/响度小幅增加	<<ff< >	响度大幅增加
<XX>	听不清楚的内容	(( ))	研究者主观评论

参考文献

邓思颖：《粤语语法讲义》，商务印书馆，2015。

邓思颖：《粤语判断义的“话”》，《汉语语言学》2021 年第 2 期。

方梅：《负面评价表达的规约化》，《中国语文》2017 年第 2 期。

方梅、谢心阳：《汉语对话中问句的解读——以反问句和陈述式问句为例》，《汉语学报》2021 年第 1 期。

方小燕：《广州方言句末语气助词》，暨南大学出版社，2003。

贺小聃：《中国法庭互动中的修正序列研究》，华中师范大学博士学位论文，2015。

匡小荣：《试析日常交谈语体中的话语修正现象》，《修辞学习》1997 年第 6 期。

李悦娥：《会话中的阻碍修正结构分析》，《外国语（上海外国语大学学报）》1996 年第 5 期。

林华勇、李敏盈：《转述与直述——粤语言说性语气助词的功能分化》，载吴福祥、陈前瑞主编《语法化与语法研究》（八），商务印书馆，2017。

陆镜光、张惟：《会话修补与句法结构的关系》，载戴昭铭、陆镜光主编《语言学问题集刊》第 1 辑，吉林人民出版社，2001。

麦耘：《广州话疑问语气系统概说》，《方言》杂志创刊 20 周年学术讨论会论文，1998。

饶秉才、欧阳觉亚、周无忌编著《广州话词典》（第二版），广东人民出版社，2020。

谢心阳：《汉语自然会话中的疑问式回应及其互动功能》，《语言教学与研究》2018 年第 6 期。

张励妍、倪列怀、潘礼美：《香港粤语大词典》（第三版），天地图书有限公司，2020。

张瑞祥：《基于汉语自然口语对话的叹词互动研究》，中国社会科学院大学博士学位论文，2022。

郑定欧：《香港粤语词典》，江苏教育出版社，1997。

Benjamin, Trevor. 2013. *Signaling Trouble: On the Linguistic Design of Other-initiation of Repair in English Conversation*. Doctoral dissertation, University of Groningen.

Biq, Yung-O. 1991. The multiple uses of the second person singular pronoun *ni* in conversational Mandarin, *Journal of Pragmatics* 16(4): 307–321.

Couper-Kuhlen, Elizabeth & Margret Selting. 2018. *Interactional Linguistics: Studying Language in Social Interaction*. Cambridge: Cambridge University Press.

Dingemanse, Mark. 2015. Other-initiated repair in Siwu. *Open Linguistics* 1: 232–255.

Dingemanse, Mark, Joe Blythe & Tyko Dirksmeyer. 2014. Formats for other-initiation of repair across languages: An exercise in pragmatic typology. *Studies in Language* 38(1): 5–43.

Dingemanse, Mark & Nick J. Enfield. 2015. Other-initiated repair across languages: Towards a typology of conversational structures. *Open Linguistics* 1: 98–118.

Dingemanse, Mark, Seán G. Roberts, Julija Baranove, Joe Blythe, Paul Drew, Simeon Floyd, Rosa S. Gisladottir, Kobin H. Kendrick, Stephen C. Levinson, Elizabeth Manrique, Giovanni Rossi & Nick J. Enfield. 2015. Universal principles in the repair of communication problems. *PLoS ONE* 10(9): e0136100.

Drew, Paul. 1997. 'Open' class repair initiators in response to sequential sources of troubles in conversation. *Journal of Pragmatics* 28(1): 69–101.

Egbert, Maria, Andrea Golato & Jeffrey D. Robinson. 2009. Repairing reference. In Jack Sidnell(ed.) *Conversation Analysis: Comparative Perspectives*, 104–132. Cambridge: Cambridge University Press.

Enfield, Nick J.. 2015. Other-initiated repair in Lao. *Open Linguistics* 1: 119–144.

Gisladottir, R. S.. 2015. Other-initiated repair in Icelandic. *Open Linguistics* 1: 309–328.

Guo, Hui & Guodong Yu. 2023. On granularity of doing other-initiation: *Nǐ yìsi shì X* 'Your Meaning is X' in Mandarin Chinese. *Discourse Studies* 25(1): 51–67.

Heritage, John. 2012. Epistemics in action: Action formation and territories of knowledge. *Research on Language and Social Interaction* 45(1): 1–29.

Kendrick, Kobin H.. 2015. Other-initiated repair in English. *Open Linguistics* 1: 164–190.

Kim, Kyu-Hyun. 1999. Other-initiated repair sequences in Korean conversation: Types and functions. *Discourse and Cognition* 6: 141–168.

Levinson, S. C.. 2012. Interrogative intimations: On a possible social economics of interrogatives. In Jan P. de Ruiter(ed.) *Questions: Formal, Functional and Interactional Perspectives*, 11–32. Cambridge University Press.

Levinson, S. C.. 2015. Other-initiated repair in Yélî Dnye: Seeing eye-to-eye in the language of Rossel Island. *Open Linguistics* 1: 386–410.

Local, John. 1996. Conversational phonetics: Some aspects of news receipts in everyday talk. In E. Couper-Kuhlen & Margaret Selting(eds.)*Prosody in Conversation: Interactional Studies*, 177–230. Cambridge: Cambridge University Press.

Schegloff, Emanuel A. . 1992. Repair after next turn: the last structurally provided defense of intersubjectivity in conversation. *American Journal of Sociology* 97: 1295–1345.

Schegloff, Emanuel A. . 1997. Practices and actions: Boundary cases of other-initiated repair. *Discourse Processes* 23(2): 499–545.

Schegloff, Emanuel A. . 2007. *Sequence Organization in Interaction: A Primer in Conversation Analysis*. Cambridge: Cambridge University Press.

Schegloff, Emanuel A. , Gail Jefferson & Harvey Sacks. 1977. The preference for self-correction in the organization of repair in conversation. *Language* 53: 361–382.

Selting, Margret. 1996. Prosody as an activity-type distinctive cue in conversation: The case of so-called 'astonished' questions in repair initiation. In E. Couper-Kuhlen & Margaret Selting (eds.)*Prosody in Conversation: Interactional Studies*, 231–270. Cambridge: Cambridge University Press.

Sidnell, Jack. 2010. *Conversation Analysis: An Introduction*. Oxford: Wiley-Blackwell.

Suzuki, Kana. 2010. *Other-initiated Repair in Japanese: Accomplishing Mutual Understanding in Conversation*. Doctoral dissertation, Kobe University.

Tang, Sze-Wing. 1998. *Parametrization of Features in Syntax*. Doctoral dissertation. Irvine: University of California.

Thompson, Sandra A. , Elizabeth Couper-Kuhlen & Barbara A. Fox. 2015. *Grammar in Everyday Talk: Building Responsive Actions*. Cambridge: Cambridge University Press.

Wilkinson, Sue & Celia Kitzinger. 2006. Surprise as an interactional achievement: Reaction tokens in conversation. *Social Psychology Quarterly* 69(2): 150–182.

Wu, Ruey-Jiuan R. 2006. Initiating repair and beyond: The use of two repeat-formatted repair initiations in Mandarin conversation. *Discourse Processes* 41(1): 67–109.

Yeung, Ka-Wai. 2006. On the status of the complementizer *waa6* in Cantonese. *Taiwan Journal of Linguistics* 4(1): 1–48.

Zhang, Wei. 1998. *Repair in Chinese Conversation*. Doctoral dissertation, University of Hong Kong.

From Initiating Repair to Displaying Surprise
—The Use of *mewaa* in Cantonese Conversation

FANG Shaocheng

Abstract: The article explores the usage of different formats of the open-class repair initiator *mewaa* (what) in Cantonese conversation. It reveals that *mewaa* not only serves to identify or locate a problem, but also functions to quiz the addressee about the prior talk and display the acquisition of unexpected new information. In certain cases, prosody plays a crucial role by providing a significant cue that distinguishes seemingly identical functions of *mewaa* in conversation. Drawing from these findings, the article suggests that the shift from initiating repair to displaying one's stance of surprise in interaction is likely to be universal.

Keywords: *mewaa*, repair initiation, displaying surprise, prosody, interactional linguistics

汉语方言“时/些/吵”类词的多功能性*

曹兴隆
（中山大学中国语言文学系）

提　要　汉语方言中的“时/些/吵”类词分布广泛，有多种功能：假设助词、话题标记、表催促（祈使句、疑问句 a）、表征询（揣测是非问）、表假设—征询（话题疑问句）、表确认/提醒（陈述句、感叹句）。文章以 82 个方言点的材料为依据，描写这类词的功能，考察其功能和形式的分布。运用语义图模型建立概念空间，初步得出“时/些/吵”类词多种功能之间的关联模式和演变路径。汉语方言中的“时/些/吵”类词可能都是时间词“时”语法化和音变的结果。

关键词　汉语方言　“时”　“些”　“吵”　语义图

---

* 基金项目：国家社科基金重大项目“清末民国汉语五大方言比较研究及数据库建设”（22&ZD297）。本文由博士学位论文《陇中方言语法研究》（2022）第 6.4 节修改而成，初稿分别在陕西师范大学方言学小组会议（2021.12.31）和中山大学中文系现代汉语及语言学教研室第 30 次讨论（2023.03.30）中汇报。承蒙邢向东、林华勇、张安生等先生曾先后对本文予以指导；罗堃、张泓玮、黄嘉颖几位博士曾就相关问题不吝赐教；在语料核对中，得到马梦玲、胡云晚、代少若、张永哲、张璐、马晓玲、汪莹、赵锦秀、马晓慧、庄佳、罗虞欢、郭韵、陈丹玲等师友的热心帮助或耐心解答，谨此一并致以诚挚的感谢！文中错漏概由笔者负责。

0. 引言

汉语方言中，有一类常用于假设句、话题句、祈使句、疑问句等的语气词，在文献中有“吵”“些”“噻”“煞”“时”“是”等多种书写形式，如：

(1) a. 西安：你早说些，就闹不了误会咧。(兰宾汉，2011：269)
b. 钟祥：你到底去不去煞？丨这是怎么做的煞？(赵元任，1939：155)
c. 长沙：我吵，看得吵那个人吵入咖哒迷。(鲍厚星等，1999：331)

读音方面，其声母主要有［s ʂ ʃ ç z Ø］等，韵母有［ɿ ʅ e ɛ æ a ai iɛ iA æ̃ an］等。根据韵母音值，可以分为三类：1）“时”类：韵母为舌尖、舌叶元音，文献中写作“时、是、嘶”等；2）“些”类：韵母有 i 介音，主要是“些”“嗄”；3）“吵”类：韵母为舌面元音（或舌面元音带鼻尾/鼻化），写作“吵、萨、噻、kind”等。这三类总称为“时/些/吵”类词。

已有的研究主要涉及以下几个方面。一是对其多种功能的描写，见于各方言点的研究专著和专题论文（详见参考文献）。二是对“些、吵”等形式的探源。认为其来源于量词“些”（如：孙锡信，1999；李小军，2008；兰宾汉，2011；张庆翔、陈逸然，2018）；或认为跟“时”有关（如：田希诚，1996；邢向东，2005；王鹏翔，2005）；也有学者基于特定方言和民族语言的比较，从语言接触的视角考察该方言中相应形式的用法及来源（如：彭嬿，2008；敏春芳、程瑶，2015；刘育林，2016；张竞婷、杨永龙，2017）。三是关于“时”历史演变的相关研究（如：张炼强，1990；艾皓德，1991；项梦冰，1997；董秀芳，2000；江蓝生，2002；龙国富、叶桂郴，2005；陈淑环，2006；邵宜，2010；张竞婷、杨永龙，2017）。

从已有研究来看，以下几个方面尚需进一步探讨：1）这类词分布广、功能多，但学界尚未对其功能进行广泛比较和系统梳理；2）对“时”类和其他两类词之间的密切关系认识不足；3）其多种功能之间的关联模式和演变路径有待考察。

本文将在已有成果的基础上，通过广泛比较，考察汉语方言中“时/些/吵”类词的功能及其分布，并尝试通过语义图模型探讨各功能之间的关联模式和演变路径。本文共考察了以下 82 个方言点（见表 1）中“时/些/吵”类词的用法。

表 1 “时/些/吵”类词的分布范围

方言区	方言点
兰银官话	新疆乌鲁木齐；宁夏银川、中卫、同心；甘肃民勤、兰州、天祝（7）
中原官话	新疆焉耆；青海西宁；宁夏隆德；甘肃临洮、渭源、漳县、陇西、通渭、会宁、秦安、静宁、庄浪、张家川、清水、秦州、武都；陕西岐山、西安、略阳、勉县、平利；山西万荣；河南宜阳、罗山（24）
晋语	陕西神木、绥德、志丹；山西文水、平遥（5）
西南官话	四川成都、西充、蓬溪；贵州遵义；云南昆明；湖北郧县、随州、钟祥、荆门、恩施、长阳、宜都、武汉；湖南常德、临澧、新田（16）
江淮官话	湖北安陆、孝感；江苏南京、扬州、南通（5）
湘语	湖南汨罗、湘阴、长沙、湘潭、衡山（5）
赣语	湖北阳新、崇阳；湖南岳阳、浏阳、攸县、安仁、耒阳；江西永修、南昌、高安、宜丰、丰城（12）
客家话	湖南汝城；江苏泰兴；江西石城；广东连平、惠州、丰顺；福建连城（7）
吴语	江苏丹阳（1）

本文第 1 节描写“时/些/吵”类词的功能；第 2 节考察其多种功能在汉语方言中的分布情况；第 3 节通过语义图模型考察各功能之间的关联模式和演变路径。

1. 汉语方言“时/些/吵”类词的功能

尽管这类词在各方言中的语音形式有一定差异，功能也不尽相同，但当将其作为一个大类进行整体观察时，可发现其功能表现出较强的一致性和规律性。汉语方言中的“时/些/吵”类词主要用于虚拟句、祈使句、疑问句、陈述句、感叹句、话题句等句类/句式，具有表假设、催促、确认、提醒、提顿等功能。[①]

按照句子中“时/些/吵”类词功能的不同，疑问句可大致分为三类：1）特指问、选择问、反复问和中性是非问句（总记为“疑问句 a”）；2）揣测是非问句（记为“疑问句 b”）；3）话题疑问句（记为“疑问句 c”）。

下面参考相关论著及我们的调查对该类词的功能进行论述，凡引用的例子均注明出处。语气词音值详见表 2 和表 3，下面例句中依照原文，不统一注音。原文例句注释一律改为本文通用的格式。因为这类词在汉语方言中分布广泛，每种功能下不同方言虚词的语法意义往往存在一定差异，下文将尽量概括，忽略不同方言之间意义上的细微差异[②]。

1.1 假设助词

在假设小句末，充当假设助词，表虚拟语气，可以表示对已然事实的假设，如例（2）；也可以表示对未然事态的假设，如例（3）；还可以是当前事件或惯常事态，如（4）。

（2）a. 兰州：你早说时，我就不跑了曼。（贾莹，2017：83）

b. 西安：你早说些，就闹不了误会咧。（兰宾汉，2011：269）

c. 安陆：要不是我们走得快吵，只怕恁昝儿这会儿都还冇到。

① 本文主要考察“时/些/吵”作句末语气词的用法。有三种情况不在本文讨论范围之内。第一，除假设外的复句用法均不在本文考察范围之内。表假设时，既可以用于复句，也可以用于单句，因此纳入讨论的范围。第二，在少数方言中，“吵”可独立充当附加问句，如宜阳、安陆、孝感、浏阳等方言。第三，附着在称呼语之后，形式上类似于话题标记，如高安话（聂有才，2023：299）：“我个娘时，听我好好哩话嘞！”《跻春台》中也有这种用法，如：“刘大娘啥，你是个好人，又与我娘家同姓。”

② 以“时/些/吵”用于祈使句的用法为例，在有的方言中，这类语气词带有“亲昵、撒娇”的意味，而在有的方言中则有“不耐烦”的意味，但其核心的语法意义是表示“催促、商请”。

（盛银花，2015：284）

d. 湘潭：你少玩点游戏机时，眼睛就不会咯样勺哒。（伍云姬主编，2006：28）

e. 汨罗：尔不打他时，他就不得跑。你不打他的话，他就不会出走了。（陈山青，2011：230）

f. 丰城：我娘在世是，我就不会吃个多苦兀。（曾莉莉、陈小荷，2016：323）

（3）a. 文水：后天桑，咱们都能去咾。后天的话，咱们都能去得了。（刘艳，2013）

b. 成都：还不来吃噻，就没得你的了哦。（张一舟等，2001：370）

c. 宜丰：晏忽舞坏了时，你许赔得起呀？一会儿要是弄坏了的话，你哪儿赔得起呀？（邵宜，2010）

（4）a. 文水：再圪大些桑，穿上就熨帖哩。再稍微大点的话，穿上就合适了。（刘艳，2013）

b. 石城：唔听人话时学什么都有用。（曾毅平，1998：119）

c. 惠州：一只人系紧有朋友时，就说明佢有问题嘞。一个人要是老没有朋友的话就说明他有问题了。（陈淑环，2006：149）

这种句子有时可以不将后一小句说出来，表达一种愿望或者遗憾，表示“要是……就好了”。这时“时/些/吵”处于句末位置。如：

（5）a. 同心：家里不咧不要来人吵！（这些活计可价已经干完了）（张安生，2006：337）

b. 清涧：这场雨要早下上几天嗲！（邢向东，2006：156）

c. 神木：这场雨要早下上几天时价！（邢向东，2005）

d. 西充：你少吃点儿肥肉嗲。你少吃点儿肥肉就好了。（王春玲，2011：95）

1.2 提顿助词

附着于句首的名词性成分、动词性成分、副词性成分或小句等之后，为提顿助词，相当于话题标记。如：

(6) a. 焉耆：你这个人萨，看起利的呢，催起迷的呢。(刘俐李，1994：437)

b. 兰州：我哥吵，尕的时候聪明得很。｜一个尕板凳时，做开了也要两天呢。(贾莹，2017：79、86)

c. 定襄：偏偏散还下的些儿雨。(范慧琴，2007：232)

d. 武汉：你问他煞，半天不做声。(朱建颂，1995：77)

e. 岳阳：嗯奢，晓得禾哩（是）一个台高事喃。你呀，不知怎么会是这样。(伍云姬主编，2006：65)

f. 长沙：我吵，看得吵那个人吵入咖哒迷。(鲍厚星等，1999：331)

g. 南昌：昨日是，渠是，半夜里打只电话来。(魏钢强、陈昌仪，1998：90)

h. 连城：杨家坊时唔曾落雨 e^{35}。杨家坊没有下雨呀。（项梦冰，1997：274）

i. 惠州：食时食得，不过唔敢畀拱多佢食。吃是能吃，不过不敢给他吃那么多。(陈淑环，2006：154)

1.3 表“催促”

1.3.1 祈使句

在祈使句中，主要表“催促、商请”的语气。去掉“时/些/吵”后句子仍然是祈使句，但语气更为直接。如：

（7）a. 乌鲁木齐：快些走嘘。｜莫事儿到房子家里来玩嘘。（周磊，1995：99）

b. 银川：赶紧走是！｜快去是，别等着呢。（李树俨、张安生，1996：12）

c. 漳县：来［$lɑ^{24}$］我给曹写时！来让我给咱写！

d. 万荣：快回些，招呼小心下到雨着。（赵宏因，1996）

e. 昆明：不怕得，你消去嚌！可别担心，你只管去呗！（张华文，1996）

f. 钟祥：快点儿来煞！（赵元任，1939：155）

g. 汨罗：我俚去看电影去时。我们去看电影去吧。（陈山青，2011：230）

h. 汝城：咯个计划你帮我相下唧□$sɛ^{44}$。这个计划你帮我看看吧。（曾献飞，2006：181）

i. 丰顺：唔识就问吵，嫑自家听想。不懂就问嘛，别自己胡乱想。（黄婷婷，2009：237）

1.3.2 “疑问句 a”

主要包括特指问、选择问、反复问、中性是非问。此外，删去“时/些/吵”并不改变句子功能的揣测是非问和话题问也属于此类（详见 1.4 和 1.5）。

在这类疑问句中，“时/些/吵”类词不具有表疑问语气的功能。比如同心话的“吵”，“用在特指问、选择问、反复问以及是非问句后，强调疑问、追问、责问、反问语气，多含催促回答或责备的感情色彩，与‘吵’的祈使义有相同之处”（张安生，2006：336）。李小军（2008）也认为汉语方言中的语气词“吵”在疑问句中并不表疑问，其基本语义是“催促”。单就“疑问句 a”来说，这种观点是正确的。

下面例（8）为特指问，（9）为选择问，（10）为反复问，（11）为中性是非问。

（8）a. 乌鲁木齐：走哪达去呢嚾？穿底这么漂亮。（周磊，1995：99）

b. 漳县：你啥时候来着哩时［ʂʅ^{21}］？你什么时候来？

c. 岐山：你做啥哩嗄［ɕiᴀ^{21}］？（吴媛、韩宝育，2016：321）

d. 常德：我的鞋到哪里吵？（伍云姬主编，2006：221）

e. 安仁：晚会几点钟开始散？（周洪学，2015：77）

f. 连平：伽都咲晏哩，倪准备脉吤时候走吵？现在都那么晚了，你准备什么时候走哇？（傅雨贤，2015：126）

（9）a. 同心：你筐筐里装的洋芋吗萝卜吵？（张安生，2006：337）

b. 西安：是老张掏钱还是老李掏钱些？（兰宾汉，2011：266）

（10）a. 银川：你去不去是？｜杏子黄了没是？（李树俨、张安生，1996：12）

b. 西充：你到底去不去噻？你到底去不去啊？（王春玲，2011：91）

c. 武汉：你答不答应煞！（朱建颂，1995：77）

（11）a. 同心：他在吗吵？｜你去吗吵？（张安生，2006：337）

b. 清水：屋里有人吗吵？｜你明儿去吧吵？你明天去不？

1.4 表征询

揣测是非疑问句（即“疑问句 b”）是就一个命题进行发问以验证其真假，问者往往事先对情况有所了解或者有所推测。在结构上，揣测是非疑问句一般由一个陈述语段（命题）加一个疑问语气词构成。因此，如果删去相应的疑问语气词，整个句子一般变为陈述句。揣测是非问和中性是非问最主要的区别是前者谓语中可以有否定词作修饰语，如（12i），后者不能。在由“时/些/吵”构成的揣测是非疑问句中，“时/些/吵”应当是构成该类疑问句的唯一必要的疑问语气词。如：

（12）a. 焉耆：你这个瓜吃呢萨［sa^{44}］？（刘俐李，1994：453）

b. 天祝：天这么冷的，你挡羊去着冻坏了吵？天这么冷，你放羊去的时候冻坏了吧？（宋珊，2022：309）

c. 武山：你照［$ʐɔ^{44}$］你臧把这个打着［ti^{21}］日踏了散［$s\tilde{æ}^{21}$］？你看你现在把这东西弄坏了吧？

d. 成都：你是重庆人嗦？满嘴巴的重庆话。丨搞半天才是你嗦？（张一舟等，2001：344）

e. 武汉：你回屋里了吵？你回屋里了吧？（朱建颂、张静，2021：219）

f. 钟祥：你这未免太滑头啦，你总有一个喜欢的，总有一个不喜欢的煞？（赵元任等，1948：724）

g. 汨罗：姆妈在尔伊地咄？妈妈在你这里吧？（陈山青，2011：226）

h. 安仁：菜你尝哒一下噻？菜你尝了一下吧？（陈满华，1995：205）

i. 丰城：好话不听吵？看我等下怎叽收拾你。（曾莉莉、陈小荷，2016：328）

如果句子中还有其他语气词，则需要仔细鉴别疑问功能是由哪个语气词承担的。如果删去“时/些/吵”以后，在不带疑问语调的情况下，句子仍然是疑问句，那么此时“时/些/吵”并不表疑问，此句应当归入“疑问句 a”。

1.5 表“假设—征询”：“疑问句 c”

话题疑问句主要有三种：1）询问处所或去向，如“我妈呢？”；2）问状况，用于对举的语境中，如：“今天没空。——那明天呢？”3）问某种假设条件下的结果，如：“给我！——我要是不给呢？”北京话的话题疑问句用语气词“呢”加疑问语调表疑问。

“时/些/吵”类词用于话题疑问句时，其功能可以概括为“假设—征询”。话题疑问句使用“时/些/吵”类词的有万荣、西充、衡山、高安、丰城、南昌、连城等地方言。丰城话有上述 1）和 3）两种用法。万荣、西充、衡山、惠州、连城方言只见到用法 3），本文所说的功能 F 主要指这种用法。例如：

（13）a. 万荣：听说邓亚萍输唠乔红啦！——要是没输些？——要是输了些？（赵宏因，1996）

b. 西充：才穿一件衣裳么？出去冷嗲［se^{21}］？出去冷的话怎么办？（王春玲，2011：95）

c. 衡山：还不快些去，迟到哒时？还不快点去，如果迟到了呢？（伍云姬主编，2006：103）

d. 丰城：应该不会落雨，把被袱洗落佢去！——落雨哩是？（曾莉莉、陈小荷，2016：328）

e. 连城：侪紧去时（ne^{33}）？人家要是去呢？（项梦冰，1997：284）

f. 惠州：你话我爬唔上去？我系一口气爬上去抛时？你觉得我爬不上去？我要一口气爬上去了呢？（陈淑环，2006：150）

需要指出的是，在“疑问句 c”中，“时/些/吵”必须是唯一必要的语气词。如果句子中还有其他语气词，则需要鉴别“假设—征询”的功能是由哪个词承担的，并考察每个语气词的功能。如果删去“时/些/吵”后句子的功能不变，则该语气词并不表“假设—征询”，此句应当归入“疑问句 a”。

1.6 表“确认、提醒”

“时/些/吵”类词用于陈述句和感叹句时两种用法是相通的，都是提醒对方注意自己所说的话或所报告的情况，具有较强的互动性。因此，也可看作同一种功能。

1.6.1 陈述句

用于陈述句，多表示确认事实或提请注意。如：

(14) a. 西安：他也没啥了不起些，还看不起人。(兰宾汉，2011：267)

b. 平利：上学总比呆在家里好吵。(周政，2009：357)

c. 成都：失主都没开腔 噻，你有啥子事嘛。(张一舟等，2001：358)

d. 西充：我已经给老师说了塞。我已经给老师说了啊。(王春玲，2011：91)

e. 昆明：你咋个一日忙阵嘚呢？——苦两文钱儿嚽！挣几个钱呗！(张华文，1996)

f. 恩施：听他们说你今年子就要退休哒？——是的嘛，年龄到哒吵。(王树瑛，2017：248)

g. 长沙：地里头种得庄稼哒吵。(鲍厚星等，1999：333)

h. 丰城：许只碗你早就打烂哩是。那只碗你早就打碎了。(曾莉莉、陈小荷，2016：332)

i. 泰兴：五月节把菖蒲、陈艾插等，早先个门有缝缝塞。(兰玉英，2007：288)

1.6.2 感叹句

用于感叹句也多表示提醒，引起听者关注。如：

(15) a. 银川：你眊，娘母两个干的多快是！你看，母子俩干得多快啊！(高葆泰、林涛，1993：164)

b. 渭源：你的个人小气下的时［sɿ^{21}］！你这人小气得！

c. 会宁：昝现在你看你的兀那房儿乱着吵！你看你的屋子里乱得！

d. 西安：没烟抽咧拾烟头抽，把人丢成啥咧些！（兰宾汉，2011：268）

e. 万荣：看伢这个娃儿多听说听话些！（赵宏因，1996）

f. 罗山：给人家吃不给你吃，你太好了噻！（王东，2010：411）

g. 随州：你看这个娃子，一个玩意儿啥指像玩具一样可爱！（黄伯荣主编，1996：575）

h. 汨罗：做人好难时！做人真难啊！（陈山青，2011：221）

综上所述，汉语方言中“时/些/吵”类词的功能主要有以下几种：

A. 假设助词，表虚拟语气；

B. 提顿助词，主要充当话题标记；

C. 表催促，用于祈使句；

D. 表催促，用于特指问、选择问、反复问和中性是非问句等；

E. 表征询，用于揣测是非问句；

F. 表“假设—征询”，用于话题疑问句，可理解为“要是……呢？”；

G. 表确认、提醒，用于陈述句；

H. 表提醒、引起关注，用于感叹句。

其中，C、D、G、H 较为接近，是“催促、提醒”的功能在不同句类、句式下的变体，其共同点是具有互动性。C 是言者催促听者实施某种动作行为；D 是言者催促对方回答自己的问题；G 是言者催促听者注意自己所述的情况；H 则是言者情感表达中引起听者关注。A 和 B 关系密切，这两种功能共用同一语音形式的情况较为常见。

2. 汉语方言“时/些/吵”类词功能的分布

现将汉语方言中 82 个方言点“时/些/吵”类词的功能汇总如下（见表

2、表 3），以便核查。其中，表 2 是多种功能对应一种语音形式的方言①，共 44 个方言点；表 3 是多种功能对应不止一种语音形式的方言，共 38 个方言点。

需要说明的是，1）方言点按照虚词功能的多寡和异同排列，功能相同的方言点总是排在一起。表 2、表 3 跟表 1 采用不同的排列顺序，可相互参照。2）同一方言的语料有不止一种来源的，用“‖”表示语料另有（次要）来源。语料来源详见表 2 脚注。3）表中“/”表示“有异读”或“有多种形式”。4）虚词的标音方式一律遵照原文献而不做统一，以便核对。

观察表 2、表 3 中语气词功能和形式的分布情况，可以得出以下几点。

①语气词音值存在内部差异和外部差异。表 2 和表 3 最主要的不同是：表 2 中每个方言只有一种形式，对应多种功能；表 3 中每个方言有多种形式。从音类来看，表 2 中不同方言语气词的语音差异在表 3 中也有所体现：既体现在不同方言之间，也体现在同一方言内部。表 2 中漳县用“时”，武汉用“吵”，民勤用“噻”，而表 3 中湘潭话内部就有“时”“吵”“噻”三种形式。另外，有时同一功能对应多种形式，如：清水话功能 A（表假设时）兼用“时”和“些”。

②功能的分布存在以下蕴含关系。

a. 功能 D、E 和功能 C 关系密切：凡是有 D 或 E 的方言，一般都有 C；在方言内部 D、E 总是跟 C 有相同的语音形式（个别例外）。

b. 有 G 或 H 的方言，总是倾向于有 C 或 D，并且倾向于跟 C 或 D 同音（个别例外）。

c. 功能 A 和功能 B 关系密切，凡是有 B 的方言总是有 A（有个别例外）；表 3 有一部分方言 B 不跟 A 同音，有的跟 C 同音，或者兼有 A、C 两种语音形式。

d. 有功能 F 的方言总是有功能 A，且 A 和 F 读音大部分相同。有功能

① 暂且忽略声调的差异（如：高安）。表 2 中有些功能对应两种语音形式，只要不以功能为分化条件，就按照一种处理。如：扬州的“吵”有 A、C、G 三种功能，“嘖”有 C、G 两种功能，这种情况以“吵”为准。

表 2 汉语方言“时/些/吵”类词的功能（上）①②③

功能	假设	提顿	催促		征询	假设—征询	确认/提请注意	
句式句类	A. 假设句	B. 话题句	C. 祈使句	D. 疑问句 a	E. 揣测问	F. 话题问	G. 陈述句	H. 感叹句
乌鲁木齐	‖萨 sa	萨 sa	萨 sa	萨 sa	‖萨 sa		萨 sa	萨 sa
西宁	‖撒·sa	煞·sa	煞·sa	煞·sa	煞·sa		煞·sa	

① 语料来源：安陆（盛银花，2015）；安仁（周洪学，2015）；长沙（鲍厚星等，1999）；长阳（宗丽，2023）；成都（张一舟等，2001）；崇阳（祝敏，2019）；丹阳（蔡国璐，1995）；恩施（王树瑛，2017）；丰城（曾莉莉、陈小荷，2016）；丰顺（黄婷婷，2009）；高安（聂有才，2023）；衡山（伍云姬主编，2006；曾宝芬，2021）；惠州（陈淑环，2006）；荆门（刘海章，2017）；昆明（张华文，1996）；兰州（贾莹，2017）；连城（项梦冰，1997）；连平（傅雨贤，2015）；临澧（邹飞，2006）；隆德（杨苏平，2018）；罗山（王东，2010）；略阳（陈丹玲，2022）；汨罗（陈山青，2011）；勉县（庄佳提供）；民勤（肖雁云，2019）；南昌（熊正辉，1995；魏钢强等，1998）；南京（朱晓丹，2011）；南通（陶国良主编，2007）；蓬溪（蒋晓艺，2023）；平利（周政，2009）；平遥（邱闯仙，2012）；岐山（吴媛等，2016）；汝城（曾献飞，2006）；神木（邢向东，2006b;）；石城（曾毅平，1998）；绥德（黑维强，2016）；泰兴（兰玉英，2007）；天祝（宋珊，2022）；同心（张安生，2006；马晓玲，2023）；万荣（赵宏因，1996）；文水（刘艳，2013）；乌鲁木齐、西宁、随州（黄伯荣主编，1996）；武都（莫超，2004）；武汉（朱建颂，1995）；西安（兰宾汉，2011）；西充（王春玲，2011）；湘潭、岳阳、湘阴、常德、浏阳、攸县、耒阳、新田（伍云姬主编，2006）；孝感（王求是，2014）；焉耆（刘俐李，1994）；阳新（黄群建，2016）；扬州（王世华等，1996）；宜都（李崇兴，2014）；宜丰（邵宜，2010）；银川（高葆泰等，1993；高葆泰等，1997）；永修（徐静，2018）；岳阳（方平权，1999）；郧县（苏俊波，2016）；中卫（林涛，2012）；钟祥（赵元任，1939；赵元任等，1948）；志丹（王鹏翔，2005）；遵义（胡光斌，2010）；临洮、渭源、漳县、陇西、通渭、会宁、秦安、静宁、庄浪、张家川、清水、秦州（作者调查）。标“‖”语料来源：兰州（黄伯荣主编，1996）；耒阳（刘利新，2010）；汝城（何旭文，2010）；随州（万馨丹，2022）；万荣（王瑞鑫，2021）；乌鲁木齐（马晓慧、郭韵提供）；武汉（吴翩翩，2009；朱建颂等，2021）；西安（孟维智，1982）；西宁（马梦玲提供）；湘潭（李永明，2016）；湘阴（龙琴，2015）；宜都、荆门（赵元任等，1948）；宜阳（陈安平，2009）；钟祥（郑莼子，2022）。

② 表 2 新田、临澧方言有 B 用法却没有见到 A 用法，高安方言有 D 用法但没有见到 C 用法；表 3 遵义、湘阴、宜阳方言有 E 用法但没有 D 用法，这是比较特别的现象，有待进一步核实，本文暂将其作为例外处理。

③ 疑问句 a 包括多种疑问句类型，在语料的收集整理中，只要具备其中一种，就算具备 D 的功能。

续表

功能	假设	提顿	催促		征询	假设—征询	确认、提醒	
句式句类	A. 假设句	B. 话题句	C. 祈使句	D. 疑问句 a	E. 揣测问	F. 话题问	G. 陈述句	H. 感叹句
西安	些 ɕiɛ^{0}	‖ 些 ɕiɛ^{21}	些 ɕiɛ^{0}	些 ɕiɛ^{0}			些 ɕiɛ^{0}	些 ɕiɛ^{0}
武汉	‖ 吵 · sa	煞 · sa	煞 · sa	煞 · sa	‖ 吵 sa ˧		煞 · sa	‖ 吵 sa ˧
安陆	舍① ʂɛ^{51}		舍 ʂɛ^{44}	舍 ʂɛ^{44}	舍 ʂɛ^{44}		舍 ʂɛ^{44}	
随州			啥 · ʂa/ · ʂe	‖ 吵 ʂa/ ʂɛ	啥 · ʂa/ · ʂe		啥 · ʂa/ · ʂe	啥 · ʂa/ · ʂe
钟祥			煞 · ʂa	煞 · ʂa	煞 · ʂa/些 · ɕie		‖ 吵 · ʂa	‖ 吵 · ʂa/些 · ɕie
新田	?	吵 sa^{55}	吵 sa^{55}	吵 sa^{55}	吵 sa^{55}		吵 sa^{55}	
临澧	?	吵 sa	吵 sa	吵 sa	吵 sa		吵 sa	
崇阳			吵 sɑ^{44}	吵 sɑ^{44}	吵 sɑ^{44}		吵 sɑ^{44}	
孝感			舍 · ʂɛ	舍 · ʂɛ	舍 · ʂɛ		舍 · ʂɛ	
郧县			吵 · ʂa	吵 · ʂa	吵 · ʂa		吵 · ʂa	
长阳			吵 · sa	吵 · sa	吵 · sa		吵 · sa	
永修			吵 sa^{0}	吵 sa^{0}	吵 sa^{0}		吵 sa^{0}	
宜都			吵 · sa	吵 · sa	‖ 煞 ʂa ˧		吵 · sa	
民勤			噻 sɛ	噻 sɛ	噻 sɛ			噻 sɛ
荆门			吵/些 se^{13}	吵 sa^{55}	吵 sa^{55} ‖ 煞 ʂa ˧			
阳新			噻 sæ^{33}	噻 sæ^{33}	噻 sæ^{33}			
焉耆	萨 sa^{21}	萨 sa^{21}	萨 sa^{21}	萨 sa^{21}	萨 sa^{44}			

① 原文写作“吵”，非同音字，引用时改作同音字“舍”。(安陆话音系参考《安陆方言研究》)

续表

功能	假设	提顿	催促		征询	假设—征询	确认、提醒	
句式句类	A. 假设句	B. 话题句	C. 祈使句	D. 疑问句 a	E. 揣测问	F. 话题问	G. 陈述句	H. 感叹句
漳县	时 ʂʅ^{21}	时 ʂʅ^{21}	时 ʂʅ^{21}	时 ʂʅ^{21}	时 ʂʅ^{21}			时 ʂʅ^{21}
武都	萨	萨	萨	萨丨是				
同心	吵 ʂa	吵 ʂa	吵 ʂa	吵 ʂa/是			吵 ʂa	吵 ʂa
高安	时 ʅ^{21}	时 ʅ^{21}	?	时 ʅ^{35}		时 ʅ^{35}		
昆明			嗩 ʂæ^{212}	嗩 ʂæ^{212}			嗩 ʂæ^{212}	
中卫			啃 ʂaŋ	啃 ʂaŋ				啃 ʂə/ ʂaŋ
银川			是 · ʂʅ/吵 · ʂa	是 · ʂʅ/吵 · ʂa				是 · ʂʅ
罗山			噻 sai^{0}	噻 sai^{0}				噻 sai^{0}
连平			吵 sa^{44}	吵 sa^{44}			吵 sa^{44}	吵 sa^{44}
南通			煞 sɑʔ˦/嗖 se˥	嗖 se˥				
丹阳			吵 sɑ˦/嗖 se˦	吵 sɑ˦				
万荣	些 ɕiE^{33}	‖ 些 ɕiE^{0}	些 ɕiE^{33}			些 ɕiE^{33}		些 ɕiE^{33}
志丹	噻 se^{0}	噻 se^{0}	噻 se^{0}				噻 se^{0}	噻 se^{0}
扬州	吵 · sa		吵 · sa/嗩 · sɛ		?		吵 · sa/嗩 · sɛ	
泰兴	噻 se^{45}		噻 se^{45}				噻 se^{45}	
文水	桑 sɑŋ^{0}	桑 sɑŋ^{0}	桑 sɑŋ^{0}					
恩施			吵 · ʂa				吵 · ʂa	
南京			噻 sɛ^{0}				噻 sɛ^{0}	

续表

功能	假设	提顿	催促		征询	假设—征询	确认、提醒	
句式句类	A. 假设句	B. 话题句	C. 祈使句	D. 疑问句 a	E. 揣测问	F. 话题问	G. 陈述句	H. 感叹句
衡山	时 sɿ^{11}	时 sɿ^{11}				时 sɿ^{11}		
宜丰	时	时				时		
石城	时 sɿ^{12}	时 sɿ^{12}				时 sɿ^{12}		
惠州	时 si^{22}	时 si				时 siː$^{31/35}$	时 si^{22}	
连城	时 ʂʅə^{55}	时 ʂʅə^{55}				时 ʂʅə^{55}		
秦安	时 ʃɨ^{21}	时 ʃɨ^{21}						
平遥	嗓 sɑŋ^{53}	嗓 sɑŋ^{53}						

表 3　汉语方言“时/些/吵”类词的功能（下）

功能	假设	提顿	催促		征询	假设—征询	确认/提请注意	
句式句类	A. 假设句	B. 话题句	C. 祈使句	D. 疑问句 a	E. 揣测问	F. 话题问	G. 陈述句	H. 感叹句
岳阳	奢 sɤ^{33}	嘇 san^{45}/奢 sɤ^{33}	嘇 san^{45}	嘇 san^{45}	嘇 san^{45}		嘇 san^{45}/奢 sɤ^{33}	奢 sɤ^{33}
汨罗	时 ʂʅ^{21}	时 ʂʅ^{21}	呾 sã^{33}/时 ʂʅ^{21}	呾 sã^{33}	呾 sã^{33}/时 ʂʅ^{21}		呾 sã^{33}/时 ʂʅ^{45}	时 ʂʅ^{45}
西充	嘇 se^{21}	嘇 se^{21}	噻 saiː^{33}	噻 saiː^{33}	噻 saiː^{33}/嗦 so^{53}	嘇 se^{21}	噻 saiː^{33}	
丰城	是 sɨ		吵 sa	是 sɨ	吵 sa/是 sɨ	是 sɨ	是 sɨ	
兰州	时 ʂʅ	吵 ʂa/时 ʂʅ	吵 ʂa ‖ sa	吵 ʂa ‖ sa	吵 ʂa ‖ sa		‖ 吵 sa	
略阳	噻 sai^{0}/吵 sa^{0}	噻 sai^{0}/吵 sa^{0}	些 ɕiɛ^{0}/吵 sa^{0}/噻 sai^{0}	吵 sa^{0}/些 ɕiɛ^{0}/噻 sai^{0}	吵 sa^{0}/噻 sai^{0}		噻 sai^{0}/吵 sa^{0}	

续表

功能	假设	提顿	催促		征询	假设—征询	确认/提请注意	
句式句类	A. 假设句	B. 话题句	C. 祈使句	D. 疑问句 a	E. 揣测问	F. 话题问	G. 陈述句	H. 感叹句
成都	噻 se^{3}/se^{4}	噻 se^{3}/se^{4}	咄 sæ^{1}	咄 sæ^{1}	嗦 so^{2}		咄 sæ^{1}	
常德	是 se	吵 sa	吵 sa	吵 sa	吵 sa		吵 sa	
安仁	嘶 sɿ/散 sã	散 sã	散 sã	散 sã	噻 sæ		散 sã	
汝城	‖ 斯 sɿ^{33}	‖ □sɛ^{44}	□sɛ^{44}	□sɛ^{44}	□sɛ^{44}		□sɛ^{44}	
平利	赦$^{=}$ ʂɛ^{31}		吵 ʂa^{31}	吵 ʂa^{33}	吵 ʂa^{33}		吵 ʂa^{31}	
蓬溪	噻 sɛ^{31}		吵 sa^{44}/噻 sɛ^{31}	噻 sɛ^{31}	吵 sa^{44}/噻 sɛ^{31}		吵 sa^{44}/噻 sɛ^{31}	
渭源	时 sɿ^{21}	时 sɿ^{21}	吵 sA^{21}	时 sɿ^{21}/吵 sA^{21}	吵 sA^{21}			时 sɿ^{21}
陇西	时 sɿ^{21}	时 sɿ^{21}	吵 sA^{21}	时 sɿ^{21}/吵 sA^{21}	吵 sA^{21}			
临洮	时 sɿ^{21}	时 sɿ^{21}/吵 sA^{21}	吵 sA^{21}	时 sɿ^{21}/吵 sA^{21}	吵 sA^{21}			
天祝	是 ʂʅ^{21}		吵 ʂa^{21}	吵 ʂa^{21}	吵 ʂa^{21}			
勉县	噻 sɛe^{21}	噻 sɛe^{21}	噻 sɛe^{21}/萨 sa^{21}	萨 sa^{21}	萨 sa^{21}			噻 sɛe^{21}
清水	时 ʃɨ^{21}/些 siə^{21}		吵 ʃA^{21}	吵 ʃA^{21}			吵 ʃA^{21}	吵 ʃA^{21}
会宁	时 sɿ^{21}	吵 sa^{21}	吵 sa^{21}	吵 sa^{21}				吵 sa^{21}
庄浪	些 siə^{21}	些 siə^{21}	吵 sa^{21}/些	吵 sa^{21}/些 siə^{21}				吵 sa^{21}
通渭	时 sɿ^{21}	时 sɿ^{21}	吵 sA^{21}/时	时 sɿ^{21}/吵 sA^{21}				吵 sA^{21}
绥德	喳 sæ^{21}	喳 sæ^{21}/ 是 ʂəʔ^{3}	喳 sæ^{21}	是 ʂəʔ^{3}				是 ʂəʔ^{3}
岐山	些		嗄 ɕiA^{21}	嗄 ɕiA^{21}				嗄 ɕiA^{21}
神木	时价 sɿ^{4} tɕiɛ^{0}		是 · sɿ	是 · sɿ				是 · sɿ

续表

功能	假设	提顿	催促		征询	假设—征询	确认/提请注意	
句式句类	A. 假设句	B. 话题句	C. 祈使句	D. 疑问句 a	E. 揣测问	F. 话题问	G. 陈述句	H. 感叹句
攸县	是 sɿ^{5}	是 sɿ^{5} ǀ 吵 sa	吵 sa	吵 sa			（吵 sa）	
浏阳	奢 · ʂe	奢 · ʂe	山 · ʂã	山 · ʂã			山 · ʂã	
耒阳	‖ 是 sɿ	‖ 是 sɿ	吵 · sa	吵 · sa			吵 · sa	
静宁	时 sɿ^{21}	时 sɿ^{21}	吵 sa^{21}	吵 sa^{21}				
张家川	噻 sE^{21}	噻 sE^{21}	吵 sA^{21}	吵 sA^{21}				
隆德	些 siə^{0}		吵 sa^{0}	吵 sa^{0}				
秦州①	时 sɿ^{21} / 时底 sɿ^{21} ti^{21}		吵 sA^{21}	吵 sA^{21} / 时底 sɿ^{21} ti^{21}				
南昌	是 sɿ^{0}	是 sɿ^{0}	吵 · sa	是 sɿ^{0}		是 sɿ^{0}	吵 · sa/是 sɿ^{0}	
遵义	舍 se˨	舍 se˨	噻② sæ˨		噻 sæ˨		噻 sæ˨	
长沙	是 sɿ^{11}	吵 · sa	吵 · sa				吵 · sa	
湘潭	时 ʂʅ^{33}	噻 sai^{31}	‖ 吵 sɒ˧				‖ 吵 sɒ˧	
丰顺	时 ʃi$^{21/33}$	时 ʃi$^{21/33}$	吵				时 ʃi$^{21/33}$	
湘阴	是 sɿ^{11}		□san		‖ 吵 sa		□san	□san
宜阳	些 · siɛ				嗽 · san			

① 天水秦州话“时底”当和陕北晋语“时价”（邢向东，2006（a））、唐山话“时的”（张文光、王映霞，2016）以及山东平邑、费县、泗水、沂源、新泰、曲阜、兖州等方言的“时节”（崔云忠，2018）有共同来源。

② 原文作“吵”，据罗虞欢（2018）改作同音字“噻”。

F的方言较少。

功能A和C则不然，二者分布有同有异，无蕴含关系。

③**语气词读音的内部差异主要存在于A、B组和C~H组之间**。观察表3中方言内部不同语音形式的差异，其中最显著的是A、B组和其他组（C到H[①]）之间的差异。表3中如果除去A、B两列，剩下的部分在语音上只有为数不多的几处差异。

④**A、B两组中“时”类词出现的比例高**。表3中，A、B两组共出现“时”类词36次，占虚词出现总数74次的49%；其他6组（C到H）共出现23次，占出现总数151次的15%。这说明“时”类词出现的比例高是A、B两组和其他组产生差异的重要原因之一。

⑤**语气词的音值差异体现方言的分化和接触**。表2中，不同方言之间的语气词往往存在语音差异，这跟其他方面的差异一样，都体现了方言的分化。跟表2相比，表3中同一方言内部语气词也存在语音差异：有些是因功能而异，有些是同一功能对应多种语音形式。这在一定程度上体现了不同方言的接触。如略阳方言，每种功能都存在“些”“吵”“噻”（或其中两种）语音形式共存的情形，这与略阳地处三省交界（也处于中原官话和西南官话的边界）的地理位置不无关系。

3. 从语义图看“时/些/吵”类词的多功能模式

语义图（semantic maps）模型研究“不同语法意义之间的内在关联，这些关联可通过对表义功能相互交叉、部分叠合的不同语法形式的比较而窥知，无论这些形式是来自同一语言或不同语言”（张敏，2010：6）。这一方法同样适用于不同方言之间的比较，是“破解方言虚词比较中偏侧关系的利器”。（李小凡，2015）

---

① 根据上文的讨论，F组跟A组关系密切，严格来说，A、B组应该还包括F组，C到H应当不包括F。但因为有F功能的方言很少，这里为了简化讨论，暂忽略不计。

下面以表 2 为基础，运用语义图模型对这类多功能语法形式加以考察。首先按照语义图模型的操作方法建立概念空间。假设表 2 各方言内部语气词的多种功能具有同一来源，即属于“多义性”（polysemy）而非“同音形异义性”（homonymy）（吴福祥，2011）。在这 44 个方言点中，先考察只有 2—5 种功能的方言，得到以下（a）至（l）的连接模式（“——”表示两种功能相邻，“～”表示这几种功能邻接，但存在多种可能的排列方式）：

（a）A——B（秦安、平遥）	（g）A～C～G（扬州、泰兴）
（b）C——D（南通、丹阳）	（h）A～B～C（文水）
（c）C——G（恩施、南京）	（i）A～B～F（衡山、宜丰、石城、连城）
（d）C～D～E（荆门、阳新）	（j）C～D～E～G（郧县、孝感、宜都、长阳、永修）
（e）C～D～G（昆明、耒阳）	（k）C～D～E～H（民勤）
（f）C～D～H（银川、中卫、罗山）	（l）A～B～C～F～H（万荣）

以（a）至（l）为条件，可得到各功能之间的关联模式。推导过程如下（符号∩表示“同时满足”）：

Ⅰ. b∩c → (m) D——C——G	由 b 和 c 可得出 m
Ⅱ. n∩g∩h → (n) A——C——D G	再由 g 和 h 可知：A 和 C 相邻（A—C）
Ⅲ. n∩a→ (o) B——A——C——D G	再由 a 可知 B 的位置
Ⅳ. o∩d∩f∩l→(p) H A——C——D——E B G	再由 d、f、l 可知 E 和 H 的位置：D—E 且 C—H；由此得到 p

因语料所限，F 的位置暂且无法确定（有两种可能：A—F 或 B—F），暂且假定为 A—F，由此得到“时/些/吵”类词功能的概念空间（见图 1）：

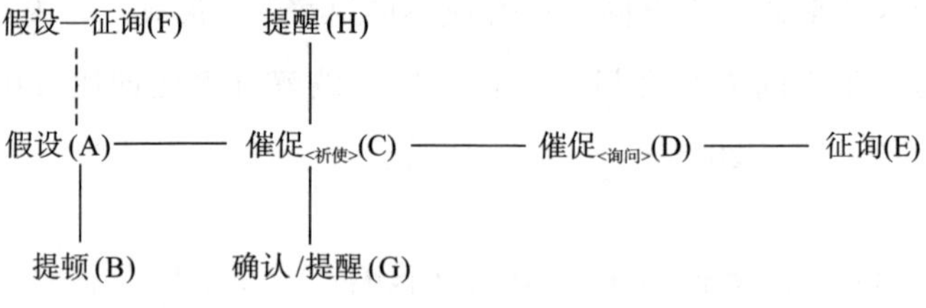

图 1 “时/些/吵”类词功能的概念空间

将这44个方言中剩余的具有5种及以上功能的方言在图1的概念空间上验证，均可画出连续的语义图（除新田、临澧、高安外）。图2是西宁、民勤、西安、万荣、随州、南京方言“时/些/吵”类词的语义图。

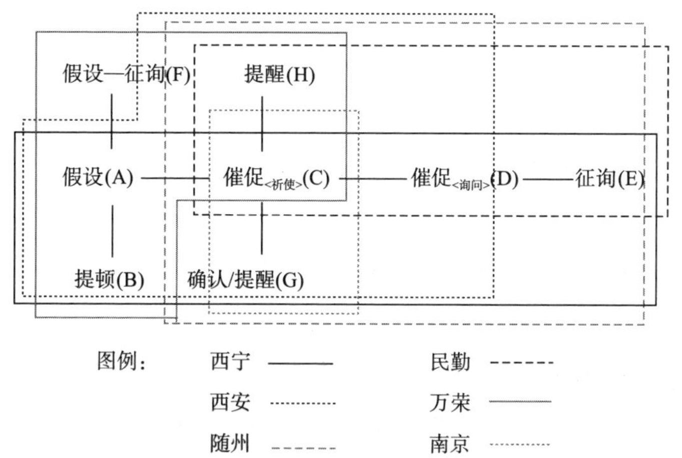

图2　西宁等方言“时/些/吵”类词的语义图

前文第2节对表2、表3进行了仔细观察，总结出一些规律。其中第②点指出了表中功能分布的几条蕴含关系。概括如下：

1）有D/E/G/H功能的方言总是有C功能，且跟C对应的形式同音；

2）有B/F功能的方言总是有A功能，且倾向于跟A对应的形式同音。

根据这两组蕴含关系可知，由功能A衍生出功能B、F，由功能C衍生出功能D、E、G、H，据此，可进一步确定图1中的演变方向（见图3）①。

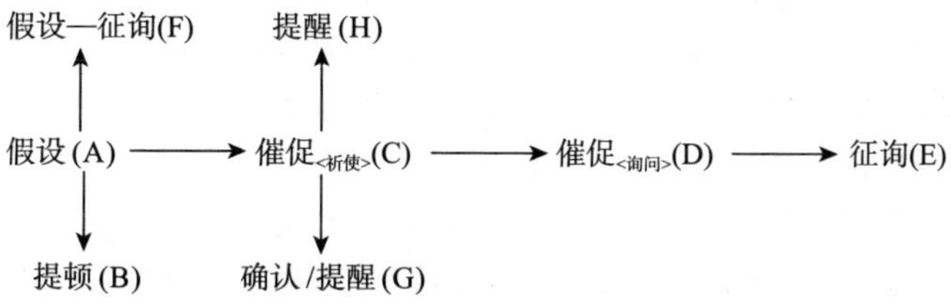

图3　“时/些/吵”类词功能的演变路径

① 即概念空间的动态化。吴福祥（2014）指出，概念空间的动态化可借助三种手段：(a) 基于功能蕴含关系的跨语言比较；(b) 语法化路径（包括语义演变路径）的历时证据；(c) 语法化程度和单向性原则。

其中A和C之间的演变方向无法根据其功能的分布情况得出。本文认为，应当是A→C。从假设/愿望到祈使，应当经过了“间接祈使”（即以表假设、愿望的虚拟句来实施“催促（祈使）”的间接言语行为）的阶段，演变过程是：

①**假设**（语气词位于假设从句末）
>②**愿望**（省去主句，保留从句，语气词处于句末）
>③**间接祈使**（以表假设、愿望的虚拟句实施祈使的言语行为）
>④**祈使**（吸收语境义，演变为祈使语气词）[①]。

如果图3的演变路径成立的话，A作为该演变路径的起点，其来源应当是“时”。即，“时/些/哕”类语气词可能都是时间词“时”语法化和音变的结果。

参考文献

艾皓德：《近代汉语以“时”煞尾的从句》，《中国语文》1991年第6期。
鲍厚星、崔振华、沈若云、伍云姬：《长沙方言研究》，湖南教育出版社，1999。
曹兴隆：《陇中方言语法研究》，陕西师范大学博士学位论文，2022。
蔡国璐：《丹阳方言词典》，江苏教育出版社，1995。
陈安平：《宜阳方言虚词研究》，中山大学博士学位论文，2009。
陈丹玲：《略阳方言虚词研究》，陕西理工大学硕士学位论文，2022。
陈满华：《安仁方言》，北京语言学院出版社，1995。
陈山青：《汨罗方言语法研究》，中山大学博士学位论文，2011。
陈淑环：《惠州方言助词研究》，中山大学博士学位论文，2006。
崔云忠：《助词“时节”及其语法化》，《河南科技大学学报》（社会科学版）2018

① 这一演变跟英语副词 please（来自 if it please you 的减省，参考 Online Etymology Dictionary）及法语 s'il vous plaît 的形成在语义上有相似之处，都经历了条件句（含假设句）—间接祈使句—祈使句的变化。

年第 1 期。

董秀芳:《论“时”字的语法化》,《钦州师范高等专科学校学报》2000 年第 1 期。

范慧琴:《定襄方言语法研究》, 语文出版社, 2007。

方平权:《岳阳方言研究》, 湖南师范大学出版社, 1999。

傅雨贤:《连平方言研究》, 中山大学出版社, 2015。

高葆泰、林涛:《银川方言志》, 语文出版社, 1993。

高葆泰、张安生:《银川话音档》, 上海教育出版社, 1997。

郭锐:《概念空间和语义地图: 语言变异和演变的限制和路径》,《对外汉语研究》2012 年第 8 期。

何旭文:《汝城方言语气词研究》, 华南师范大学硕士学位论文, 2010。

黑维强:《绥德方言调查研究》, 北京师范大学出版社, 2016。

胡光斌:《遵义方言语法研究》, 巴蜀书社, 2010。

黄伯荣主编《汉语方言语法类编》, 青岛出版社, 1996。

黄群建:《阳新方言研究》, 华中师范大学出版社, 2016。

黄婷婷:《丰顺(三汤)客家方言助词研究》, 中山大学博士学位论文, 2009。

贾莹:《兰州方言语法研究》, 兰州大学出版社, 2017。

江蓝生:《时间词“时”和“後”的语法化》,《中国语文》2002 年第 4 期。

蒋晓艺:《四川蓬溪方言助词研究》, 西南大学硕士学位论文, 2023。

兰宾汉:《西安方言语法调查研究》, 中华书局, 2011。

兰玉英:《泰兴客家方言研究》, 文化艺术出版社, 2007。

李崇兴:《宜都方言研究》, 华中师范大学出版社, 2014。

李荣主编《现代汉语方言大词典》, 江苏教育出版社, 2002。

李树俨、张安生:《银川方言词典》, 江苏教育出版社, 1996。

李小凡:《语义地图——破解方言虚词比较中偏侧关系的利器》, 载《方言语法论丛》(第六辑), 中国社会科学出版社, 2015。

李小军:《语气词“哕”的来源及其方言变体》,《语言科学》2008 年第 4 期。

李永明:《湘潭方言》, 湘潭大学出版社, 2016。

林涛:《宁夏方言概要》, 宁夏人民出版社, 2012。

刘利新:《耒阳方言语法研究》, 贵州大学硕士学位论文, 2010。

刘艳:《山西省文水(云周)话中的提顿词“桑”》, 载刘丹青主编《汉语方言语法研究的新视角——第五届汉语方言语法国际学术研讨会论文集》, 2013。

刘丹青:《南京方言词典》, 江苏教育出版社, 1995。

刘海章:《荆门方言研究》, 华中师范大学出版社, 2017。

刘俐李:《焉耆汉语方言研究》, 新疆大学出版社, 1994。

刘育林:《陕北方言语气词“嗲”sæ° 与维吾尔语表条件-假设语气之语缀-sa/-sɛ》,《延安大学学报》(社会科学版) 2016 年第 4 期。

龙国富、叶桂郴：《中古译经中的假设语气助词“时”》，《古汉语研究》2005 年第 1 期。

龙琴：《湖南湘阴方言疑问句研究》，湖南师范大学硕士学位论文，2015。

罗虞欢：《遵义方言体貌系统研究》，西南大学硕士学位论文，2018。

敏春芳、程瑶：《语言接触视域下临夏话“是”字句特殊用法研究》，《兰州大学学报》（社会科学版）2015 年第 6 期。

马晓玲：《宁夏方言研究》，语文出版社，2023。

孟维智：《西安话中的语气词“些”》，《语文研究》1982 年第 2 期。

莫超：《白龙江流域汉语方言语法研究》，中国社会科学出版社，2004。

聂有才：《高安方言语法研究》，中国社会科学出版社，2023。

彭嬿：《维吾尔语-sa/-sɛ 与汉语方言语气词 sa》，《民族语文》2008 年第 2 期。

邱闯仙：《平遥方言的助词“动”和“嗓”》，《语文研究》2012 年第 2 期。

邵宜：《赣方言语助词“时”的语法功能及与近代汉语之比较》，《暨南学报》（哲学社会科学版）2010 年第 4 期。

盛银花：《安陆方言研究》，华中师范大学出版社，2015。

宋珊：《甘肃天祝县（华藏寺镇）汉语方言参考语法》，兰州大学博士学位论文，2022。

苏俊波：《郧县方言研究》，华中师范大学出版社，2016。

孙锡信：《近代汉语语气词——汉语语气词的历史考察》，语文出版社，1999。

陶国良主编《南通方言词典》，江苏人民出版社，2007。

田希诚：《晋中方言的时态助词“动了”和“时”》，载《首届晋方言国际学术研讨会论文集》，山西高校联合出版社，1996。

万馨丹：《随州方言语气词研究》，华中师范大学硕士学位论文，2022。

王春玲：《西充方言语法研究》，中华书局，2011。

王东：《河南罗山方言研究》，中国社会科学出版社，2010。

王鹏翔：《晋语志延片方言的“嚜”类语气词》，《延安大学学报》（社会科学版）2005 年第 6 期。

王求是：《孝感方言研究》，华中师范大学出版社，2014。

王瑞鑫：《山西万荣方言参考语法》，山西大学硕士学位论文，2021。

王世华、黄继林：《扬州方言词典》，江苏教育出版社，1996。

王树瑛：《恩施方言研究》，华中师范大学出版社，2017。

魏钢强、陈昌仪：《南昌话音档》，上海教育出版社，1998。

吴福祥：《多功能语素与语义图模型》，《语言研究》2011 年第 1 期。

吴福祥：《语义图与语法化》，《世界汉语教学》2014 年第 1 期。

吴翩翩：《武汉方言语气词研究》，华中师范大学硕士学位论文，2009。

吴媛、韩宝育：《岐山方言调查研究》，中华书局，2016。

伍云姬主编《湖南方言的语气词》，湖南师范大学出版社，2006。

项梦冰：《连城客家话语法研究》，语文出版社，1997。

肖雁云：《民勤方言中的句尾语气词》，《绥化学院学报》2019 年第 6 期。

邢向东：《陕北晋语沿河方言愿望类虚拟语气的表达手段》，《语文研究》2005 年第 2 期。

邢向东：《陕北晋语语法比较研究》，商务印书馆，2006（a）。

邢向东：《陕北神木话的准语气词"是"及其形成》，《方言》2006（b）年第 4 期。

熊正辉：《南昌方言词典》，江苏教育出版社，1995。

徐静：《永修方言虚词研究》，江西师范大学博士学位论文，2018。

徐娟娟：《江苏丹阳方言的语气词》，《方言》2013 年第 4 期。

杨苏平：《隆德方言研究》，中国社会科学出版社，2018。

曾宝芬：《湖南衡山方言起责备性强调作用的语气词"时（$sɿ^{11}$）"》，《江西科技师范大学学报》2021 年第 4 期。

曾莉莉、陈小荷：《丰城方言研究》，江西人民出版社，2016。

曾献飞：《汝城方言研究》，文化艺术出版社，2006。

曾毅平：《石城（龙岗）客家方言语法研究》，暨南大学博士学位论文，1998。

张安生：《同心方言研究》，中华书局，2006。

张定：《汉语多功能语言形式的语义图视角》，商务印书馆，2020。

张华文：《昆明方言常见的语气词》，《方言》1996 年第 3 期。

张炼强：《试说以"时"或"的时候"煞尾的假设从句》，《中国语文》1990 年第 3 期。

张竞婷、杨永龙：《青海民和甘沟话的状语从句标记"是"及其来源》，《语文研究》2017 年第 2 期。

张敏：《"语义地图模型"：原理、操作及在汉语多功能语法形式研究中的运用》，《语言学论丛》第四十二辑，2010。

张庆翔、陈逸然：《"嗲"类语气词及其演变》，《现代语文》2018 年第 4 期。

张文光、王映霞：《唐山方言中的假设助词"时的"及相关句式》，《河北师范大学学报》（哲学社会科学版）2016 年第 5 期。

张一舟、张清源、邓英树：《成都方言语法研究》，巴蜀书社，2001。

赵宏因：《万荣话中的语气词"些"》，《语文研究》1996 年第 4 期。

赵元任：《钟祥方言记》，（上海）商务印书馆，1939。

赵元任、丁声树、杨时逢、吴宗济、董同龢：《湖北方言调查报告》，中央研究院历史语言研究所专刊，1948。

郑莼子：《钟祥方言语气词研究》，华中师范大学硕士学位论文，2022。

中国社会科学院语言研究所、中国社会科学院民族学与人类学研究所、香港城市大学语言资讯科学研究中心编《中国语言地图集（第 2 版）》汉语方言卷，商务印书馆，2012。

周磊：《乌鲁木齐方言词典》，江苏教育出版社，1995。
周政：《平利方言调查研究》，中华书局，2009。
周洪学：《安仁方言语法研究》，社会科学文献出版社，2015。
朱建颂：《武汉方言词典》，江苏教育出版社，1995。
朱建颂、张静：《武汉方言研究》，华中师范大学出版社，2021。
朱晓丹：《南京方言语气词研究》，青岛大学硕士学位论文，2011。
祝敏：《崇阳方言研究》，华中师范大学出版社，2019。
宗丽：《长阳方言研究》，华中师范大学出版社，2023。
邹飞：《临澧方言语气词研究》，华东师范大学硕士学位论文，2006。
Haspelmath. Martin. 1997. *Indefinite Pronouns*. Oxford: Oxford University Press.

The Polyfuctionality of "shi/xie/sha"（"时/些/唦"）Particles in Chinese Dialects

CAO Xinglong

Abstract: The "shi/xie/sha"（"时/些/唦"）mood particles are widely distributed in Chinese dialects, serve as a subjunctive particle, a topic marker, a imperative particle, a interrogative particle, topic-only question particle and a reminding particle. Based on the data of 82 dialects, this paper describes the functions of these words and examines the distribution of their functions and forms. The conceptual space is established by using the semantic map model, and the correlation patterns and evolution paths between their various functions are preliminarily obtained.

Keywords: Chinese dialects, "shi"（时）, "xie"（些）, "sha"（唦）, semantic map model

晋语古交话中的主观小量结构“不AA”*

李子辉

（天津师范大学文学院）

提　要　本文对晋语古交话中形容词短语“不AA”进行了全方位考察，旨在证明其不是否定副词修饰状态形容词的反例。通过对语料的分析，文章指出了“不AA”表示“不A”高量义的语义内涵，明确了其与“不太A”的非等义性。文章结合“不AA”反向表量的表义特点考察了其语义功能，推演了其量的调控过程，最终得出晋语古交话主观性小量表达“不AA”的语义来源于对“不A”量的叠加，是“不A不A”的缩略形式。其内部结构层次为“［［不A］A］”，是晋语显赫的重叠手段应用于短语层面的结果，而非所谓否定副词修饰状态形容词的反例。

关键词　晋语古交话　不AA　重叠

0. 引言

晋语地区的各地方言中普遍存在一种形容词短语“不AA”，表达言者

*　本文得到天津市研究生科研创新项目“新描写主义视角下的晋语ABB结构研究”（2022BKY201）的支持。

对事物某一属性的性质界定及量的主观评估，如[①]：

(1) a. 这棵树不粗粗，一阵风就刮倒嘞。(榆次，常乐，2019：125)

b. 坑儿挖得不深深儿，还埋不住树根呢。(大同，袁海林，2008：211)

c. 这条河全不宽宽，我一步就能跨过去嘞。(兴县，郭瑞芳，2013：6)

d. 这口井不深深，还能瞭见底子嘞。(神木，邢向东，1985：146)

e. 不远远的一圪截路，用不了多长时间。(张家口，宗守云，2018：47)

从结构上来看，“不 AA”极易被认为是副词“不”对形容词重叠“AA”的否定，而汉语的状态形容词不能受副词修饰是汉语的共同规则，因此不少学者将晋语中的“不 AA”看作这一共同语语法规则的例外现象，如邢向东（1985，2013）、郭校珍（2000）、王国栓（2005）、史秀菊和乔慧芬（2015）、宗守云（2018）等均持这类“例外说”，但对“不 AA”违背汉语语法规则的理由却未多着笔墨，立论依据不足。也有学者不认同“例外说”，如潘耀武（1989）、袁海林（2008）等，认为“不 AA”是来源于对“不 A”的重叠，但对“不 AA”所蕴含量度的形成机制并没有进行充分的论证。故对“不 AA”性质的研究还有待深入，并且重叠是晋语的显赫语法手段，探清“不 AA”的内部结构也有助于增益对晋语重叠手段的多功能性研究。

据考察，“不 AA”在晋语中分布较广，除山西中西部、北部地区以外，陕北晋语、内蒙古晋语、河北晋语也见报道。从对各地晋语“不 AA”报道

① 此处只转引例句，不转引注释。

的用例中，我们发现晋语各地的“不AA”在句法分布和表义功能上大致相同，准入的形容词类别也基本一致。因此，本文以笔者母语——晋语并州片古交话为研究对象，全面考察形容词短语“不AA”的性质特点，以期为晋语“不AA”的研究提供一些语料支持和观点参考。

本文拟从如下几个方面进行探讨：1）在精细描写“不AA”使用环境的基础上，展示“不AA”的语义内涵；2）挖掘“不AA”的表义特点，分析其表义功能；3）阐明“不AA”蕴含的量度调控过程和计算方法，展现其语义来源；4）对“不AA”的内部结构做出界定，回答其是否为否定副词修饰状态形容词的反例这一问题。

1. “不AA”的语义内涵

1.1 古交话中的“不AA”

山西省古交市位于山西省中北部，在省会太原市以西23公里处。东与太原市万柏林区相接；东南与清徐县相邻；南与交城县接壤；西与娄烦县毗邻；北与静乐县交界；东北与阳曲县交界。2012年《中国语言地图集》新增古交方言点，属晋语并州片。除已注明出处的例句外，文中所用例句均来源于笔者与家人的日常对话，和成文后均经由三位语法调查合作对象审读校正①。

古交话中的“不AA”有13个，分别是：不粗粗、不大大、不多多、不高高、不贵贵、不厚厚、不宽宽、不快快、不深深、不远远、不重重、不长长、不肉肉。结合晋语各地方言的情况，我们发现古交话中除了“不肉肉（胖）”，其余“不AA”均为各地“不AA”的共有成员，具有［+可用数量单位衡量］、［+往大里说］的语义特征，属于陆俭明先生（1989）

① 语料审读人信息：王润林，女，55岁，本科学历，公务员，古交市马兰镇西沟村；邢凤琴，女，50岁，中专学历，个体经营，古交市王家沟村；李晓东，男，55岁，本科学历，公务员，古交市邢家社乡胡岩刁村。

定义的往大里说的量度形容词。根据范畴的原型理论，本文的研究对象正是晋语“不 AA”的典型成员。另外，我们也注意到，在个别晋语方言里还有一些非典型成员，为一般性质形容词，如娄烦方言里“甜、咸、酸、臭、肥、富”等可进入“不 AA”结构；神木方言里有“不香香、不耐耐、不暖暖”等；偏关方言准入的一般性质形容词更多（本段提及语料来源详见参考文献）。对此类非典型“不 AA”，本文暂不讨论。

1.2 “不 AA”的语义内涵

明确“不 AA”的语义是界定其结构的决定性步骤。我们认为，要想挖掘出古交话“不 AA”的语义，尤其是探究其量度表达上具有自立地位的深层原因，只有深入细致地考察其使用环境，剖析其在量度刻画上与其他近义表达的细微差异，才能提取出其表义的特殊性，得出符合语感的可靠结论，保证研究的解释力与可信度。

观察语言事实可知，“不 AA”整体表达的是一个空间距离、重量、时间或数量等属性上的低量，如：

（2）a. 这里的道儿不宽宽，将够勉勉强强过一个小平车车，拖拉机可过不去！

b. 这棉袄不厚厚，揣见摸起来感觉薄圪纸纸地，怕不暖和嘞。

c. 就不深深的个锅儿，能放下多少汤嘞？两口就没拉没有唻！

d. 饺子就剩下不多多的两个唻，快扎挣尽量强撑着地吃咾哇。

根据语境信息：a 句通过一辆小平车还勉勉强强，b 句棉袄摸起来薄得像纸，c 句锅里的汤两口就能喝完，d 句饺子就剩了几个，我们可以感知到例（2）中各句分别描写的事物的宽度、厚度、深度、数量在说话人的主观认知中都极低。这说明“不 AA”所表达的意思应是说话者主观认定事物在体积、重量、数量、距离等可度量的属性上具有的量度极低。在说话人的认知中“不 AA”代表的是与“A”的性质正好相反的高量程度：“不宽宽”→

很窄；“不厚厚”→很薄；“不深深”→很浅；“不多多”→很少。

很多报道晋语单点方言的文献将“不AA”等同于“不太A”（潘耀武，1989；常乐，2019），或持相关看法，如：指程度不高（邢向东，2013）、“AA”所表程度的弱化（郭校珍，2000；尹国梁，2016）等。然而，古交话的语料显示这一结论在古交方言中是不适用的。接下来，我们就通过揭示古交话中“不AA”与“不太A”不能互相替换的语言事实，来明确古交话中二者的非等义性，先看“不AA”不可替换为“不太A”的情况：

（3）a. 甲：大夫，我这是不是高血压嘞？

乙：高压高一点点，倒是也不太高（*不高高），不要紧。

b. 甲：这两天的金价稍微跌咾些唻，不太贵（*不贵贵）唻，想买也能买。

乙：你可说的，不太贵我也舍不得买。

c. 甲：你买上鸡腿唻？

乙：噢，今天打饭的人不太多（*不多多），我刚才抢上一个。

例（3）各会话的语境为表达“A”的程度不高，所讨论的事物性质分别为“高、贵、多”。由语境可知：a会话是说血压高得不多，不要紧；b会话是说金价稍微跌了一些，没那么贵了；c会话是说打饭的人没有那么多，我才能抢到鸡腿。我们看到，三组会话中的属性程度均能用“不太A”表示，却与“不AA”不符，这说明“不AA”的语法意义并不是所谓“A”的程度不高，因为如果“不AA”表示的是“A”的程度不高，那么其在例（3）语境中的使用就该是合法的。明确了二者的非等义性之后，接下来我们继续考察“不太A”不可替换为“不AA”的情况，探究二者在量级上的区别，如下：

（4）a. 甲：来我荷拿哇！这来大的箱子，重嘞哇？

乙：不重重（*不太重），重甚嘞？就个空纸箱子，我一个手就提上唻。

b. 甲：指挥部小区的楼都是过去的老房子，不大大（*不太大），连客厅也没拉没有，厨房卫生间都是一点点，身也转不开。

乙：呀，外就小得厉害嘞！

c. 甲：你买咾个甚车嘞？

乙：五菱宏光的 mini，电动汽车，不大大（*不太大），就像咾个玩具车。

我们看到，例（4）中各会话语境所讨论的事物性质不是"A"，而是"不 A"，即 A 的对立性质 B。由语境可知，三组会话中的事物性质第一组为"轻"，后两组为"小"，且都程度较高。a 会话中乙用反问"重甚嘞"否定了箱子重的性质，后续句中又补充是空箱子，一只手就可以拿动，说明箱子的重量很轻很轻，一点儿也不重；b 会话中会话双方所谈论的房子"没有客厅""厨房卫生间转不开身"，以及回应的评述小句"小得厉害"都表明房子并不是不太大，而是很不大，特别小；c 会话中"像咾个玩具车"的修辞说明比喻中的本体"五菱宏光 mini"体积与正常汽车相比小得离谱，和"大"根本不挂钩。这些例子语境中所表达的事物性质及量级与"不太 A"都不能匹配，这不仅说明了"不 AA"与"不太 A"所描述的性质存在差异，而且说明二者表示的量度等级也不同。简而言之，就是"不 AA"表示"不 A"的高量，"不太 A"则表示"A"的低量。

至此，我们彻底摆脱了"不太 A"对"不 AA"释义的干扰，也证明了"不 AA"所呈现的量度背后的事物属性为"不 A"，而不是"A"，我们不能从性质"A"出发对其进行程度描写。"A"与"不 A"是蕴含在事物空间等属性中的对立性质，"不 AA"所表达的这种属性量度极低的语法意义，换个角度来说，就是"不 A"的高量意义"很不 A"。在古交话中，"很不 A"这一语义也可以由"可 B 了"来承担，"不 AA"与"可 B 了"二者虽表达方式不同，但表示的量级近似，在表义上殊途同归。然而，尽管“不AA”与“可 B 了”拥有量级表达上的趋同，但其在古交话表量系统中仍是自立的，这就说明“不 AA”一定有表义上的其他特点与功能，下文继续进行考察。

2. “不 AA”的表义功能

若将“不 AA”与“可 B 了”对比分析，就能看到“不 AA”最主要的表义特点，即反向表量。所谓反向表量，即言者要表达低量，不用低量形容词“B”，而用高量形容词的否定形式“不 A”，想表达低量的程度高，不说“可 B 了”，而说“不 AA”。这种对量度的反向表达手段直接促使“不AA”负载了两个显著的主观表义功能，一是具有对预设的否定功能；二是体现言者礼貌委婉、亲切友善的情态功能。

2.1 对预设的否定

“预设是说话人使用话语的某种前提，是由话语中可以推断出的一种附加的信息。”（温锁林、王倩，2007）言者之所以使用带有否定词的结构“不 AA”来表达量度，说明早在发生言语行为之前，其观念世界里或会话语境中对于所谈论事体的性质就具有“A”的预设，正因为如此，当事实与预设相反时，才选用了这样反向表达量度的方式，而不是直接在“A”的前面使用程度副词或其他正面表达手段。请看相关例句：

（5）a. 甲：我的血糖测下有些儿高，你像试着测测你的，是不是机子坏唻？

乙：我的不高高呀。

b. 甲：黑夜晚上就把中午的大米炒上吃咾哇。

乙：剩下不多多的些儿唻，不够吃哇，再熬上些儿米汤哇。

c. 甲：快递到唻，你买的挂烫机回来唻？箱子看见可不大大啊。

乙：噢，我买的是手持挂烫机么。

例（5）中各会话语境都包含着一个预设，a 会话中甲怀疑是机器坏了，对乙的测量值有一个“高”的预设；b 会话中甲打算把中午的剩饭炒炒吃了，对米饭的量有一个“多”的预设；c 会话中甲推断箱子里装的是挂烫机，对箱子有一个“大”的预设。各会话中乙在描述事物实际的量时，均对甲的预设进行了否认的回应。因此我们看到，“不 AA”除了是一个表量结构，还具有否定预设的语用功能。

此外，晋语中“不 AA”还能接受语气副词“可”的修饰，“可”强调了“不 AA”对预期的否定，语气更为强烈，表示“事实跟想象的不仅不相同，还大相径庭”。如：

（6）a. 晓不得今年怎地回事了，结下的枣儿可不大大！

b. 这趟车可不快快啊！甚会儿刚才能去咾北京嘞？

在例（6）两句的语境中，说话人惊诧、疑惑的情绪来自事实与预期严重不符。语气副词“可”放大了“不 AA”所包含的出乎意料的言者情感。

2.2 对情态的凸显

“不 AA”所运用的对量度的反向表达手段还能体现言者主观情感的流露。正因为避免了对事物性质的正面界定，“不 AA”所表示的对量度的评估带有委婉隐曲的意味，符合交际中的礼貌原则。小量一般为消极的、负面的，从语言心理角度来看，人们更倾向于选择模糊语义的方式来表达小量，从而尽可能缓和交际中的消极评价。言者将自己的观点包装起来，避免过于直截了当或极端的表达。所以，用“不大”表示“小”，用“不大大”表示“很小”，可以将可能存在的消极评价隐藏转换。

此外，我们还发现，“不 AA”的出现条件倾向于表达亲近、友善、喜爱等正向情境，而排斥责怪、詈骂、厌烦等负面情境。如：

（7）a.（乙去甲家做客，进门时亲热寒暄）

甲：“来就来哇，还买甚东西嘞，贵巴巴地。”

乙：“哎呀，没拉没有买甚，就些儿菜和肉，不贵贵。”

b.（爷爷担忧地对小孙子说）“哎呀，我孩儿怎地就不肉肉嘞，赶多吃上些儿饭嘞么。”

c.（售货员热情地给顾客推销商品）“这种料子又不厚厚，夏天穿一点点也不热，你放心哇！”

d.（甲对自己的伤疤很介意，乙友善地安慰）

甲：“你看我肩膀上的个疤是不是可深嘞？”

乙：“不要紧，我看见不深深，大看不出来。”

（8）a.（甲乙阴阳怪气地互相贬损辱骂）

甲：“你看你的外屎态，个个猴细些儿个子特别矮（*不高高）还想打篮球嘞？”

乙：“你瘦得像咾鬼来地，胳膊腿细毛毛（*不粗粗）还能打，我为甚不能打嘞？”

b.（甲不耐烦地催促乙快走）“就两步远（*不远远），一阵走哇！做甚也磨磨蹭蹭地！”

例（7）中的例句都是正向的语境，a 中乙用“不贵贵”打消收礼人的心理顾虑，展现了自己真诚亲热的态度；b 句爷爷表现出对小孙子的关切与疼爱；c 句体现出售货员态度热情周到；d 会话中乙的态度也是善意友好的，“不 AA”能与这样的语境适配。说话人使用“不 AA”表达了一种亲近、友善的积极态度，强化了正面的感情色彩，促进了交际的友好进行，符合言语交际中的合作原则和礼貌原则。而例（8）中的例子则是消极的负面情境，a 中交际双方发生了言语上的冲突；b 句是沟通发生不悦的祈使命令情境，“不 AA”在此类情境中都不能出现，由此可得“不 AA”所具有的感情色彩是与消极不悦相斥的。

综上所述，“不 AA”的表义功能充分体现了言者的话语主观性，对事物属性的界定体现了说话人的视角，对属性量级的评估则体现了说话人的认识，还凸显了说话人的多种主观情态，是古交话中一个具有强烈主观性的表量格式。宗守云（2018）在描写张家口方言中的“不 AA”时，也提到了其具有较强主观性的特点。由此说明主观性的注入是这一格式的一个主要特征，在晋语各地应该具有一致性。

3. “不 AA”的语义来源

根据上文对古交话“不 AA”的语义分析，可以得出，“不 A”是“不 AA”的表义基础，“不 AA”是基于对“不 A”量的调控形成的，其所表达的“不 A”的高量义来源于对“不 A”程度的叠加。在长度、宽度、高度、深度、数量、重量、距离等这些可度量的属性中，蕴含了两种对立的性质“A”与“不 A”，“不 A”同时蕴含了“B”，这是“不 AA”典型成员准入形容词的特点，如长度这一概念里蕴含了“长”与“不长”的语义对立，“不长”的语义范围中又包括“短”。我们将“A”看作一个正向的量，那么“不 A”就是一个负向的量，对负向量的叠加最终形成一个极小量，也就是“不 AA”表“很不 A、很 B”语义的实现过程，因此，这一过程应为“不 A+（不）A”。

有学者认为“不 AA”的语义来源于量度形容词重叠表小量，并举了张家口方言中的“多 AA”“这么 AA”，与“不 AA”归为同类格式讨论（宗守云，2018），显然这一说法是先行把“AA”看作一个整体，再将其与整个结构的量度表达联系在一起，得到“AA”的重叠对整个结构的作用。但实际上看似同形的“×AA”内部的“A”存在异质性，上述张家口方言的几个格式可能只是恰好具有相同的表量结果，但内在机制并不一样。拿古交方言中也有的“这来这么 AA”与“不 AA”作比较，尽管同样由往大里说的量度形容词构成的“这来这么 AA”结构也表示小量，如“这来长长”表示“这么短”，但该结构中的“A”指称的是言及事物性状的全量，是“长度”的“长”，相当于一个量度名词。“这来这么 AA”表小量是重叠手段作用于名词性的“这来这么 A”上减量得到的，而“不 AA”表小量则是重叠手段作用于形容词性的“不 A”上增量而来的。二者重叠基式的性质和重叠机制是不同的，不能等同视之。联系晋语各地的情况，包含量度形容词重叠形式的结构并不都表示小量，还有很多方言中量度形容词构成的“XAA”格式表示的是大量，如吕梁片、五台片存在的“老 AA”格式就表示“很 A 很 A”，这种情况的重叠就更不是减量手段了。因此，我们认为晋语中繁多的“XAA”结构不能简单地归为一类，研究时不仅要区分内部结构的异同，还要注意其重叠基式的性质，至于重叠的作用是增量还是减量要分析具体结构的形成机制。诚然，“不 AA”确实是经由重叠的手段实现了表小的语义，但是重叠在“不 AA”这一结构中并不是一个减量手段，而是一个增量手段，我们也可以从晋语其他含有否定词的同形结构中得到印证，如晋语中有一类表程度的否定式补语也具有和“不 AA”相同的形式：

（9）a. 今日逛咾一天街，可乏得不行行唻。

b. 一天也联系不上，把人着急哩不能能。（文水）

例（9）中的“不行行”“不能能”分别是对“不行”“不能”程度的加强，即“不行不行”“不能不能”，表示“乏”的程度和“着急”的程度高。新兴的网络用语中也存在类似表程度的否定式补语，重叠增量的功能在形式上表现得更为显著，如：“A：虾子晒干了好吃?”“B：好吃得不要不要的。”（来源于 BCC 语料库）

由同形结构的表量方式可见，“不 AA”所反映的言者对事物属性及程度的认知就是“不 A”的程度高，其代表的小量义并不是由所谓“AA”重叠减量直接实现的，而是通过增加负量“不 A”实现的。也就是说，“不 AA”是“不 A 不 A”的缩略，并不是“不”和“AA”重叠式的加和。而“不 A 不 A”选择缩略为“不 AA”形式的原因，除了语言的经济性原则，还有晋语重叠式结构的系统性因素和韵律制约。在晋语中，基式为双音节的词或短语重叠时隐去该基式的第一个音节或语素构成三字重叠式“ABB”是一个非常普遍的重叠表量形式，除上文提到的“不行行、不能能”，还有如“正好好”“厉害害”等都能表示程度的加强。所以说，“不 AA”形式是“不 A 不 A”进行缩略时最自然而然的选择。

总而言之，对“不 AA”语义来源的探索并不能先入为主地囿于其表面形式的呈现，而应紧扣语义本身，寻找其来源的可能路径，并将其纳入方言的整体系统考察，才能得出相对可靠的结论。

4.“不 AA”的内部结构

通过以上对古交话中“不 AA”的全面分析，其内部结构已经不言自明。从生成过程来看，“不 AA”是“不 A 不 A”的简指；从生成结果来看，“不 AA”的结构层次是“［［不 A］A］”。潘耀武（1989）描写清徐话的“不 AA”和袁海林（2008）描写大同话的“不 AA”时，对层次的分析也持此观点。回过头来，我们再来讨论学者提出的所谓反例问题。

本文对古交话“不 AA”语义的分析表明，“不 AA”的量度义是基于对“不 A”的程度评估，而不是基于“A”，更不可能是基于“AA”。因为无论是对“A”还是“AA”进行量级建构，都无法得到“很 B”的语义，况且，由单音节性质形容词“A”重叠而形成的“AA（儿）”都是状态形容词，最根本的语法意义是表示状态，其量级意义是模糊而抽象的。对其否定，只能是对状态的有无做出界定，即“不是 AA 的”，而不可能产生清晰稳定的低量意义。

再者，“AA”不能独立，其后必须加上状态形容词词尾“地”才可成词，而古交话中的“不 AA”基本都是不带“地”单说的，郭校珍（2000）、贾海霞（2010）、郝红艳（2011）在对晋语其他一些单点方言的考察中都谈到“不 AA”后面不带状态形容词词尾“地”。如果认为“不 AA”是“不”否定状态形容词“AA 地”，那么否定之后为什么“地”被省略了呢？似乎也没有合理的解释。此外，古交话里有些“不 AA”中的“A”根本没有“AA”形式，如古交话不说“＊贵贵地”“＊多多地”“＊粗粗地”。如果全面考察整个晋语中存在“不 AA”的方言，会发现这种“AA 地”缺位现象更多。那么，既然连所谓基式都没有，又何来否定呢？如此说来，“不 AA”是“不”对“AA”的否定这一观点就更站不住脚了。

因此，“不”否定“AA”的反例说无论是对“不 AA”的语义来源还是功能形成，抑或是形式表现都不能给予很好的解释，至少就晋语并州片的古交方言来说，“不 AA”是“不”否定“AA”的这一观点论据不足，不能成立。

参考文献

常乐：《山西方言量范畴研究》，山西大学博士学位论文，2019。

范晓慧：《偏关方言程度范畴》，山西师范大学硕士学位论文，2014。

付欣晴：《汉语方言重叠式比较研究》，华中师范大学博士学位论文，2013。

郭瑞芳：《山西兴县方言带量度形容词的两种句法结构》，华中师范大学硕士学位论文，2013。

郭校珍：《山西娄烦方言的重叠式形容词》，《语言研究》2000 年第 1 期。

郭校珍：《山西晋语语法专题研究》，华东师范大学出版社，2008。

郝红艳：《晋语形容词的重叠过程》，《宁夏大学学报》（人文社会科学版）2011 年第 4 期。

贾海霞：《晋语柳林话重叠式研究》，中央民族大学硕士学位论文，2010。

李宇明：《形容词否定式及其级次问题》，《云梦学刊》1997 年第 1 期。

李宇明：《形容词否定的不平行性》，《汉语学习》1998 年第 3 期。

李宇明：《程度与否定》，《世界汉语教学》1999 年第 1 期。

陆俭明：《说量度形容词》，《语言教学与研究》1989 年第 3 期。

潘耀武：《清徐方言的重叠式》，《山西大学学报》（哲学社会科学版）1989 年第 4 期。

石毓智：《肯定与否定的对称与不对称》，北京语言文化大学出版社，2001。

史秀菊、乔慧芬：《山西榆社方言重叠式形容词考察》，《中北大学学报》（社会科学版）2015 年第 1 期。

王国栓：《河北方言语法现象二则》，《中国语文》2005 年第 4 期。

温锁林、王倩：《说“倒”》，《对外汉语研究》2007年第1期。

谢自立：《天镇方言志》，山西高校联合出版社，1990。

邢向东：《神木方言的语法特点》，《内蒙古师范大学学报》（哲学社会科学版）1985年第4期。

邢向东：《神木方言研究》，中华书局，2000。

邢向东：《陕北晋语语法比较研究》，商务印书馆，2006。

邢向东：《陕北吴堡话构词法的考察》，《咸阳师范学院学报》2013年第1期。

杨俊芳：《汉语方言形容词重叠研究》，复旦大学博士学位论文，2008。

尹国梁：《山西方言重叠研究》，山西大学硕士学位论文，2016。

袁海林：《山西大同话中的“不AA儿”格》，《晋方言研究——第三届晋方言国际学术研讨会论文集》，希望出版社，2008。

袁毓林：《形容词的极性程度意义及其完句限制条件》，《中国语文》2022年第2期。

张光明：《忻州方言形容词的重叠式》，《方言》1992年第1期。

张国宪：《形容词的记量》，《世界汉语教学》1996年第4期。

张国宪：《现代汉语形容词功能与认知研究》，商务印书馆，2006。

朱德熙：《现代汉语形容词研究》，《语言研究》1956年第1期；载《朱德熙文集》第二卷，商务印书馆，1999。

宗守云：《张家口晋语语法研究》，商务印书馆，2018。

The Subjective Small Quantity Structure “BU AA” in Gujiao Jin Dialect

LI Zihui

Abstract: This paper comprehensively examines the adjective phrase “BU AA” in Gujiao Jin Dialect, aiming to solve the problem of whether “BU AA” in Gujiao Jin Dialect is a negative adverb that can modify state adjectives. Through comparative substitution analysis, the article points out the semantic connotation of “BU AA”indicating the high quantitative meaning of “BU A”, and clarifies it is different from“Not too A”. The article examines the pragmatic function based on its semantic characteristics which is reversed quantity expression, deduces the process of quantity regulation, and ultimately concludes that the subjective small quantity expression of “BU AA”in Gujiao Dialect originates from the superposition of “BU

A"quantities, which is a shortened form of "BU A BU A". Its internal structural level is"[[BU A] A]", which is the result of the prominent overlapping means applied at the phrase level in Jin Dialect, rather than the counter example of the so-called negative adverbs being able to modify state adjectives.

Keywords: Gujiao Jin Dialect, BU AA, overlap

河南南阳城区方言同音字汇*

申　婉

（上海大学文学院）

提　要　南阳方言是典型的中原官话，属于南鲁片。作为区域方言小片，南阳城区方言具有完整的语音系统，是方言研究的“活材料”。本文选取了南阳城区方言这一前人尚未进行深入细致研究的非中心区方言点作为研究对象，采用描写法、归纳法得出研究结果，系统地呈现出了南阳方言的24个声母、42个韵母和4个声调，并归纳出其音韵特点和同音字汇。

关键词　南阳方言　音系　音韵　同音字汇

0. 引言

自20世纪50年代末期开始的推广普通话运动，在不同时期呈现出不同的发展特点。普通话的推广无疑对国家的进步起到了重要作用。然而，在普通话迅速普及的同时，某些方言逐步被边缘化。随着人们认知的提高，方言保护问题逐渐进入我们的视野。语言传递知识和生产经验，是传承一个族群、一个地区乃至世界独特文化的主要载体①。保护方言就是保护这个地区的文化。当下，体现南阳腔调的宛梆正经历衰落，带有劳动人民质朴

---

*　本文得到了匿名评审专家的宝贵建议和指点，在此表示感谢！文章疏漏之处，概由本人负责。

①　联合国教科文组织：《保护和促进世界语言多样性　岳麓宣言》，《语言战略研究》2019年第3期。

乐观的生活情趣和对生活独特体验的惯用语、歇后语、童谣、谚语等越来越少见，年青一代操家乡话的人数越来越少，方言土语逐步被边缘化……这些现象促使我们提高对母语方言保存和保护工作的关注，引起我们对方言保护问题的思考。

南阳方言是典型的中原官话，属于南鲁片。南阳古老悠久的文化传统和其位于豫鄂陕交界处的地理位置，赋予了南阳方言研究的魅力。辛永芬（2022）指出下一步要对前人尚未涉及的一些非中心区方言点进行深度调查研究。本文的研究立足点与这一倡议一致，相关研究成果可以丰富中原官话的学术研究。

在河南境内中原官话中，目前已有一些单点方言的音系描写，如关伟华（2005）、杨永龙（2008）、李学军（2012）、刘丹丹（2013）和段亚广（2013）分别对长葛、商城（南司）、内黄、尉氏和宁陵方言的音系展开了研究。在这些研究之中，既有和南阳方言同属南鲁片的长葛方言，也有来自郑开片的内黄、尉氏方言，来自信蚌片的商城方言，来自商阜片的宁陵方言。以上研究在研究方法、行文思路、组织架构等方面给予了笔者启发和引领作用。

具体到南阳方言，徐奕昌等（1993）从语音、词汇、语法三个方面奠定了南阳方言概况研究的基础，包括南阳方言的内部分区、方言词表、同音字表以及声韵调辨正等内容，主要目的是教方言区者练习普通话。《豫西南方言研究三十年》是一篇综述性质的论文，述评 1982~2012 年三十年间豫西南方言的研究成果，认为前 20 年主要服务于推广普通话，后 10 年研究呈现新趋势，既注重内部差异的探求，也注重多角度比较。丁全是前期奠定南阳方言研究基础的学者之一，虽然在早期大部分研究都是服务于推广普通话，但对方言面貌做了客观真实的描写，涉及语音、语法等广阔的范围，如《南阳方言中的合读音节》（1988）、《南阳方言韵母说略》（1995）。在南阳方言的语音相关研究上，目前并未见到对南阳城区这一方言点进行音系梳理的研究成果，南鲁片其他一些方言点的语音描写也出现空缺，相关研究不足。鉴于此，本文通过挖掘整理笔者母方言——南阳方言的声韵调系统和同音字汇，以期为家乡话的进一步研究与保护提供可靠参考。

调查时间分两个阶段。第一阶段是在 2022 年寒假期间的 11 月 29 日至 12 月 11 日，为期 13 天；第二阶段在 2023 年暑假期间的 6 月 10 日至 18 日，为期 9 天。记音以南阳市城区卧龙区方言为准。本音系的主要发音合作人是：申付田，男，1966 年生，小学文化；李元慧，女，1967 年生，初中文化。两位发音人都未离开过家乡，只会说南阳话。另外，笔者为南阳人，大学在外地求学前未长时间离开家乡，语音面貌比较纯粹，文中部分分析凭语感。本文使用由国际语音学会制定的国际音标（IPA）记音，文中的“~”表示例句中的本字。

1. 南阳方言的声韵调

1.1 声母 24 个，包括零声母在内

p 布饼北白	p^h 皮盘普胖	m 媒米命木	f 芳废烦福	
t 多顶大独	t^h 偷铁剃铜	n 拿闹农纳		l 驴路力嫩
				ɭ 儿二耳
ʦ 精字资宰	ʦ^h 清祠擦才		s 宣修想思	
ʈʂ 照张直猪	ʈʂ^h 吃拆掺唱		ʂ 时山上霜	ʐ 热褥拥勇
ʨ 机鸡经卷	ʨ^h 圈屈轻瘸		ɕ 休响行咸	
k 割棍公敢	k^h 宽快口渴		x 盒红汉火	ɣ 袄讴按硬
Ø 啊烟忘云				

说明：

1. 普通话［n］在南阳话中一分为二：洪音前是［n］，细音前是［ȵ］[①]；

2. 在开口呼零声母音节前才会有［ɣ］声母，齐齿、合口、撮口呼零声母前无［ɣ］；

3. 南阳方言语音的一个较为明显的听感特征就是喉音、舌根音发达，

① 徐奕昌等：《南阳方言与普通话》，文心出版社，1993。

表现为发音位置靠后，将［x］发得像［h］，开口呼零声母会带有明显的［ɣ］音，以及后鼻音［ŋ］发音时很靠后，发得非常清晰用力。

表 1　24 个声母（零声母除外）发音部位及方法

发音部位＼发音方法		塞音及塞擦音		擦音		鼻音	边音
		清		清	浊	浊	浊
		不送气	送气				
重唇	双唇音	p	p^h			m	
轻唇	唇齿音			f			
舌头	舌尖中音	t	t^h			n	l
齿头	舌尖前音	ts	ts^h	s			
正齿	卷舌音	tʂ	$tʂ^h$	ʂ	ʐ		ɭ
	硬腭音	tɕ	$tɕ^h$	ɕ			
牙音	软腭音	k	k^h				
喉音	舌根音			x	ɣ		

注：还有一个零声母 Ø，共 24 个。

1.2　韵母 42 个，不包括儿化韵

表 2　韵母的分类

韵尾＼四呼	开口呼	齐齿呼	合口呼	撮口呼
阴声韵开韵尾	ɿ 子祠丝雌	i 力地西季	u 母毒五出	y 鱼驴女局
	ʅ 直吃日时			
	ᴀ 塔八爬妈	iᴀ 鸭架瞎牙	uᴀ 蛙瓜刷抓	
	ɛ 客克色麦	iɛ 鞋届	uɛ 国或	yɛ 哕月药缺
	o 摸泼拨佛		uo 棵锅火货	yo 雪脚靴学
阴声韵开韵尾	ɤ 热喝饿车	iɛ 噎叶页业		
	ɯ 黑胳坷疙			
阴声韵 i 韵尾	ai 开来在该		uai 歪怪拽踹	
	ei 北对推脆		uei 围回贵亏	

续表

四呼 / 韵尾	开口呼	齐齿呼	合口呼	撮口呼
阴声韵 u 韵尾	ɑu 好毛草找	iɑu 妖苗票庙		
	ou 欧鸥	iou 有锈		
阳声韵 n 韵尾	an 俺焊站南	iɛn 烟面骗年	uan 晚换砖钻	yɛn 冤宣
	ən 恩笨份真	in 阴宾振品	uən 嫩昏春滚	yn 损熏论
阳声韵 ŋ 韵尾	ɑŋ 航张忙浪	iɑŋ 央江墙乡	uɑŋ 汪黄双床	
	əŋ 哼懵棚蹦	iŋ 英兴瓶命	uəŋ 嗡翁	
			uŋ 粽虹空公	yŋ 熊穷绒

说明：

1. ［i］跟声母［f］相拼时，实际音值接近［ɪ］。
2. 南阳话读［ai］时，实际发音开口有所变小，接近［æɛ］。
3. 读［au］时，复元音的动程不明显，有变为单元音的趋势，实际音值接近［ɔ］。

1.3 单字调 4 个，不包括轻声

调类	阴平	阳平	上声	去声
调值	35	42	55	312
例字	奔分	存提	好短	废替

1.4 声韵调配合情况

开口呼和合口呼能与大多数声母相拼，只有舌面音例外。零声母和 ʦ、$ʦ^h$、s、n、l 能与所有韵母相拼。和普通话不同的是，f 可以和齐齿呼相拼。南阳城区方言分尖团，因此还存在 ʦ、$ʦ^h$、s 拼细音的情况。tɕ、$tɕ^h$、ɕ、ȵ 只和细音相拼，k、k^h、x、ɣ 只和洪音相拼。

表 3 声韵调配合表

声母 / 四呼	开口呼	齐齿呼	合口呼	撮口呼
p p^h m	+	+	只和 u 相拼	-

续表

四呼＼声母	开口呼	齐齿呼	合口呼	撮口呼
f	+	+	只和 u 相拼	−
t tʰ	+	+	+	−
n l	+	+	+	+
ʦ ʦʰ s	+	+	+	+
ʦ̢ ʦ̢ʰ ʂ ʐ	+	−	+	−
tɕ tɕʰ ɕ ȵ	−	+	−	+
k kʰ xɣ	+	−	+	−
Ø	+	+	+	+

说明：表中“+”表示可以相拼，“−”表示不能相拼。

2. 南阳方言的音韵特点

2.1 声母的特点

我们在这里只讨论其与普通话不同的特点，南阳方言声母演变与普通话规律相同的部分不作阐述。

1. 南阳方言分尖音和团音，在今细音前古精组声母和见晓组声母读音不同。如：精［ʦiŋ³⁵］经［tɕiŋ³⁵］不同，清［ʦʰiŋ³⁵］轻［tɕʰiŋ³⁵］不同，修［siou³⁵］休［ɕiou³⁵］不同。

2. 古心母臻摄部分合口字今读为［ɕ］声母，如：笋，心母臻摄谆韵合口三等字，读为［ɕyn⁵⁵］。

3. 古日母字主要读为［ʐ］声母，如：入［ʐu³¹²］人［ʐən⁴²］让［ʐɑŋ³¹²］等字；通摄合口三等日母个别字读为零声母，如：戎，日母，通摄，东韵，合口三等字，读为［yŋ⁴²］；日母止摄开口三等字“二”“儿”“耳”声母自成音节，分别读为卷舌音［ʅ³¹²］［ʅ⁴²］［ʅ⁵⁵］。

4. 部分古影、疑母开口一、二等字今声母读为舌根浊擦音［ɣ］，如：安，影母，开口一等，读为［ɣan³⁵］；熬，疑母或影母，开口一等，读为

[ɣɑu^{42}]；硬，疑母，开口二等，读为 [ɣəŋ^{312}]。

5. 古书母字“深伸”白读为 [tʂʰ] 声母，文读为 [ʂ] 声母，如：深~浅 [ʂən^{35}] /深水很~ [tʂʰən^{35}]；伸延~ [ʂən^{35}] /伸手~过来 [tʂʰən^{35}]。

6. 古泥母魂韵合口一等去声字“嫩”，南阳方言读为 [luən^{312}]。笔者目前仅发现这一个字属于此现象，与其他泥母字演变规律不同，当是古今演变过程中的特例。

7. 古精母深摄沁韵开口三等去声字“浸”，文读为 [tɕ] 声母，白读为 [tɕʰ] 声母，如浸~润 [tɕin^{312}] /浸~到水里 [tɕʰin^{312}]。

2.2 韵母的特点

在这里只讨论其与普通话不同的特点，南阳方言韵母中与普通话韵母来源相同的部分不作阐述。

1. 果摄合口一等字（帮组字除外）今都读为 [uo] 韵母，如：棵，溪母，果摄，戈韵，合口一等，读为 [kʰuo^{35}]；禾，匣母，果摄，戈韵，合口一等，读为 [xuo^{42}]。

2. 假摄开口三等章组字“社、者”读为 [ɛ] 韵母。社，禅母，麻韵，开口，三等，上声，读为 [ʂɛ^{312}]；者，章母，麻韵，开口，三等，上声，读为 [tʂɛ^{55}]。

3. 遇摄合口一等来母字“虏”读为 [ou] 韵母。虏，来母，平声，模韵，合口一等字，读为 [lou^{55}]。

4. 部分蟹摄合口一等字，合口三、四等字，止摄合口三等字今主要读为 [ei] 韵母，与普通话相比，表现为介音 [u] 的失落，由合口呼变为开口呼，南阳读音如表 4 所示：

表 4 [ei] 韵母例字

例字	音韵地位	读音	例字	音韵地位	读音
摧	从母灰韵合口一等平声	tsʰei^{35}	退	透母灰韵合口一等去声	tʰei^{312}
碎	心母灰韵合口一等去声	sei^{312}	水	书母脂韵合口三等上声	ʂei^{55}

5. 止摄非组字读为［i］韵母，如：非，非母，微韵，合口三等，平声，读为［fi^{35}］；废，非母，微韵，合口三等，入声，读为［fi^{312}］；费，敷母，微韵，合口三等，去声，读为［fi^{312}］。止摄合口三等微母字“尾”白读为［i］韵母，文读为［uei］韵母，如：尾~巴［i^{55}］/尾追~［uei^{55}］。

6. 咸摄、山摄入声开口三四等字“列、别”读为［ε］韵母。列，来母薛韵开口三等入声，读为［lε^{35}］；山摄开口三等平声字“鲜”读为［ɕyεn^{35}］。

7. 深摄开口三等来母字“淋”［lyn^{42}］读为［yn］韵母；臻摄合口字“论”［lyn^{312}］读为［yn］韵母。

8. 宕摄、江摄入声开口二、三等部分字读为［yo］韵母，如：嚼，从母药韵开口三等入声字，读为［tɕyo^{42}］；削，心母药韵开口三等入声字，读为［ɕyo^{35}］；脚，见母药韵开口三等入声字，读为［tɕyo^{35}］。

9. 曾摄、梗摄入声开口一、二等字今主要读为［ε］韵母；曾摄入声合口一等字读为［uε］韵母，如表5：

表5　［ε］［uε］韵母例字

例字	中古音韵地位	读音	例字	中古音韵地位	读音
客	溪母陌韵开口二等入声	［k^{h}ε^{35}］	特	定母德韵开口一等入声	［t^{h}ε^{55}］
麦	明母麦韵开口二等入声	［mε^{35}］	测	初母职韵开口三等入声	［tʂ^{h}ε^{35}］
或	匣母德韵合口一等入声	［xuε^{42}］	国	见母德韵合口一等入声	［kuε^{35}］

梗摄庚韵匣母合口二等平声字“横”白读为［uŋ］韵母，文读为［əŋ］韵母，如：横~行［xuŋ^{312}］/横蛮~［xəŋ^{312}］；梗摄开口二等庚韵字“硬（中古音：疑母庚韵开口二等去声）、杏（中古音：匣母庚韵开口二等上声）”白读为［əŋ］韵母，文读为［iŋ］韵母，如：硬东西很~［ɣəŋ^{312}］/硬~朗［iŋ^{312}］；杏一种水果［xəŋ^{312}］/杏银~［ɕiŋ^{312}］。

10. 通摄舒声合口三等精、影组、日、来母字读为［yŋ］韵母，如：诵［ɕyŋ^{312}］、松［ɕyŋ^{35}］、绒［yŋ^{42}］、龙［lyŋ^{42}］等字。通摄入声合口三等字“足精烛合三入、俗邪烛合三入”白读为［y］韵母，文读为［u］韵母，如：足满~［tɕy^{35}］/足~球［ʦu^{35}］；俗老~话［ɕy^{42}］/俗还~［su^{42}］；合口三等入声字“轴”白读为［u］韵母，文读为［ou］韵母，如：轴车~［tʂu^{42}］/轴压~［tʂou^{42}］。

2.3 声调的特点

1. 古平声依照古声母清浊今读阴平和阳平，古清声母字为阴平［35］，如：奔［pən^{35}］｜分［fən^{35}］等字；古次浊、全浊声母平声字为阳平［42］，如存［ʦ^{h}un^{42}］｜提［t^{h}i^{42}］等字。

2. 古去声今读去声［312］，如废［fi^{312}］｜替［t^{h}i^{312}］等字。

3. 古清声母、次浊声母上声今读上声［55］，如：好［xau^{55}］｜短［tuan^{55}］等字；全浊声母上声今读去声［312］，如：定［tiŋ^{312}］｜病［piŋ^{312}］等字。

4. 古全浊声母入声字大都变为阳平［42］，如十［ʂʅ^{42}］｜合［xə^{42}］等字，清、次浊入声单念及非去声前读阴平，去声前读阳平。如：黑［xɯ^{35}］｜脚［tɕuo^{42}］气｜热［ʐγ^{42}］汽｜抹［ma^{42}］布。

表 6 南阳方言声调与中古声调比较

中古声调	中古声母	南阳声调	例字
平声	清	阴平 35	奔分
	浊	阳平 42	存提
上声	清	上声 55	好短
	次浊		
	全浊	去声 312	定病
去声	清浊	去声 312	废替
入声	清	单念及非去声前读阴平 35，去声前读阳平 42	黑
	次浊		脚气 热汽 抹布 绿豆 月亮
	全浊	阳平 42	十合

3. 南阳方言同音字汇

本字汇收录南阳城区方言的单音字。字汇按照韵母顺序排列，同一韵母内按声母次序排列，同一声母内则以阴平、阳平、上声、去声、轻声为序。轻声不标调值。合音词下加横线标识，如下文中“做啥”[tʂuA42]。

ɿ

ts [35] 资姿滋咨 [55] 紫姊籽 [53] 字自渍

tsʰ [35] 疵□~住，意为碰到身体某处，尤指皮肤。小心点，别~住腿了！ [42] 词祠医圣~雌辞瓷慈磁 [55] 此 [312] 次刺赐

s [35] 丝思斯司私撕 [55] 死 [312] 四寺

ʅ

tʂ [35] 之支只量词。一~鸡。知枝芝汁 [42] 直值植职侄 [55] 只~有止指纸 [312] 志致至治智制痣

tʂʰ [35] 吃痴 [42] 持池迟驰弛 [55] 尺耻齿 [312] 赤翅斥

ʂ [35] 湿师诗 [42] 十时食石实拾 [55] 史使屎始驶 [312] 是世事逝势视士示市试饰室氏

ʐ [35] 日骂人语；~子，生~

i

p [35] 逼 [42] 鼻 [55] 比笔彼 [312] 璧币必毕碧壁避闭臂弊庇

pʰ [35] 批劈霹 [42] 皮脾疲啤琵枇 [55] 匹痞 [312] 屁癖僻

m [35] 咪眯~缝，~一会儿 [42] 迷弥谜猕 [55] 米 [312] 密蜜

f [35] 非飞菲妃 [42] 肥 [55] 匪翡 [312] 费废肺

t [35] 低滴堤 [42] 迪敌狄笛 [55] 底抵 [312] 第弟帝递

tʰ [35] 踢梯 [42] 提蹄 [55] 体 [312] 替剃涕

ȵ [42] 泥倪尼昵 [55] 你拟 [312] 逆

l [42] 梨离 [55] 理李里 [312] 莉丽厉利

tɕ [35] 鸡击机基积饥激 [42] 级及集急吉极疾 [55] 几挤 [312] 季寄记继计际迹

tɕʰ [35] 七期妻凄漆欺 [42] 其齐琪奇旗棋 [55] 起企启乞岂 [312] 气砌器泣弃汽沏

ɕ [35] 西溪昔希吸牺锡夕嘻悉息惜膝析 [42] 习席袭媳 [55] 喜洗

［312］戏隙细

Ø［35］衣依医［42］姨胰［55］椅以已乙［312］易议译忆艺溢益亦异亿义

u

p［55］不在去声字前补捕［312］布步部

p^h［35］噗扑铺~床［42］仆~人菩蒲葡濮［55］普谱朴［312］瀑铺卧~

m［55］亩某母拇姆牡［312］牧幕慕木目谋

f［35］夫~人肤［42］浮扶福服~用［55］腐府甫［312］副富复负父妇腹付

t［35］都~市督［42］独毒读［55］堵赌睹［312］杜度妒渡肚

t^h［35］突凸秃［42］图涂徒屠［55］土吐谈~［312］兔

n［42］奴驽［55］努［312］怒

l［35］录六陆绿鹿［42］芦卢炉庐［55］鲁卤虏掳橹［312］路璐潞露~水

ts［35］租［42］族［55］阻组祖

ts^h［35］粗［42］徂殂［312］促醋猝

s［35］苏酥稣［312］速诉素塑肃

tʂ［35］珠猪朱诸蛛［42］竹逐烛［55］主煮［312］住驻柱助著注祝铸筑

$tʂ^h$［35］出初畜~牲［42］除厨锄橱［55］楚储［312］处深~，住~触

ʂ［35］书叔舒淑疏梳殊抒［42］熟~悉，~练孰赎［55］属鼠署蜀暑数~鸭子［312］竖束述树术数~字

ʐ［35］输褥被~，~子［42］如儒茹［55］乳辱汝［312］入

k［35］姑咕估孤辜［55］骨谷股鼓［312］故固雇顾

k^h［35］哭枯［55］苦［312］库酷裤

x［35］呼乎忽［42］湖胡壶狐蝴［55］虎浒琥唬~骗［312］户沪护互

Ø［35］屋乌巫污［42］无吾［55］午舞武捂五伍［312］恶厌~物勿误雾务悟

y

ȵ［55］女

l［42］驴［55］吕捋~麻绳缕履旅屡［312］滤虑律绿

tɕ［35］居拘［42］菊局橘［55］举矩［312］句巨据剧距聚拒俱锯惧

$tɕ^h$［35］屈驱曲~折，弯~趋躯［42］渠［55］取曲歌~，~子［312］去趣

ɕ［35］需虚须嘘［42］徐［55］许［312］序续旭叙绪絮蓄

Ø［35］淤迂［42］渔愚于娱愉余［55］与雨语宇禹羽［312］豫玉预遇浴欲域裕郁喻育愈寓

A

p［35］吧巴疤芭叭［42］拔［55］把车~［312］把刀~爸霸罢坝

pʰ［35］趴葩［42］爬［312］怕帕

m［35］抹~桌子妈［42］麻［55］马码玛［312］骂

f［35］发~财［42］罚伐阀乏筏［55］法

t［35］搭［42］答达沓一~信纸［55］打~人［312］大

tʰ［35］塔水~塌踏践~，~步［55］它他她

n［42］拿［312］纳娜钠捺

l［35］啦拉辣蜡［42］拉~锯［55］喇

ts［35］匝［42］杂砸［55］咋

tsʰ［35］擦

s［35］仨撒~手［42］萨卅飒［55］洒

tʂ［35］扎~辫子，安营~寨渣喳形容鸟叫，叽叽~~［42］炸油~闸［55］眨拃［312］诈榨栅

tʂʰ［35］插叉~子［42］查茶察搽茬［55］衩蹅踩，在泥水里走。~雨，鞋都~湿了［312］差~不多，~劲岔叉劈~

ʂ［35］杀沙莎砂纱鲨痧［55］傻厦高楼大~［312］啥

ʐ［42］□人称代词“人家”的合音

k［35］嘎拟声词，形容短促而响亮的声音，如鸭子的叫声［312］尬

kʰ［35］咖咔拟声词。物体碰撞的声音，~嚓［55］卡~片咯~痰，~血

x［35］哈~欠，~一口气

iA

tɕ［35］家佳嘉加夹使劲儿~住，两山~一水［55］贾甲假真~［312］价架嫁驾

tɕʰ［35］掐［42］□~过去，意为抬高大腿跨过障碍［55］卡关~

ɕ［35］瞎虾［42］霞匣侠峡辖狭［312］吓夏下

Ø［35］鸭押压鸦［42］牙芽［55］雅哑［312］轧

uA

tʂ［35］抓［42］做啥［55］爪鸡~子

ʂ［35］刷［55］耍［312］刷~白

ʐ［42］挼~衣服，搓洗

k［35］瓜刮呱指鸟、兽叫的声音，乌鸦~~啼叫［55］寡剐［312］挂卦褂

kʰ［35］夸［55］垮［312］跨胯挎~包

x［35］花［42］滑华划~船哗猾［312］话化画

Ø［35］哇蛙洼挖娲［42］娃［55］瓦［312］袜

o

p［35］拨剥波播［42］博脖［55］簸用簸箕上下颠动，扬去粮食中的糠秕、尘土等杂物［312］簸~箕，用来簸粮食的器具

p^h［35］泼坡［42］婆［55］叵［312］破珀迫

m［35］摸［42］魔蘑膜摩馍［55］抹~杀［312］末墨沫陌漠莫默

f［42］佛信~

γ

t 的虚词，你~，好~

n［42］哪~吒呢

l［312］勒敲诈~索了用在动词或形容词后面，表示动作或变化已经完成；用在句子的末尾或句中停顿的地方。

tʂ［35］遮［42］折~纸哲喆［55］者褶［312］这浙

$tʂ^h$［35］车［55］扯［312］彻澈撤掣

ʂ［35］奢赊［42］蛇折表亏损义舌佘［55］舍~得，~弃，施~［312］设社射摄涉

ʐ［35］热［55］惹

k［35］鸽歌戈搁割［55］葛［312］个各

k^h［35］壳［42］瞌［55］可

x［35］喝［42］禾河何合核盒涸［312］赫贺鹤褐

ɣ［35］婀屙［42］俄讹蛾鹅额娥峨［312］饿鄂噩厄遏扼

ɛ

m［35］麦

ʂ［35］色

k^h［35］客

iɛ

tɕ［55］解［312］届介械

ɕ［42］鞋［312］懈

uɛ

k［35］国

x［312］或

yɛ

Ø［35］月

yo

tɕ［35］脚

$tɕ^h$［35］缺

ɕ［312］学

uo

t［35］多［42］夺［55］躲朵［312］堕剁跺

t^h［35］托拖脱［42］陀坨驮用背部承载人或物体，~着物品［55］妥椭［312］唾拓

n［42］挪［312］懦诺

l［35］烙~馍漯~河，地名，在河南中部。洛~阳，地名络联~落~后［42］罗锣骡萝螺［55］裸［312］骆~驼

ts［35］作~死［42］昨［55］左

［312］做坐作座

ts^h［35］撮搓磋［42］痤［312］措挫错

s［35］缩嗦［55］所锁索琐唢

tʂ［35］桌捉拙［42］卓镯浊啄灼

$tʂ^h$［35］戳［312］绰辍

ʂ［35］说［42］勺~子，一种有柄可以舀东西的器具［312］硕烁朔

ʐ［312］若弱

k［35］锅郭锅过走~了，意为超过目的地，走远了［42］帼［55］裹果椁［312］过~去，~节，~错

k^h［35］□拿棍子~你，意为抽打［55］□~利，麻利义，形容人说干就干，说话办事雷厉风行［312］扩阔廓括~弧

x［35］豁［42］活和~面［55］火伙［312］获或货

Ø［35］窝倭蜗喔形容雄鸡叫声［55］我［312］卧握沃

ɯ

k［35］疙~瘩圪~蹴胳~膊给~我

k^h［35］坷~拉咳~嗽

x［35］黑

ai

p［35］掰拜~拜［42］白［55］百摆柏~树佰捭［312］拜败

p^h［35］拍［42］排牌［55］迫~击炮［312］派

m［42］埋霾［55］买［312］卖迈脉

t［35］呆［55］歹傣［312］代带待岱戴贷袋怠殆

t^h［35］胎台~州［42］台电~抬苔［312］太泰

n［55］乃奶［312］耐奈

l［42］来莱［312］赖

ts［35］栽哉灾［55］宰崽载记~［312］在再

ts^h［35］猜［42］才财材裁［55］采踩睬［312］菜蔡

s［35］塞~满腮［312］赛

tʂ［35］摘斋［42］宅择~菜［55］窄［312］寨债

$tʂ^h$［35］拆差~事［42］柴豺

ʂ［35］筛［55］色~素［312］晒

k［35］该［55］改［312］盖钙概丐

k^h［35］开揩~油［55］凯楷慨

x［42］还~有，~是孩［55］海［312］害亥骇

uai

tʂ［312］拽拖拉

$tʂ^h$［35］揣［312］踹

ʂ［35］摔衰［55］甩［312］帅率蟀

k［35］乖［55］拐［312］怪

k^h［312］快筷

x［42］怀槐淮［312］坏

Ø［35］歪［55］崴~脚［312］外

ei

p［35］背~包，~负悲卑碑杯［55］北［312］背~书备被贝辈倍

p^h［35］披雨~［42］赔陪培裴［312］配沛佩

m［35］墨~水［42］眉玫枚梅煤媒［55］美每［312］妹媚魅

t［35］堆［312］队兑对

t^h［35］推［42］颓［55］腿［312］蜕退褪

n［55］馁［312］内

l［42］雷［55］磊蕾［312］累劳~泪类

ʦ［55］嘴［312］最罪醉

$ʦ^h$［35］崔摧催［55］璀［312］翠脆

s［35］虽［42］随遂半身不~［55］髓［312］碎岁

ʂ［42］谁［55］水［312］睡税

ɤ 诶

uei

tʂ［35］追锥椎骓［312］缀坠

$tʂ^h$［35］吹炊［42］垂捶

k［35］归龟闺规［55］鬼［312］贵桂柜跪

k^h［35］亏盔窥［42］葵［312］馈愧匮~乏

x［35］辉挥灰徽恢［42］回［55］毁［312］会惠慧绘汇卉喙贿

Ø［35］微威［42］围维唯［55］尾伟伪韦纬委［312］未魏胃为~什么，~了喂味慰谓位

ɑu

p［35］包煲苞［55］宝保堡饱［312］报抱暴爆豹曝

p^h［35］抛［42］炮~制袍刨［55］跑［312］泡炮

m［35］猫［42］毛锚茅矛［55］卯［312］貌茂冒帽贸

t［35］刀叨［55］导捣岛祷蹈倒瓶子~了［312］到倒~车道悼稻盗

t^h［35］掏涛［42］陶桃淘逃［55］讨［312］套

n［35］孬［42］挠［55］脑恼［312］闹

l［35］捞［42］劳牢［55］老姥［312］涝

ʦ［35］糟遭［42］凿［55］早枣澡藻［312］造灶皂燥躁噪

$ʦ^h$［35］操糙［42］漕嘈曹［312］草

s［35］骚搔［55］扫嫂［312］臊

tʂ［35］招［42］着睡~［55］找［312］照赵罩召~唤

$tʂ^h$［35］超焯把蔬菜放在开水里略微一煮就拿出来钞抄［42］朝~向巢潮嘲［55］吵

ʂ［35］烧捎稍梢［42］韶［55］少多~［312］少~年哨邵绍

ʐ［42］饶娆［55］扰［312］绕

k［35］高糕羔［55］稿搞［312］告

k^h［55］考烤［312］靠铐

x［35］蒿薅［42］豪毫蚝嚎［55］好~心郝［312］好爱~号昊浩耗

ɣ［35］凹［42］熬嗷敖［55］袄［312］奥坳

iau

p［35］标飙彪［55］表婊裱

p^h［35］飘缥~缈［42］瓢嫖［55］漂~白瞟~一眼［312］票漂~亮

m［35］喵瞄偷~［42］描苗［55］秒［312］秒庙

t［35］雕刁叼凋［55］屌［312］掉吊调~查钓

t^h［35］挑~选［42］条［55］挑~拨，~动［312］跳

ȵ［55］鸟［312］尿

l［35］撩把东西垂下的部分掀起来［42］聊辽疗［55］了~无，~解［312］瞭料

ʦ［35］焦蕉椒

$ʦ^h$［42］憔~悴［312］俏

s［35］肖逍萧销消箫宵［55］小［312］笑

tɕ［35］交浇胶郊［55］搅矫绞狡脚饺［312］叫轿较窖

$tɕ^h$［35］敲锹铁~橇雪~悄~悄［42］桥瞧侨乔［55］巧悄~无声息［312］撬翘峭窍跷

ɕ［55］晓［312］校学~孝效

Ø［35］妖邀腰夭［42］摇遥谣瑶［55］咬舀［312］要重~耀

ou

p^h［35］剖

m［42］谋缪未雨绸~

f［55］否

t［35］兜都~是［55］斗北~星抖陡蚪蝌~［312］斗~争逗豆窦痘~疮

t^h［35］偷［42］头投［312］透

l［42］楼娄［55］搂［312］漏陋露~面

ʦ［35］邹［55］走［312］奏揍

$ʦ^h$［312］凑嗽咳~

s［35］搜嗖艘馊［55］叟

tʂ［35］周州洲粥舟［42］轴~心［55］肘［312］皱咒骤

$tʂ^h$［35］抽［42］愁仇~恨筹稠酬［55］丑瞅［312］臭

ʂ［35］收［55］手首守［312］瘦兽寿授售

ʐ［42］柔揉［312］肉

k［35］沟勾钩［55］狗苟枸［312］购构垢

k^h［35］抠［55］口［312］扣寇叩

x［42］猴喉齁［55］吼［312］后厚

ɣ［35］欧鸥殴［55］偶［312］沤

iou

m［312］谬荒~

t［35］丢

ȵ［35］妞［55］扭纽钮［312］拗执~

l［35］溜~冰［42］留流刘馏蒸~［55］柳［312］遛~狗馏把凉了的熟食蒸热，~馍

ts［35］揪［55］酒［312］就

tsʰ［35］秋［42］囚

s［35］修羞［312］秀绣袖

tɕ［35］纠究［55］九久［312］旧舅

tɕʰ［35］蚯丘邱［42］求裘

ɕ［35］休［55］朽［312］嗅

Ø［35］悠优忧［42］由犹油犹邮游［55］有友［312］又佑右幼

an

p［35］班搬般［55］版板［312］办拌半伴

pʰ［35］攀潘［42］盘［312］盼判叛

m［42］蛮瞒馒［55］满［312］慢曼漫

f［35］帆番翻［42］凡烦繁［55］反返［312］饭范犯泛

t［35］单~词丹耽［55］胆［312］淡蛋弹~药

tʰ［35］贪瘫摊［42］谈潭弹~琴坛痰［55］毯［312］探叹碳炭

n［42］男南难~易［312］灾~难

l［42］蓝拦岚栏兰篮［55］懒揽览［312］烂滥

ts［35］簪［42］咱［312］赞暂

tsʰ［35］参~加餐［42］残蚕惭［55］惨［312］灿

s［35］三［55］伞散~架［312］散~步

tʂ［35］詹毡瞻沾［55］展斩盏［312］站战栈蘸

tʂʰ［35］掺搀［42］缠馋［55］铲产［312］颤忏

ʂ［35］山删衫［55］陕闪［312］善扇

ʐ［42］然燃［55］染冉

k［35］干~净甘肝［55］敢赶感［312］干~活

kʰ［35］看~护刊［55］砍坎［312］看~书

x［35］憨［42］寒韩涵含函［55］喊罕［312］焊汉汗旱

ɣ［35］安庵［55］俺［312］暗按按岸黯

iɛn

p［35］鞭编边［55］扁［312］变便方~辫遍

pʰ［35］偏篇［42］便~宜，价格低廉义［312］骗片

m［42］棉眠绵［55］免缅勉娩

［312］面

t［35］巅颠掂［55］点典［312］店垫垫奠

t^h［35］添天［42］田甜填［55］舔

ȵ［42］黏年［55］撵［312］念

l［35］连怜联莲［55］脸［312］练链

tɕ［35］奸兼煎尖监坚艰肩［55］简减捡剪［312］见箭件鉴贱剑渐建溅健键

$tɕ^h$［35］签牵千谦迁铅［42］前钱［55］浅［312］欠

ɕ［35］先［42］咸闲贤涎弦嫌娴衔仙［55］显险［312］现羡陷县献宪限线

Ø［35］烟［42］盐颜岩言严研沿［55］演眼［312］艳宴燕

uan

t［35］端［55］短［312］段断

t^h［35］湍［42］团抟

n［55］暖

l［42］鸾孪娈［55］卵［312］乱

ts［35］钻~研［55］纂攒~钱［312］攥钻~头，~石

ts^h［35］蹿

s［35］酸［312］算蒜

tʂ［35］砖专［55］转~弯［312］转~圈赚传~记

$tʂ^h$［35］穿川［42］船［55］喘［312］串

ʂ［35］栓拴闩

ʐ［55］软阮

k［35］关官冠鸡~［55］管馆［312］灌惯

k^h［35］宽［55］款

x［35］欢［42］还~钱环［55］缓［312］换患幻唤

Ø［35］湾弯剜［42］玩完顽丸［55］婉宛晚挽碗［312］万腕

yɛn

l［35］□意为用针缝

tɕ［35］娟捐涓［55］卷~轴［312］卷~子倦

$tɕ^h$［35］圈［42］全权拳泉［55］犬［312］劝

ɕ［35］宣鲜掀喧［42］旋玄悬［55］选［312］绚炫

Ø［35］冤渊［42］原袁园圆元缘援员［55］远［312］怨院愿苑

ən

p［35］奔~跑［55］本［312］笨奔投~

p^h［35］喷~雾［42］盆［312］喷~嚏

m［35］焖闷~热［42］门扪［312］懑闷心烦气~

f［35］分芬纷［42］坟焚［55］粉

［312］粪芬愤忿
n［312］恁
ts［55］怎
tsʰ［35］参~差［42］岑
s［35］森
tʂ［35］真臻珍针贞［55］枕诊胗鸡~［312］振镇朕阵震
tʂʰ［35］琛［42］陈臣尘晨辰沉［312］趁衬
ʂ［35］申深伸身绅［42］神［55］沈婶审［312］甚肾慎
ʐ［42］人仁［55］忍［312］认任刃韧仞纫
k［35］跟［42］哏［312］亘
kʰ［55］肯啃垦恳
x［42］痕［55］很狠［312］恨
ɣ［35］恩［312］摁

in

p［35］宾滨槟香~［312］殡
pʰ［35］拼［42］贫频［55］品［312］聘
m［42］民［55］抿敏
ȵ［55］您
l［35］拎［42］林淋琳霖邻［312］赁
tɕ［35］金今斤巾筋津［55］仅尽~管锦紧［312］近进尽穷~禁~止晋
tɕʰ［35］亲侵［42］琴勤秦［55］寝［312］沁
ɕ［35］新辛欣心鑫芯薪［312］信
Ø［35］因阴音姻［42］银吟淫［55］饮瘾尹引蚓蚯~隐［312］印

un

t［35］吨敦蹲［312］顿盾炖钝
tʰ［35］吞［42］臀囤屯
l［35］抡［42］轮伦沦［312］嫩
ts［35］尊遵樽
tsʰ［35］村皴［42］存［55］忖［312］寸
s［35］孙［55］笋损
tʂ［35］谆［55］准
tʂʰ［35］春椿［42］纯唇醇淳［55］蠢
ʂ［55］吮［312］顺舜瞬
ʐ［312］润闰
k［55］滚［312］棍
kʰ［35］坤昆琨鲲［55］捆［312］困
x［35］昏婚荤［42］浑魂［312］混~淆
Ø［35］温瘟［42］闻文纹蚊雯［55］吻稳［312］问

yn

l［35］论~理
tɕ［35］军君均菌钧［312］郡骏俊
tɕʰ［42］群裙
ɕ［35］熏勋［42］寻旬巡询［312］迅训逊
Ø［35］晕~车［42］云匀［55］允

陨［312］韵运孕

ɑŋ

p［35］帮梆邦［55］榜绑［312］磅棒

p^{h}［35］滂［42］庞螃旁［312］胖

m［42］忙芒盲茫［55］莽蟒

f［35］芳方［42］房防［55］访纺［312］放

t［35］当~然［55］挡党［312］荡档砀宕

t^{h}［35］汤［42］唐糖［55］躺［312］烫趟

n［42］囊馕

l［42］狼廊［55］朗［312］浪

ts［35］脏赃［312］葬奘藏宝~

ts^{h}［35］仓苍舱沧

s［35］桑［55］嗓搡［312］丧~失

tʂ［35］张章彰［55］涨掌长~大［312］帐账仗障丈杖胀

$tʂ^{h}$［35］昌娼［42］肠常尝偿长~久［55］厂场~景［312］畅唱

ʂ［35］伤商［55］赏晌［312］上尚

ʐ［35］嚷［42］瓤瓜~［55］壤［312］让

k［35］缸刚钢冈肛纲［55］港［312］杠

k^{h}［35］康［42］扛用肩膀扛起重物，~起［312］抗炕

x［35］夯［42］航杭［312］沆

ɣ［35］肮［42］昂［312］盎

iɑŋ

ȵ［42］娘［312］酿

l［42］梁良凉粮［55］两［312］晾辆亮

tɕ［35］姜江浆［55］蒋奖桨［312］降~旗酱

$tɕ^{h}$［35］枪［42］墙蔷［55］抢［312］呛够~跄跟~

ɕ［35］乡襄香相~似［42］祥翔［55］想享响［312］象像项相~片

Ø［35］央［42］杨阳羊洋扬［55］养痒氧［312］样

uɑŋ

tʂ［35］装庄妆［312］撞状壮

$tʂ^{h}$［35］窗疮［42］床［55］闯［312］创怆

ʂ［35］双霜孀［55］爽

k［35］光胱［55］广犷［312］逛

k^{h}［35］框匡筐［42］狂诳［312］矿况旷眶

x［35］慌［42］黄皇［55］谎幌~子［312］晃

Ø［35］汪［42］王亡［55］网往［312］旺望

əŋ

p［35］崩嘣［42］甭［312］蹦泵迸

p^{h}［35］砰烹［42］棚彭蓬莲~鹏澎朋［55］捧［312］碰

m［35］懵［42］萌蒙朦盟［55］猛［312］孟梦

f［35］峰封蜂丰锋枫疯［42］冯逢［55］讽［312］凤缝奉

t［35］登蹬［55］等［312］凳邓瞪

t^h［42］疼腾

n［42］能

l［42］棱［55］冷［312］愣

ʦ［35］增曾用作姓氏［312］赠粽

$ʦ^h$［42］曾~经［312］蹭磨~

s［35］僧

tʂ［35］蒸征睁争挣~扎［55］整［312］郑挣~钱证正政症

$tʂ^h$［35］撑称~重［42］成丞橙城呈承诚乘~车［55］逞［312］秤~砣

ʂ［35］生升声［42］绳［55］省~心［312］胜圣盛剩

ʐ［35］扔［42］仍

k［35］耕庚更~换［55］耿鲠［312］更~加

k^h［35］坑吭

x［35］亨哼~唱［42］衡恒

ɣ［312］硬

iŋ

p［35］兵冰［55］饼屏~气［312］并病

p^h［35］乒［42］瓶平评屏~风萍坪苹

m［42］名明铭鸣茗［312］命

t［35］丁盯叮［55］顶［312］订定

t^h［35］听厅［42］婷停亭庭［55］挺

ȵ［42］宁~静［55］拧［312］泥~泞宁~可

l［42］零灵玲铃［55］领岭［312］令另

ʦ［35］精［55］井［312］净静靖

$ʦ^h$［35］清青［42］晴情［55］请

s［35］星腥［55］醒［312］性

tɕ［35］京经［55］景警［312］竟竞镜敬境

$tɕ^h$［35］轻［312］庆

ɕ［42］型行~为［312］幸兴~致

Ø［35］英鹰婴樱［42］营盈莹赢［55］影颖［312］映

uəŋ

Ø［35］翁嗡［55］蓊~郁［312］瓮~中捉鳖

uŋ

t［35］东［55］懂董［312］动冻栋

t^h［35］通［42］同桐童铜［55］统桶筒［312］痛

n［42］农浓侬脓［312］弄

l［42］隆笼聋珑陇［55］拢

ʦ［35］宗综棕踪［55］总［312］纵

$ʦ^h$［35］聪葱［42］从丛

s［42］怂~恿［55］耸［312］送

tʂ［35］钟忠终盅中~国［55］肿种~子［312］众仲重~要种~树

$tʂ^h$［35］充［42］崇重~新［55］宠［312］冲~着

ʐ［35］拥［55］冗［312］用

k［35］工公功弓恭攻供~给［55］巩［312］共贡供~奉

k^h［35］空~间［55］孔恐［312］控空~余

x［35］轰烘［42］虹红弘鸿洪［55］哄~骗［312］横~行

yŋ

l［42］龙

tɕ［55］窘炯囧

$tɕ^h$［42］穷琼穹

ɕ［35］松凶兄胸［42］熊［312］颂诵

Ø［42］绒

自成音节

ɭ［42］儿［55］耳［312］二

参考文献

陈彭年等：《宋本广韵》，江苏教育出版社，2008。

丁声树：《河南省遂平方言记略》，《方言》1989年第2期。

丁全、田小枫：《南阳方言》，中州古籍出版社，2001。

段亚广：《河南宁陵方言音系》，《方言》2013年第2期。

关伟华：《长葛方言音系研究》，汕头大学硕士学位论文，2005。

河南省推广普通话工作委员会办公室、开封师范学院编《河南省南阳方言区学习普通话手册》，河南人民出版社，1959。

贺巍：《中原官话分区（稿）》，《方言》2005年第2期。

刘雪霞：《河南方言研究》，东方出版中心，2021。

卢甲文、胡曜汀、贾文：《河南方言资料》，河南人民出版社，1984。

李学军：《河南内黄方言音系》，《方言》2012年第1期。

刘丹丹：《河南尉氏方言音系》，《清华大学学报》（哲学社会科学版）2013年第S1期。

李玉晶：《河南南阳话的频率副词"肯"及其来源》，《语言研究》2015年第4期。

麦耘：《对国际音标理解和使用的几个问题》，《方言》2005年第2期。

聂振欧：《〈说文解字〉与南阳俗语》，《新疆大学学报》（哲学社会科学版）1993年第2期。

仵兆琪：《南阳方言的语流音变现象研究》，吉林大学硕士学位论文，2013。

王力:《汉语史稿（第三版）》，中华书局，2015。

辛永芬:《中原官话学术史梳理与研究展望》，《河南大学学报》（社会科学版）2022年第2期。

徐奕昌、张占献主编《南阳方言与普通话》，文心出版社，1993。

徐奕昌主编《南阳人学普通话（修订本）》，南阳师范学院，1999。

杨永龙:《河南商城（南司）方言音系》，《方言》2008年第2期。

游汝杰:《汉语方言学教程（第二版）》，上海教育出版社，2016。

游汝杰:《汉语方言学导论（修订本）》，上海教育出版社，2018。

叶祖贵:《河南中原官话清、次浊入声字的阴平、阳平两读》，《语言科学》2023年第5期。

中国社会科学院语言研究所编《方言调查字表（修订本）》，商务印书馆，2020。

中国社会科学院、澳大利亚人文科学院:《中国语言地图集》，香港朗文出版有限公司，1987。

张辉:《豫西南方言研究三十年》，《南阳师范学院学报》2014年第4期。

张启焕、陈天福、程仪:《河南方言研究》，河南大学出版社，1993。

An Analysis of Dialect Phonology in Nanyang City, Henan Province

SHEN Wan

Abstract: Nanyang dialect is a typical type of Zhong Yuan Mandarin, which belongs to Nan Lu District. As a small piece of regional dialect, the dialect of Nanyang urban area has a complete phonetic system, which is a "living material" of dialect research. This paper selects the dialect of Nanyang City which has not been studied in depth before as the research object, using the method of description and induction to sort out the results and present them systematically with 24 initials, 42 vowels and 4 tones as well as summarizing its phonological characteristics.

Keywords: Nanyang dialect, phonological system, phonology, homophone

图书在版编目(CIP)数据

汉语语言学．第五辑 / 中山大学中国语言文学系《汉语语言学》编委会编．--北京：社会科学文献出版社，2024.11．--ISBN 978-7-5228-4129-8

Ⅰ．H1-53

中国国家版本馆 CIP 数据核字第 2024QP0008 号

汉语语言学（第五辑）

编　　者 / 中山大学中国语言文学系《汉语语言学》编委会

出 版 人 / 冀祥德
责任编辑 / 李建廷
责任印制 / 王京美

出　　版 / 社会科学文献出版社
地址：北京市北三环中路甲 29 号院华龙大厦　邮编：100029
网址：www.ssap.com.cn
发　　行 / 社会科学文献出版社（010）59367028
印　　装 / 三河市东方印刷有限公司

规　　格 / 开　本：787mm×1092mm　1/16
印　张：23.75　字　数：351 千字
版　　次 / 2024 年 11 月第 1 版　2024 年 11 月第 1 次印刷
书　　号 / ISBN 978-7-5228-4129-8
定　　价 / 128.00 元

读者服务电话：4008918866